Militär, Rüstung, Sicherheit

herausgegeben von Dieter S. Lutz

MRS   Band 70

Eine Veröffentlichung aus dem Institut für
Friedensforschung und Sicherheitspolitik
an der Universität Hamburg

Dieter S. Lutz

Sicherheit 2000

Gemeinsame Sicherheit im Übergang vom
Abschreckungsregime zu einem System
Kollektiver Sicherheit in und für Europa

Nomos Verlagsgesellschaft
Baden-Baden

CIP-Titelaufnahme der Deutschen Bibliothek

Lutz, Dieter S.:
Sicherheit 2000: Gemeinsame Sicherheit im Übergang vom Abschreckungsregime zu einem System Kollektiver Sicherheit in und für Europa / Dieter S. Lutz. – 1. Aufl. – Baden-Baden: Nomos Verl.-Ges., 1991
  (Militär, Rüstung, Sicherheit; Band 70)
  ISBN 3-7890-2278-0

1. Auflage 1991
© Nomos Verlagsgesellschaft, Baden-Baden 1991. Printed in Germany. Alle Rechte, auch die des Nachdrucks von Auszügen, der photomechanischen Wiedergabe und der Übersetzung, vorbehalten.

Inhalt

Vorwort   7

I. AUF DEM WEG ZUR GEMEINSAMEN SICHERHEIT   9

1. Zur Ausgangslage am Ende des Ost-West-Konflikts   10

    1.1. Zur Bestandsaufnahme   10
    1.2. Zur Verteidigungssituation   13
    1.3. Zur Abschreckungssituation   17

2. Zum "Konzept Gemeinsamer Sicherheit"   21

    2.1. Zum Begriff der "Sicherheitspartnerschaft"   21
    2.2. Zum Palme-Bericht "Common Security"   23
    2.3. Zu den Definitionsmerkmalen Gemeinsamer Sicherheit   25
    2.4. Exkurs: Grundgesetz und Gemeinsame Sicherheit   28

3. Zur "Theorie Struktureller Angriffsunfähigkeit"   30

    3.1. Zur Defensiven Abhaltung   30
    3.2. Zur Strukturellen Nichtangriffsfähigkeit   33
    3.3. Zu den Definitionsmerkmalen Struktureller Angriffsunfähigkeit   40
    3.4. Exkurs: Strukturelle Angriffsunfähigkeit im weiteren Sinne   45

II. AUF DEM WEG ZUR KOLLEKTIVEN SICHERHEIT   49

4. Zur Ausgangslage jenseits des Ost-West-Konflikts   50

    4.1. Zur Bedrohungssituation   51
    4.2. Zur Rüstungskontrollentwicklung   58
    4.3. Zur Gefahrenvorsorge   61

5. Zum System Kollektiver Sicherheit in und für Europa   71

    5.1. Zu den Definitionsmerkmalen Kollektiver Sicherheit   72
    5.2. Zur eurokollektiven Sicherheit   74
    5.3. Zu den SKS-Streitkräften   78
    5.4. Zum Prozeß der Ablösung   83

6. Zur Einrichtung "Defensiver Zonen"   86

    6.1. Zu den Atomwaffen   87
    6.2. Zu den chemischen Waffen   92
    6.3. Zum konventionellen Potential   94
    6.4. Exkurs: Luftstreitkräfte   96

III. AUSBLICK: ZUR ÜBERTRAGBARKEIT GEMEINSAMER SICHERHEIT   103

7.   Zum "Konfliktfall Golf"   104

    7.1.   Zur Golfkrise   104
    7.2.   Zur Gemeinsamen Sicherheit am Golf?   107

IV. ANHANG   113

Gemeinsame Sicherheit - das neue Konzept
Zu den verfassungsrechtlichen Rahmenbedingungen Gemeinsamer Sicherheit
Strukturelle Angriffsunfähigkeit

Vorwort

Das Institut für Friedensforschung und Sicherheitspolitik an der Universität Hamburg (IFSH) hat in den vergangenen Jahren sechs Bände zum Thema "Gemeinsame Sicherheit" veröffentlicht. Im Mittelpunkt des *ersten Bandes*[1] zum Thema steht Gemeinsame Sicherheit als "Idee und Konzept" - so auch der Untertitel des Buches. Beschrieben und analysiert werden die Ausgangsüberlegungen, Grundlagen und Strukturmerkmale der neuen Konzeption. Sie lassen sich in der Aussage zusammenfassen, daß eigene Sicherheit im Nuklearzeitalter stets auch die Sicherheit des Nachbarn und des Gegenübers berücksichtigen muß, kurz: Sicherheit nicht mehr gegen-, sondern nur noch miteinander zu haben ist.

Während *Band I* Gemeinsame Sicherheit konzeptionell konturiert, geht *Band II*[2] über das Thema im engeren Sinne hinaus, beleuchtet interdisziplinär - oder bescheidener ausgedrückt: multi-disziplinär - die vielfältigen Dimensionen und Bezüge Gemeinsamer Sicherheit. Wenn sie sich im betreffenden Band aus arbeitsökonomischen Gründen neben den militärischen auf rechtliche, wirtschaftliche und psychologische Aspekte Gemeinsamer Sicherheit "begrenzen", so ist die Liste der Dimensionen und Disziplinen damit allerdings nicht abgeschlossen.

Anders als in *Band II*, der sich schwerpunktmäßig mit außer-militärischen Bezügen Gemeinsamer Sicherheit befaßt, stehen im Zentrum von *Band III*[3] auf der Basis zweier Anhörungen des IFSH die militär- und abrüstungspolitischen Komponenten der neuen Konzeption: Gemeinsame Sicherheit will die Ablösung der Abschreckung, kann und will aber auf die kriegsverhütende Wirkung militärischer Mittel nicht (gänzlich) verzichten. Allerdings strebt sie nach Konventioneller Stabilität auf der Basis Struktureller Angriffsunfähigkeit.

Was Strukturelle Angriffsunfähigkeit im Rahmen Gemeinsamer Sicherheit heißt, wird in *Band IV*[4] erstmals umfassend und systematisch abgeklärt. *Band III* und *Band IV* sind insofern in der Zusammenschau zu sehen. *Band IV* versteht sich allerdings - über die dritte Veröffentlichung hinausgehend - als erster Versuch einer Theorie Defensiver Abhaltung und Struktureller Angriffsunfähigkeit.

---

1 Bahr, Egon/Lutz, Dieter S. (Hrsg.), Gemeinsame Sicherheit Bd. I: Idee und Konzept, Baden-Baden 1986.
2 Bahr, Egon/Lutz, Dieter S. (Hrsg.), Gemeinsame Sicherheit Bd. II: Dimensionen und Disziplinen, Baden-Baden 1987.
3 Bahr, Egon/Lutz, Dieter S. (Hrsg.), Gemeinsame Sicherheit Bd. III: Konventionelle Stabilität, Baden-Baden 1988.
4 Lutz, Dieter S., Gemeinsame Sicherheit Bd. IV: Defensive Abhaltung und Strukturelle Angriffsunfähigkeit, Baden-Baden 1989.

Der *fünfte Band*[5] zum Thema Gemeinsame Sicherheit will einen ersten Einblick in die internationale Diskussion ermöglichen. Mit den Stimmen aus dem internationalen Konzert sollen zum einen die Akzeptanz, die Gemeinsame Sicherheit zu Ende der 80er Jahre auch im Ausland genießt, und zum anderen die spezifischen und differenzierenden Blickwinkel und Perspektiven der ausländischen Standpunkte und Ansichten dargelegt werden.

Band VI[6] schließlich versucht sowohl der Logik Gemeinsamer Sicherheit als auch den revolutionären Umbrüchen in den Ländern Mittel- und Osteuropas sowie in der Sowjetunion gerecht zu werden: In der Konsequenz Gemeinsamer Sicherheit liegt die Forderung nach einem System Kollektiver Sicherheit. Die revolutionäre Entwicklung in den genannten Ländern gibt zu Beginn der 90er Jahre erstmals die historische Chance, diese Forderung auch Realität werden zu lassen. Mehr noch: Vorstellbar scheint zukünftig auch eine Ordnung des Gemeinsamen Friedens, die sich als beständiger Prozeß der umfassenden Verwirklichung demokratischer Strukturen und ökologischer Lebensweisen versteht, ferner die Autonomie und die eigenen Interessen der Völker des Südens anerkennt und eine partnerschaftliche, gleichberechtigte Kooperation unter allen Völkern ermöglicht.

Die nachfolgende Arbeit bildet das Substrat aus den Überlegungen der von mir für die genannten Bücher verfaßten 16 Beiträge. Es ist teilweise stark komprimiert, teilweise ergänzt und erweitert, in jedem Fall aber aktualisiert und auf das Ende des Ost-West-Konflikts bezogen. Bei den im Anhang wiedergegebenen drei Aufsätzen handelt es sich ferner um Grundlagenartikel zur Definition Gemeinsamer Sicherheit einerseits und Struktureller Angriffsunfähigkeit andererseits sowie zum Verhältnis von Grundgesetz und Gemeinsamer Sicherheit. In die vorliegende Arbeit sind sie über die Abschnitte 2.3., 2.4. und 3.3. eingeflossen.

Kurt Tudyka hat mich zu diesem Buch ermuntert. Ohne seine kollegiale Hilfsbereitschaft und sein beharrliches Drängen wäre es nicht entstanden. Ihm - wie auch Herman de Lange, Johan Niezing und den Kolleginnen und Kollegen am IFSH - fühle ich mich in Dankbarkeit verbunden.

Hamburg, Dezember 1990   Dieter S. Lutz

---

5 Lutz, Dieter S./Schmähling, Elmar (Hrsg.), Gemeinsame Sicherheit Bd. V: Internationale Diskussion, Baden-Baden 1990.
6 Lutz, Dieter S. (Hrsg.), Gemeinsame Sicherheit Bd. VI: Kollektive Sicherheit, Gemeinsamer Frieden, Baden-Baden 1990.

I. AUF DEM WEG ZUR GEMEINSAMEN SICHERHEIT

1. Zur Ausgangslage am Ende des Ost-West-Konflikts[1]

Der Ost-West-Konflikt ist zu Ende. Der Kalte Krieg ist vorbei. Die revolutionären Umbrüche in den Staaten der Warschauer Vertragsorganisation (WVO) haben spätestens 1989 die ordnungs-, wirtschafts- und sicherheitspolitische Landkarte Europas, ja der Welt, radikal verändert. Zu Beginn der 90er Jahre kann mit der Beseitigung der militärischen "Altlasten" des vormaligen Ost-West-Konflikts sowie mit dem Aufbau eines gemeinsamen europäischen Sicherheitssystems zügig begonnen werden: Wieviel an Rüstung ist zukünftig genug? Brauchen wir überhaupt noch - deutsche - Soldaten? Wenn ja, wieviele und wozu? Im folgenden werde ich mit Blick auf das Jahr 2000 diesen und ähnlichen Fragen nachgehen und zugleich für die Ablösung der bisherigen Paktstrukturen durch die Idee der Gemeinsamen Sicherheit und durch ein System Kollektiver Sicherheit plädieren.

1.1. Zur Bestandsaufnahme[2]

Zur Hinterlassenschaft des Ost-West-Konflikts gehören militärische Destruktionspotentiale ungeheuren Ausmaßes. Auch zum Wechsel der 80er zu den 90er Jahren besitzen die Staaten der NATO und der WVO noch immer 10 bis 11 Millionen Soldaten, ca. 100 000 Panzer, 50 000 bis 60 000 nukleare Gefechtsköpfe und vieles mehr (vgl. auch Schaubild Nr. 1). Zu Beginn des Jahres 1990 stehen allein auf deutschem Boden ca. 1,5 Millionen Soldaten unter Waffen: Die *Bundeswehr* hat einen Streitkräfteumfang von ca. 490 000 Soldaten. Der Verteidigungshaushalt der Bundesrepublik beläuft sich (noch mit steigender Tendenz) auf ca. 53 Milliarden DM (28,5 Milliarden US-Dollar); das entspricht ca. 3% des Bruttosozialprodukts

---

1 Vgl. zu folgendem ausführlicher: Lutz, Dieter S., Deutsche Einheit - Europäische Sicherheit, oder: Brauchen wir noch deutsche Streitkräfte?, in: Lutz, Dieter S. (Hrsg.), Gemeinsame Sicherheit Bd. VI: Kollektive Sicherheit, Gemeinsamer Frieden, Baden-Baden 1990, insbes. Abschn. 1, 2 und 3.
2 Vgl. zu den nachfolgenden Daten insbes.: International Institute for Strategic Studies (IISS), Military Balance 1989-1990, London 1989, insbes S. 47 f., 62 ff., 208; Fiorenza, Nick, The Balance of Forces in Central Europe, Hamburger Beiträge zur Friedensforschung und Sicherheitspolitik 30/1988, insbes. S. 10 f., 15; Lutz, Dieter S., Luftstreitkräfte, Strukturelle Angriffsunfähigkeit und Abrüstung, Hamburger Beiträge zur Friedensforschung und Sicherheitspolitik 41/1989; die Stärke von 130 000 Soldaten für die NVA beruht auf Angaben des DDR-Verteidigungsministers Theodor Hoffmann vom 9. März 1990 - vgl.: Moral der Truppe gut?, Frankfurter Rundschau Nr. 59 vom 10. März 1990, S. 2; der Verweis auf das Verhältnis der Stationierungsdichte Mitteleuropas zum Nahen Osten stammt ferner von Reinhard Mutz.

Schaubild Nr. 1: Militärische Potentiale der Nato und der WVO Mitte der 80er Jahre

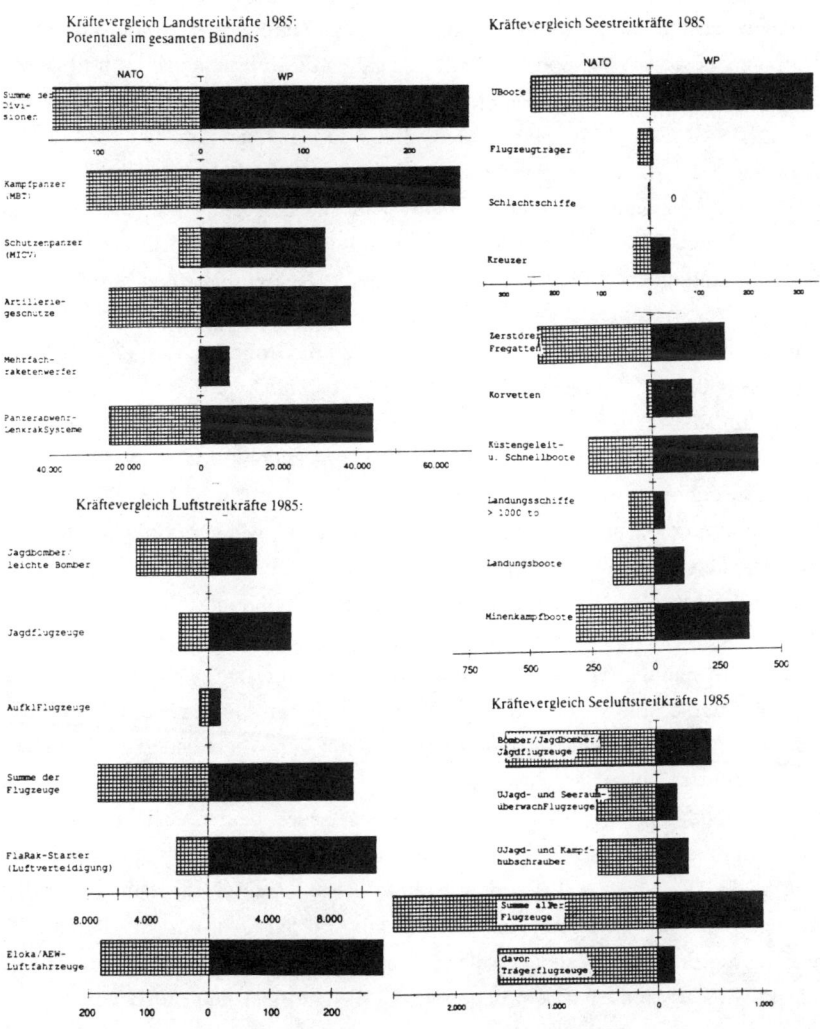

Quelle: Nach Vorlage von: Thomas, Maximilian/Ruske, Olaf/Wäsche, Rolf, Konventionelle Militärpotentiale NATO/WP 1949-1986 aus offenen Quellen, Schriftenreihe Bd. 291/III der Bundeszentrale für politische Bildung, Bonn 1990, S. 155, 263, 313, 315.

bei einer Belastung von ca. 340 US-Dollar pro Kopf der Bevölkerung. Die *Nationale Volksarmee* (NVA) der noch existenten DDR sieht einen Streitkräfteumfang von ca. 173 000 Soldaten vor, hat zu diesem Zeitpunkt aber wohl nur einen Umfang von ca. 130 000 Soldaten. Nach Angaben des Internationalen Instituts für Strategische Studien in London (IISS) sollen die Militär- und Rüstungsausgaben der DDR ca. 22,5 Mrd. Mark (12 Mrd. US-Dollar) betragen und sich damit (bezogen auf 1987) auf ca. 8% des Bruttosozialproduktes belaufen. Die Belastung pro Kopf der Bevölkerung soll bei ca. 440 US-Dollar liegen.

Doch auf dem Boden der Bundesrepublik und der DDR sind nicht nur deutsche Soldaten stationiert. Zu den Bündnispartnern, die Teile ihrer Streitkräfte im Zuge des Ost-West-Konflikts in den beiden deutschen Staaten (und in Berlin) unterhalten, gehören Belgien (26 000), Frankreich (50 000), Großbritannien (70 000), Kanada (7 000), die Niederlande (5 500) sowie die USA (245 000) und die Sowjetunion (380 000). Folgt man den Ansätzen und geht man von einer Bevölkerung von insges. ca. 78 Mio. Personen aus (Bundesrepublik: 61,2 Mio.; DDR: 16,6 Mio.), so ergibt sich ein Verhältnis von einem Soldaten pro 53 Einwohnern - ein Spitzenwert, der selbst in krisengeschüttelten Regionen wie dem Nahen Osten, wo militärische Gewalt auf der Tagesordnung steht, nicht erreicht wird. Für die DDR allein berechnet, ist das Verhältnis sogar noch erheblich höher: Bei 16,6 Mio. Einwohnern und einer Gesamtzahl von 553 000 Soldaten beläuft es sich auf 1 zu 30.

Aber nicht nur die finanziellen und personellen Aufwendungen in und für die Bundesrepublik und vormals für die DDR entsprechen Spitzenwerten. Ähnliches gilt auch für Waffen und Rüstung. Nirgendwo auf der Welt existiert eine solche - nahezu unvorstellbare - Zusammenballung von Destruktionspotential wie in Mitteleuropa und wie insbes. an den Grenzen der beiden Militärpakte: Zur Ausrüstung der kampfbereiten Divisionen allein auf deutschem Boden gehören u.a. ca. 13 000 Panzer, 8 000 Artilleriegeräte, 1 100 Kampfhubschrauber, ca. 1 200 Kampfflugzeuge usw. Obwohl mit 108 000 km^2 Fläche nicht einmal halb so groß wie die Bundesrepublik, stehen gleichwohl mindestens jeweils die Hälfte und mehr dieser Waffensysteme auf dem Boden der DDR. Die Belastung der Bevölkerung - in beiden deutschen Staaten - bereits im Frieden durch Manöver und Tiefflug ist entsprechend hoch.

Die Liste der brisanten Daten ist mit den genannten Beispielen noch lange nicht abgeschlossen. Erwähnt werden müßten z.B. auch die zu diesem Zeitpunkt in der Bundesrepublik und in der DDR noch gelagerten nuklearen Waffen und chemischen Kampfstoffe: Nirgendwo sonst in der Welt ist die Dichte an Massenvernichtungsmitteln so hoch wie eben auf deutschem Boden. Doch mag die knappe Bestandsaufnahme genügen, der Beantwortung der Frage des "How much is enough", d.h. der Frage danach, "Wieviel an Soldaten und Rüstung genug ist", die *aufrü*stungspolitische Alternative zu nehmen: Gemessen am sog. "internationalen Standard" - einer Hilfsregel, der sich z.B. die Neutralen bei der Feststellung ihres Rüstungsbedarfes (zumindest in der Theorie) unterwerfen - gehen Streitkräfte- und Rüstungspotential auf deutschem Gebiet weit über Vergleichbares hinaus. Ein "Mehr" wäre wohl kaum zu rechtfertigen - und auch nicht zu ertragen.

Wie aber ist es um die *ab*rüstungspolitische Alternative der Frage bestellt? Soll der rüstungspolitische Status quo eingefroren werden? Kann abgerüstet werden? Wieviel? Und abermals: Brauchen wir überhaupt noch - deutsche - Soldaten? Wenn ja, wozu? Zur Verteidigung? Zur Abschreckung? Zur Abhaltung?

1.2. Zur Verteidigungssituation[3]

Streitkräfte sollen (ausschließlich) der Verteidigung[4] dienen. Was verteidigt werden soll, darf aber im Ernstfall gerade nicht durch die Verteidigung zerstört werden. Verteidigungsvorbereitungen und Verteidigungsmaßnahmen sind kein Selbstzweck. Ihr ausschließlicher Sinn liegt vielmehr in ihrer Schutzfunktion, ggf. in ihrer Schadensminimierungsfunktion.

Ob allerdings Schutz und Schadensminimierung im Kriegsfall für hochindustrialisierte Staaten wie die Bundesrepublik noch "funktionieren", ist mehr als fraglich. Bereits 1970 ist die sog. Weizsäckerstudie "Kriegsfolgen und Kriegsverhütung"[5] dem Problem der Lebensfähigkeit von Industriegesellschaften unter Kriegseinwirkung in all seinen Verästelungen nachgegangen. Für die Bundesrepublik kam die umfangreiche Untersuchung mit Blick auf die vorherrschende Strategie und die gegebenen Streitkräfte und Waffen insbes. zu zwei wichtigen Ergebnissen:

---

3   Vgl. zum folgenden ausführlicher: Lutz, Dieter S., Kein Überleben ohne Frieden, Frankfurt a.M. 1982; Lutz, Dieter S., Sind Kriege in Europa noch führbar?, in: Neue Wege 11/1989, S. 329 - 332; Albrecht, Helmut F. / Kiedrowski, Rainer, Kernenergie in Deutschland, Ein Bildatlas, Frankfurt a.M. 1985; Knies, Gerhard, Friedfertigkeit durch zivile Verwundbarkeit, in: Vierteljahresschrift für Sicherheit und Frieden (S+F), 2/1988, S. 79-84; Bader, Rolf/Kortländer, Michael, Strukturelle Nichtverteidigbarkeit hochindustrialisierter Staaten, München 1989; ferner das Schwerpunktthemaheft S+F 4/1989 und dort die Beiträge insbes. von Wolfgang Vogt, Max Schmidt/Wolfgang Schwarz, Michael Sailer, Alexander Roßnagel/Ulrich Pordesch, Erich Schmidt-Eenbohm, Björn Möller; Statistisches Jahrbuch für die Bundesrepublik Deutschland 1989, Stuttgart 1989, insbes. S. 174 f, 613. Für die Mithilfe bei der Suche einzelner Daten bin ich Roland Kaestner verbunden.
4   Im Grundgesetz der Bundesrepublik Deutschland heißt es z.B. in Art. 87a Abs. 1: " Der Bund stellt Streitkräfte zur *Verteidigung* auf" (Hervorheb.- DSL).
5   Weizsäcker, Carl Friedrich von (Hrsg.), Kriegsfolgen und Kriegsverhütung, München 1971.

Erstens: Die Bundesrepublik ist mit konventionellen Waffen nicht zu verteidigen.

Zweitens: Der Einsatz nuklearer Waffen in der Absicht der Verteidigung der Bundesrepublik würde zur nuklearen Selbstvernichtung führen.

Mittlerweile gibt es eine ganze Reihe weiterer Untersuchungen und Studien, etwa der Vereinten Nationen oder der OTA (Office of Technology Assessment), einer Behörde des US-Kongresses, die bezogen auf die verschiedensten Länder oder Szenarien zu vergleichbaren Ergebnissen gekommen sind[6]. Das inzwischen bekannte Phänomen des sog. nuklearen Winters[7] ist in diesen Studien noch nicht einmal berücksichtigt.

Was auf Atomkriege zutrifft, gilt heute aber auch - wenn auch unter etwas veränderten Vorzeichen - für den Einsatz konventioneller Streitkräfte und Waffen. Dies ist zum einen darauf zurückzuführen, daß die hochexplosiven konventionellen Potentiale heute kaum noch mit den Waffen vergleichbar sind, die etwa im Ersten oder Zweiten Weltkrieg eingesetzt wurden. Zum anderen ist hervorzuheben, daß die industrielle, ökologische, soziale und kulturelle Situation Europas sich gegenüber den Zeiten des Ersten oder Zweiten Weltkrieges entscheidend verändert hat (vgl. auch Schaubild Nr. 2). Zu diesen Veränderungen gehört z.B., daß heute in Europa ca. 200 Kernkraftwerke in Betrieb sind. Daneben gibt es nicht nur Versuchsanlagen, Lager für Kernbrennstäbe und Entsorgungseinrichtungen des atomaren Bereichs, sondern auch eine hohe Zahl und Dichte an Chemieanlagen, Lagerstätten für Erdöl und Erdölprodukte, Gaspipelines, zentrale Versorgungseinrichtungen für Strom, Trinkwasser und vieles mehr.

Allein in der Bundesrepublik existieren neben einer Vielzahl militärischer Einrichtungen wie Kasernen, Flugplätzen, Munitionsdepots usw. ca. 3 600 chemische Betriebe, 11 000 weitere Betriebe, die chemische Stoffe verarbeiten und lagern, 27 Ölraffinerien und ca. 500 (überirdische) Öltanklager (davon ca. 160 zwischen 20 000 und 50 000 m^3 Fassungsvermögen), ca. 70 Gasraffinerien, Tanks und Verdichterstationen, ca. 40 Atomkraftwerke, stillgelegte AKWs und sonstige Nuklearbetriebe, ca. 600 Umspannwerke, ca. 220 Güterbahnhöfe, Containerbahnhöfe

---

6   Office of Technology Assessment (OTA), Atomkriegsfolgen, Baden-Baden 1982; Die UNO-Studie: Kernwaffen, München 1982.
7   Zum "nuklearen Winter" vgl.: Ehrlich, Paul R. /Sagan, Carl, Die nukleare Nacht, Köln 1983; Harwell, Mark A., Nuclear Winter, New York/u.a. 1984; Greene, Owen / Percival, Jan / Ridge, Irene, Nuclear Winter. The Evidence and the Risks, Cambridge/Oxford 1985; United Nations, Department for Disarmament Affairs, Report of the Secretary-General, Study on the Climatic and Other Global Effects of Nuclear War, New York 1989.

Schaubild Nr. 2

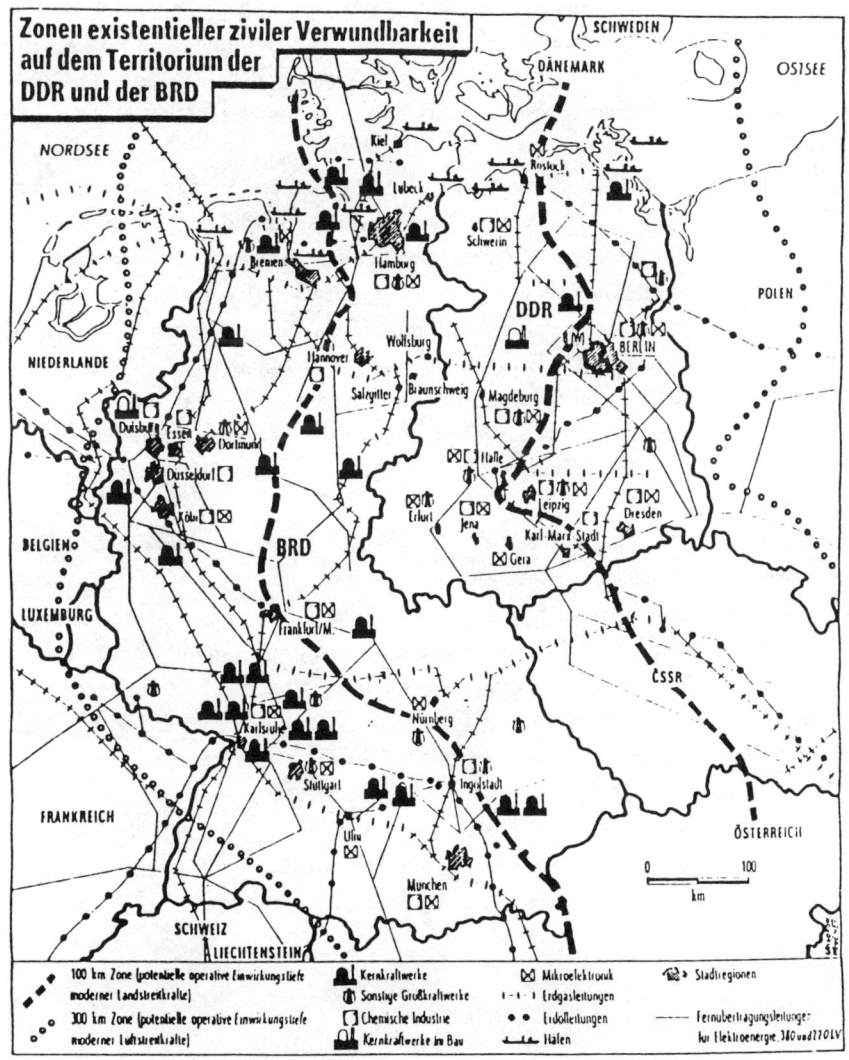

Quelle: Schwarz, Wolfgang, Strukturelle Angriffsunfähigkeit in Europa, IPW-Forschungshefte 2/1989, S. 74.

sowie See- und Binnenhäfen etc. In der zum Jahresbeginn 1990 noch existenten DDR gibt es - wiederum neben der Vielzahl militärischer Einrichtungen - ca. 1 200 Chemiebetriebe bzw. chemische Mittel lagernde und verarbeitende Betriebe, 15 Ölraffinerien und ca. 200 Öltanklager, 9 Gasspeicher und -verdichter, 4 Atomkraftwerke, 130 Umspannwerke, ca. 170 Güter- und Containerbahnhöfe sowie See- und Binnenhäfen.

Alle diese und weitere Einrichtungen sind zu Zeiten des Ost-West-Konflikts (große) militärische Ziele, die für Raketen und Kampfflugzeuge, aber auch für Panzer und Artillerie, leicht erreichbar sind. Es bedarf nicht allzuvieler Phantasie, um sich die Folgen eines konventionell geführten Krieges vorzustellen, zu dessen Wirkungen nicht nur der direkte Waffeneinsatz auf die betroffenen Menschen gehört, sondern eben auch die Emissionen radioaktiven Materials aus den Kernkraftwerken, die tödlichen Giftwolken aus den Chemieanlagen, die Feuerstürme aus den Gas- und Erdöllagerstätten und schließlich der Zusammenbruch aller Versorgungs- und Entsorgungswege, z.B. für Strom, Trinkwasser, Lebensmittel und Atemluft.

Zusammenfassend muß deshalb mit Blick auf die Folgen und Wirkungen sowohl des atomaren als auch des konventionellen Einsatzes von Streitkräften und Waffen betont werden, daß Kriege in Europa nicht mehr führbar sind[8]. Hochindustrialisierte Staaten wie die Bundesrepublik sind kriegsführungsunfähig oder mit anderen Worten: Kriege sind zivilisationsunverträglich.

Was folgt aus dieser Erkenntnis? Lautet die Schlußfolgerung, daß z.B. auf die Bundeswehr gänzlich verzichtet werden muß, weil der Einsatz militärischer Streitkräfte in Deutschland dysfunktional geworden ist? Greifen also auch selbst jene Vorschläge zu kurz, die zwar tiefe Einschnitte in das bestehende Militär- und Rüstungspotential anstreben, wenngleich auch keine umfassende und vollständige, sondern nur eine teilweise Abrüstung vorsehen?

---

[8] Auch Björn Möller wendet sich - seine "Kritik der Hypothese vom total verheerenden konventionellen Krieg" recht verstanden - nicht gegen diese Aussage - vgl. Möller, Björn, Ist Krieg in Europa unmöglich geworden?, in: Vierteljahresschrift für Sicherheit und Frieden (S+F) 4/1989, S. 232-237.

1.3. Zur Abschreckungssituation[9]

Zweifelsohne hat das Ausmaß der Zivilisationsunverträglichkeit von Kriegen in den vergangenen Jahrzehnten stark zugenommen. Die Erkenntnis der Kriegsführungsunfähigkeit ist, wie bereits mit dem Hinweis auf die Weizsäcker-Studie angedeutet, gleichwohl nicht völlig neu. In der offiziellen Militärpolitik hat sie bislang dennoch keinen erkennbaren Niederschlag erfahren. Begründet wird dies mit einem theoretischen Konstrukt: Final betrachtet - so die Befürworter der bisherigen Politik - dienen Militär und Rüstung nicht der Kriegsführung, sondern der Kriegsverhütung durch Abschreckung. M.a.W.: Die Streitkräfte der Bundesrepublik (und in Variationen auch die anderer Staaten) unterliegen keiner Kriegsführungs-, sondern einer Kriegsverhütungsdoktrin. Ziel der militärischen Vorbereitungen für den Ernstfall soll es nicht sein, Krieg zu führen, sondern ihn über ein "Kontinuum der Abschreckung" zu verhindern (pre war deterrence) bzw. ihn auf einer möglichst niedrigen Eskalations- und/oder Schadensstufe wieder "einzufangen" (intra war deterrence).

Unter "Abschreckung" ist entsprechend das Bemühen zu verstehen, den Willen eines potentiellen Gegners dahingehend zu beeinflussen, daß er auf eine mögliche oder bereits begonnene Aggression verzichtet, weil das militärische Risiko unkalkulierbar[10] - oder besser ausgedrückt: kalkuliert untragbar[11] - hoch ist. Nach dem früheren US-Außenminister H.A. Kissinger[12] verlangt Abschreckung ferner

---

9   Vgl. zum folgenden u.a.: Kissinger, Henry A., Die Entscheidung drängt, Düsseldorf 1961; McNamara, Robert S., Die Sicherheit des Westens, Wien/u.a. 1969; Senghaas, Dieter, Abschreckung und Frieden, Frankfurt a.M. 1969; Weizsäcker, Carl Friedrich von, Abschreckung - nur eine Atempause?, in: Die Zeit vom 16. März 1982, S. 17 - 19; Weißbuch 1983, Zur Sicherheit der Bundesrepublik Deutschland. Im Auftrag der Bundesregierung herausgegeben vom Bundesminister der Verteidigung, Bonn 1983; Lutz, Dieter S., Was heißt Frieden?, Hamburger Informationen zur Friedensforschung und Sicherheitspolitik 2/1987.
10 Vgl. z.B.: Weißbuch 1979. Zur Sicherheit der Bundesrepublik Deutschland und zur Entwicklung der Bundeswehr. Im Auftrag der Bundesregierung hrsgg. vom Bundesminister der Verteidigung, Bonn 1979, S. 123: "Für jeden Aggressor muß das Risiko seines Angriffes unkalkulierbar sein".
11 Vgl.: Baudissin, Wolf Graf von/Lutz, Dieter S., Kooperative Rüstungssteuerung in Europa, in: Baudissin, Wolf Graf von/Lutz, Dieter S. (Hrsg.), Kooperative Rüstungssteuerung, Baden-Baden 1981, S. 15: "Als Strategie für die gemeinsame Aufrechterhaltung glaubwürdiger gegenseitiger Abschreckung zielt KRSt darauf, strategische Stabilität zu erreichen, zu erhalten bzw. zu optimieren. In diesem Rahmen versteht man unter strategischer Stabilität ein Gesamt-Kräfteverhältnis zwischen Bündnissen und Staaten, das jeden Versuch einer Konfliktregelung mit militärischen Mitteln - ob im indirekten oder direkten Einsatz - deutlich als kalkuliert untragbares Risiko erkennen läßt. Es darf kein Zweifel an der politischen Entschlossenheit und Solidarität der Angegriffenen sowie an der Wirksamkeit ihrer Abwehr aufkommen. Unkalkulierbar sollten nur die einzelnen taktischen Reaktionen der angegriffenen Seite bleiben."
12 A.a.O. (Anm. 9), S. 24.

Machtpotentiale, die Bereitschaft, sie zu nutzen und auf Seiten des Gegners das Bewußtsein, daß beides auf der anderen Seite vorhanden ist. Abschreckung ist darüber hinaus nicht die Summe dieser Faktoren, sondern ein Produkt aus ihnen. Sinkt einer auf Null, wird Abschreckung wirkungslos.

Als Varianten der Abschreckung sind denkbar - und in der Realität des Ost-West-Konfliktes der vergangenen Jahre auch vorzufinden - die Abschreckung durch Vergeltung und Bestrafung des Aggressors, ggf. auch durch den Einsatz von nuklearen Massenvernichtungsmitteln gegen zivile Industrieansiedlungen und Bevölkerungszentren (retaliation/punishment), sowie die Abschreckung durch Zunichtemachen und Verweigerung des militärischen Erfolgs (annihilation/denial). Die Mittel der Abschreckung sind sowohl konventionelle als auch taktisch-nukleare als auch strategische Streitkräfte. Hieran hat auch der "Strategie-Gipfel" der Staats- und Regierungschefs der NATO-Staaten am 5. und 6. Juli 1990 in London nichts geändert:

> "Zur Wahrung des Friedens muß das Bündnis für die vorhersehbare Zukunft eine geeignete Zusammensetzung nuklearer und konventioneller Steitkräfte beibehalten, die in Europa stationiert sind und auf dem gebotenen Stand gehalten werden, wo dies erforderlich ist".[13]

Ob die Abschreckung in den vergangenen Jahrzehnten tatsächlich ihre Aufgabe erfüllt hat, d.h. kriegsverhütend gewirkt hat, ist nicht unbestritten[14], mag aber dahingestellt bleiben. In jedem Fall darf nicht übersehen werden, daß sowohl zu den

---

13 Presse- und Informationsamt der Bundesregierung, NATO-Gipfelkonferenz in London, Londoner Erklärung, Bulletin Nr. 90 vom 10. Juli 1990, S. 778, Punkt 15. Immerhin aber wurden die Atomwaffen deutlich zum letzten Mittel der Verteidigung, zu "Waffen des letzten Rückgriffs" erklärt - vgl. ebda Punkt 18, ferner u.a.: NATO reicht Osteuropa die Hand, Frankfurter Rundschau Nr. 154/27 vom 6. Juli 1990, S. 1 f.

14 Die These, daß die Abschreckung in den vergangenen Jahrzehnten ihre Aufgabe auch tatsächlich erfüllt, d.h. kriegsverhütend gewirkt habe, und insbesondere die Nuklearwaffen Garanten des Friedens in Europa gewesen seien, besitzt zwar ein gewisses Maß an Plausibilität, ist aber nicht unbestritten.
Empirisch, d.h. aus der Beobachtung der Realität, ist sie weder belegbar noch widerlegbar. Voraussetzung wäre das Eingeständnis eines Kontrahenten, "aggressiv" und nicht "friedlich" zu sein; gerade ein solches Eingeständnis wird aber kaum zu erhalten sein.
Logisch kann sie auch ein Trugschluß des Typs "post-hoc-ergo-propter-hoc" sein - vergleichbar etwa mit der Feststellung: Seit sich die Zahl der Störche in der Bundesrepublik verringert, ist auch ein Geburtenrückgang festzustellen; also müssen die Störche doch etwas mit der Geburtenrate zu tun haben.
In der Konsequenz schließlich wirft sie die provozierende Frage auf, warum das nukleare Abschreckungsmittel (wenn es doch der Friedenssicherung dient) ein Privileg insbesondere der Supermächte und Europas bleiben soll - eine Frage, die von Politikern und Militärs und selbst von Friedensforschern in der Dritten Welt stets aufs neue gestellt wird.

Voraussetzungen als auch zu den "Nebenfolgen" des Ost-West-Abschreckungssystems der vergangenen Jahre eine Reihe destabilisierender Faktoren und Mechanismen gehörte, darunter z.B.:

- die Identifizierung des potentiellen Gegners als tatsächlichen Feind[15],
- die ständige Vorbereitung auf den schlimmsten Fall (worst case),
- die irrationale Drohung mit der Vernichtung des Gegners unter Inkaufnahme der letztendlichen Selbstvernichtung,
- die Schaffung von (vermeintlicher) Sicherheit unter Inkaufnahme von Unsicherheitsgefühlen und Bedrohungswahrnehmungen auf der gegnerischen Seite,
- die Reproduktion von Instabilitäten durch die Versuche der Bewältigung eben dieser Instabilitäten über die laufende numerische Erweiterung und qualitative Perfektionierung bzw. Modernisierung der militärischen Offensivmittel.

Nicht anders ist im Zuge des Ost-West-Konflikts die ungeheure Zusammenballung von Destruktionsmitteln in NATO und WVO denkbar, darunter mehr als 100 000 Panzer; nicht anders ist auch die vielfache Übertötungskapazität (over-kill) von 50 000 bis 60 000 nuklearen Gefechtsköpfen "begreifbar"; und nicht anders schließlich ist die irrationale Summe der Weltrüstungsausgaben von wahrscheinlich mehr als 1 000 Milliarden US-Dollar "erklärbar"[16].
Nicht zuletzt vor dem Hintergrund dieser Folgen und der damit verbundenen Risiken des Scheiterns ist "Frieden durch militärische Abschreckung" von den verschiedensten politischen Richtungen - zumindest verbal - stets nur als "Gewinn auf Zeit", als eine "Atempause"[17] verstanden worden. Soll eine Atempause aber nicht zur Zwischenkriegszeit verkommen, so muß sie zur Suche nach politischen Lösungen und militärischen Alternativen genutzt werden - eine Konsequenz, die bis in die 80er Jahre hinein nicht oder nicht ausreichend oder eben nur wieder verbal ge-

---

15 Ihn soll es allerdings seit dem NATO-Gipfel vom 5./6. Juli 1990 nicht mehr geben - vgl.: Bulletin a.a.O. (Anm. 13), S. 777, Punkt 6: "Die Mitgliedstaaten des Nordatlantischen Bündnisses schlagen daher den Mitgliedstaaten der Warschauer Vertragsorganisation eine gemeinsame Erklärung vor, in der wir feierlich bekunden, daß wir uns nicht länger als Gegner betrachten..." - vgl. auch noch Abschn. 4.1., Anm. 81.
16 Zu den Daten vgl. IISS, a.a.O. (Anm. 2).
17 Vgl. z.B.: Weizsäcker, Carl Friedrich von, a.a.O. (Anm. 9).

zogen wurde. Das Scheitern etwa der langjährigen, von 1973 bis 1989 dauernden, MBFR-Verhandlungen ist hierfür ein beredtes Beispiel unter vielen[18].

---

18 Vgl. zu MBFR stellvertretend: Mutz, Reinhard, Konventionelle Abrüstung in Europa, Baden-Baden 1984; ders. (Hrsg.), Die Wiener Verhandlungen über Truppenreduzierungen in Mitteleuropa (MBFR), Baden-Baden 1983.

2. Zum "Konzept Gemeinsamer Sicherheit"[19]

Was aber ist die Alternative? Spätestens seit dem zivilen Kernreaktorunfall in Tschernobyl ist klar, daß in einer Zeit, in der nicht nur die ökonomischen, politischen und militärischen Verflechtungen, Abhängigkeiten und/oder Folgen ständig zunehmen, sondern auch Gefahren und Krisen - gewollt oder ungewollt - grenzüberschreitend wirken (Wirtschaftskrise, Umweltverschmutzung, radioaktive Folgen eines zivilen Reaktorunglückes ebenso wie eines Atomkrieges etc.), Sicherheit nicht länger einseitig erlangt werden kann. Eigene Sicherheit muß vielmehr stets auch die Sicherheit des Nachbarn und des Gegenübers berücksichtigen. Kurz: Sicherheit ist nicht mehr gegen-, sondern nur noch miteinander zu haben. Sicherheit ist Gemeinsame Sicherheit (GS).

Auf Kernelementen dieser Einsicht ruhte zwar bereits die Entspannungspolitik der 60er und 70er Jahre sowie die bundesdeutsche Ostpolitik. Sozialdemokraten wie Helmut Schmidt, Egon Bahr und Olof Palme haben sie aber erst zu Ende der 70er/Anfang der 80er Jahre auf die Schlüsselbegriffe der Sicherheitspartnerschaft und der Gemeinsamen Sicherheit gebracht und als Ausgangspunkt der längst überfälligen Suche nach einer alternativen sicherheitspolitischen Konzeption genommen. Was Gemeinsame Sicherheit militär- und rüstungspolitisch meint, nämlich "Strukturelle Angriffsunfähigkeit", hat sich sogar erst in den Diskussionen der zweiten Hälfte der 80er Jahre herausgeschält.

2.1. Zum Begriff der "Sicherheitspartnerschaft"[20]

Soweit ersichtlich, war es der damalige Bundeskanzler Helmut Schmidt, der den bislang für das "Bündnis NATO" reservierten Begriff der Sicherheitspartnerschaft erstmals auch auf das Verhältnis von Ost und West übertrug. In seiner Rede vor

---

19 Vgl. zu folgendem: Bahr, Egon/Lutz, Dieter S. (Hrsg.), Gemeinsame Sicherheit Bd. I: Idee und Konzept, Baden-Baden 1986; Bahr, Egon/Lutz, Dieter S. (Hrsg.), Gemeinsame Sicherheit Bd. II: Dimensionen und Disziplinen, Baden-Baden 1987; vgl. ferner: Bahr, Egon, Zum europäischen Frieden. Eine Antwort auf Gorbatschow, Berlin 1988; Rittberger, Volker/Werbik, Hans (Hrsg.), Europäische Sicherheit, Wien 1987; Fischer, Horst, Völkerrechtliche Normenbildung und sicherheitspolitische Konzeptionen, Hamburger Beiträge zur Friedensforschung und Sicherheitspolitik 15/1987.

20 Vgl. ausführlicher: Lutz, Dieter S., Sicherheitspartnerschaft und/oder Gemeinsame Sicherheit, in: Bahr, Egon/Lutz,Dieter S. (Hrsg.), Bd. I, ebda, S. 29 - 31; ferner u.a.: Evangelischer Pressedienst, "Sicherheitspartnerschaft und Gemeinsame Sicherheit in der Diskussion", Dokumentation Nr. 34, Frankfurt a.M., 11. August 1986; vgl. auch noch im folgenden Anm. 29.

der 1. UN-Sondergeneralversammlung für Abrüstung am 25. Mai 1978 heißt es u.a. mit Blick auf die sicherheitspolitische Ausgangslage:

> "Was wir brauchen, ist Partnerschaft. Sie muß der Erkenntnis entspringen, daß keiner alleine seine Sicherheit und seinen Frieden sichern kann... Im Interesse des Friedens brauchen wir heute eine umfassende politische Sicherheitspartnerschaft."[21]

Was Schmidt 1978 erstmals "Sicherheitspartnerschaft" nannte und was in der Folgezeit als Terminus aufgegriffen wurde, d.h. in die friedens- und sicherheitspolitische Diskussion Eingang fand, ist als Sicherheitsphilosophie allerdings keineswegs so neu, wie es auf den ersten Blick scheint. Sicherheitspartnerschaft nach Schmidt bedeutet im Gegenteil kaum mehr als lediglich eine auf den Begriff gebrachte Eigenumschreibung von Grundgedanken[22] sozialdemokratischer Entspannungs- und Rüstungskontrollpolitik, wie sie schon in den sechziger Jahren entwickelt wurden und u.a. auch in die "Arms Control"-Konzeption eingeflossen sind. Kerngedanke dieser Konzeption war und ist die Einsicht, daß im Nuklearzeitalter Sicherheit nicht mehr allein, sondern nur noch partnerschaftlich geschaffen werden kann. Bei General a.D. Graf Baudissin, der zu Recht "arms control" schon immer mit "Kooperativer Rüstungssteuerung" (KRSt) und nicht mit "Rüstungskontrolle" übersetzt wissen wollte, heißt es dazu beispielsweise:

> "Sicherheit gibt es nur noch für *alle* unter *gemeinsamen* Anstrengungen und nicht mehr zu Lasten Verunsicherter ... Im Gegensatz zum Kalten Krieg beginnen die Akteure ihre Interdependenz und damit auch das komplizierte Verhältnis, füreinander zugleich *Antagonist und Partner* zu sein, anzuerkennen"[23] (Hervorheb. - DSL).

"Sicherheitspartnerschaft" ist also nicht mehr als die *auf den Begriff gebrachte Fortführung* sozialdemokratischer Außen- und Sicherheitspolitik in der Regierungsverantwortung. Worum es Schmidt ging, ist die Stabilisierung und Fort-

---

21 Schmidt, Helmut, Rede vor der 1. Sondergeneralversammlung der Vereinten Nationen in New York am 25. Mai 1978, in: BPA (Hrsg.), Stichworte zur Sicherheitspolitik, Bonn, Juni 1978, S. 7, 2.
22 Schmidt selbst sieht als Elemente: militärisches Gleichgewicht, Entspannung, Konflikteindämmung, Interessenausgleich, Krisenbeherrschung, Voraussehbarkeit und Berechenbarkeit des Verhaltens - ebda. S. 2.
23 Vgl.: Baudissin, Wolf Graf von/Lutz, Dieter S. (Hrsg.), Kooperative Rüstungssteuerung, Baden-Baden 1981; Baudissin, Wolf Graf von, Grenzen und Möglichkeiten militärischer Bündnisse, in: EA 1/1970, S. 1 - 10; hier: Baudissin, Wolf Graf von, Arms Reduction in Europe, in: IFSH-Forschungsberichte 6/1978, insbes. S. 2.

schreibung des Status quo auf der Basis von Gleichgewicht und Krisenmanagement. Gefordert ist dazu "lediglich" der Versuch eines anderen - partnerschaftlichen - modus operandi im Umgang miteinander. Verlangt wird dagegen nicht eine neue, in sich geschlossene Konzeption, welche an die Stelle der bisherigen, d.h. der Abschreckungsdoktrin, tritt und letztlich auch zur Überwindung des Systems der Blöcke bzw. der Abschreckung beiträgt. Es ist deshalb kein Zufall, wenn im Zuge der Suche (insbesondere von Sozialdemokraten, aber auch von weiten Teilen der Öffentlichkeit) nach neuen konzeptionellen Grundlagen und Inhalten der Begriff der Sicherheitspartnerschaft selbst immer stärker in den Hintergrund trat und statt dessen - nach einer Phase des synonymen Gebrauchs - vermehrt die Bezeichnung "Gemeinsame Sicherheit" (GS) benutzt wurde. Egon Bahr, der wohl als "Vater" des Begriffs "Gemeinsame Sicherheit" angesehen werden kann, meint dazu mit Blick auf den Bericht "Common Security" der Palme-Kommission:

> "Was Helmut Schmidt Sicherheitspartnerschaft genannt hat, hat die Palme-Kommission gemeinsame Sicherheit genannt. Gemeinsame Sicherheit ist die politische Antwort, die zum ersten Mal wirkliche Abrüstung gestatten kann."[24]

2.2. Zum Palme-Bericht "Common Security"[25]

Die Grundüberlegungen, die Bahr zur Idee der Gemeinsamen Sicherheit geführt haben, finden sich in der Festschrift für Carl Friedrich von Weizsäcker zum 70. Geburtstag. Mit ihm hat Bahr im übrigen seine Überlegungen abgestimmt, bevor er sie in die Palme-Kommission eingebracht hat.

Daß Egon Bahr weiter geht als Helmut Schmidt, er seine Idee der Gemeinsamen Sicherheit als eigenständige neue sicherheitspolitische Konzeption verstanden wissen will, oder besser ausgedrückt: noch ausformen will, wird in diesem Text spätestens deutlich, wenn Bahr auf die gültige Abschreckungsdoktrin zu sprechen kommt:

> "Die Idee der Abschreckung ist eine *Übergangstheorie*, sie will Kriegsverhinderung mit der Führbarkeit von Kriegen verbinden, falls doch Krieg nicht zu verhindern wäre. In diesem inneren

---

24 Bahr, Egon, Entspannung ist unsere einzige Chance, in: Albrecht, Ulrich, u.a. (Hrsg.), Deutsche Fragen - Europäische Antworten, Berlin 1983, S. 83.
25 Der Palme-Bericht. Bericht der Unabhängigen Kommission für Abrüstung und Sicherheit "Common Security", Berlin 1982.

Widerspruch liegt auch die Gefahr ... Wenn die Vorstellung der Gemeinsamen Sicherheit akzeptiert wird, *ersetzt* sie jede Doktrin der Abschreckung"[26] (Hervorheb. - DSL).

Gemeinsame Sicherheit ist also - anders als die Schmidtsche Vorstellung von Sicherheitspartnerschaft - *nicht* lediglich eine *Ergänzung* der Abschreckung, sondern ihr *Ersatz*, ihre Ablösung. Daß die bereits erwähnte "Unabhängige Kommission für Abrüstung und Sicherheit", die sog. Palme-Kommission, in die Bahr die Idee der Gemeinsamen Sicherheit Anfang der 80er Jahre eingebracht hat, dem bundesdeutschen Politiker u.a. in diesem Punkt folgte, weist der 1982 veröffentlichte, umfassende Bericht der Kommission nachdrücklich aus. Bereits in der Einleitung schreibt der damalige schwedische Ministerpräsident Olof Palme:

"Die Abschreckungsdoktrin bietet in der Tat einen sehr schwachen Schutz gegen die Schrecken eines Atomkrieges. Es ist folglich von allergrößter Bedeutung, daß *an die Stelle* der Doktrin von der gegenseitigen Abschreckung *etwas anderes* tritt. Unsere *Alternative* lautet: gemeinsame Sicherheit"[27] (Hervorheb. - DSL).

Die Bedeutung des "Palme-Berichtes" liegt in dieser und ähnlichen Äußerungen, die erkennen lassen, daß eine Alternative zur Abschreckung nicht nur für notwendig, sondern auch für möglich gehalten wird. Die Bedeutung liegt ferner in der Tatsache, daß erstmals eine ganze Reihe prominenter Politiker aus Ost und West, Nord und Süd, die teilweise hohe öffentliche Ämter bekleideten oder über entsprechende politische und diplomatische Erfahrungen verfügten, sich gemeinsam auf eine Alternative einigen konnten. Allerdings wäre es eine Verkennung der Kommissionsarbeit, den Bericht schon als eine eigenständige und in sich schlüssige Konzeption anzusehen. Der Bericht ist im Gegenteil kaum mehr als eine Realanalyse (zur Kriegsgefahr, zu den Kriegsfolgen, zu den wirtschaftlichen und sozialen Folgen der Rüstung usw.).

An dieser Charakterisierung des Berichtes "Common Security" vorrangig als Realanalyse ändert es auch nichts, daß die Ausführungen der Kommission mit einem Kapitel "Vorschläge und Empfehlungen" und einem "Aktionsprogramm" abschließen. Gemeinsame Sicherheit bleibt "bloße" Idee. Sie wird weder konzeptionell-immanent noch im Kontrast zu anderen sicherheitspolitischen Konzeptionen auch nur annähernd schlüssig oder gar abschließend diskutiert, ihre

---

26 Bahr, Egon, Für unsere Sicherheit, in: Meyer-Abich, Klaus M. (Hrsg.), Physik, Philosophie und Politik. Festschrift für Carl Friedrich von Weizsäcker zum 70. Geburtstag, München/Wien 1982, S. 197, 198.
27 A.a.O. (Anm. 25), S. 12.

Aspekte und Ebenen - soweit überhaupt erkennbar - werden kaum methodisch-logisch deduziert, die vorgetragenen Empfehlungen und Vorschläge verlassen entsprechend wenig den Rahmen alteingefahrener Denkbahnen.

Diese - auf den ersten Blick hart klingende - Kritik kann und soll die Leistung der Palme-Kommission, erstmals eine Realanalyse gemeinsam erstellt zu haben, keinesfalls schmälern. Auch ist die vom bundesdeutschen Kommissionsmitglied Egon Bahr eingebrachte Idee der Gemeinsamen Sicherheit selbst ohne Zweifel zutreffend. Doch bedurfte sie - auch nach der Arbeit der Palme-Kommission - noch immer der exakten Definition, der konzeptionellen Konkretisierung, der methodisch-logischen Ableitungen und der realadäquaten Operationalisierung.

2.3. Zu den Definitionsmerkmalen Gemeinsamer Sicherheit[28]

Spätestens in der zweiten Hälfte der 80er Jahre kann "Gemeinsamer Sicherheit" der Charakter einer weitgehend durchdachten Konzeption allerdings nicht länger abgesprochen werden. Aus der wissenschaftlichen, politischen und militärischen Diskussion[29] im Anschluß an den Palme-Bericht - insbesondere in der SPD und ihren verschiedenen Arbeitsgruppen und Kommissionen[30], aber auch im Rahmen der Friedensforschung[31], darunter an prominenter Stelle das IFSH[32], - sind

---

28 Vgl. zu folgendem insbes.: Lutz, Dieter S., Gemeinsame Sicherheit - das neue Konzept, in: Bahr, Egon/Lutz, Dieter S. (Hrsg.), Bd. I, a.a.O. (Anm. 19), S. 45 - 81, hier S. 79 f. - dieser Aufsatz ist auch im Anhang des vorliegenden Bandes abgedruckt; vgl. auch die Zusammenfassung in Thesen bei: Mutz, Reinhard, Gemeinsame Sicherheit: Grundzüge einer Alternative zum Abschreckungsfrieden, in: Bahr, Egon/Lutz, Dieter S. (Hrsg.), Bd. I, a.a.O. (Anm. 19), S. 150 ff.

29 Zu erwähnen wären u.a. Namen wie Kurt Biedenkopf, Alois Mertes, Carl Friedrich von Weizsäcker, Volker Rittberger, Ekkehart Krippendorff, Raimo Väyrynen, Sverre Lodgaard und viele mehr - vgl. u.a. die Quellen und Literaturverweise in: Lutz, Dieter S. unter Mitwirkung von Theilmann, Alexander, Gemeinsame Sicherheit: Auf der Suche nach Inhalten - Auf dem Weg zur Akzeptanz? Zu den Kritiken und Reaktionen in der Bundesrepublik und in der DDR, in: Bahr, Egon/Lutz, Dieter S. (Hrsg.), Bd. I, a.a.O. (Anm. 19), S. 223-251; Theilmann, Alexander, Ausländische Stellungnahmen zum Thema Gemeinsame Sicherheit - ein erster Überblick, in: Bahr, Egon/Lutz, Dieter S. (Hrsg.), ebda, S. 253-275; ferner: Bund, Susanne, Auswahlbibliographie - Gemeinsame Sicherheit, in: Bahr, Egon/Lutz, Dieter S. (Hrsg.), ebda, S. 277-280; vgl. auch die Beiträge und Dokumente in: Lutz, Dieter S./Schmähling, Elmar (Hrsg.), Gemeinsame Sicherheit Bd. V: Internationale Diskussion, Baden-Baden 1990.

30 Ausführlicher dazu: Lutz, Dieter S., a.a.O. (Anm. 20), S. 35-41; ferner: Lutz, Dieter S., Gemeinsame Sicherheit Bd. IV: Defensive Abhaltung und Strukturelle Angriffsunfähigkeit, Baden-Baden 1989, S. 19-29 und dort jeweils die Quellen und Literaturverweise - Kap. 4 ("Kriterien und Konsequenzen") dieses Buches ist auch im Anhang des vorliegenden Bandes abgedruckt.

31 Stellvertretend für die Vielzahl der deutschen Autoren - siehe u.a. auch Anm. 29 - sei der verstorbene Leiter der Forschungsstätte der Evangelischen Studiengemeinschaft (FEST) genannt - vgl. z.B.: Schubert, Klaus von, "Mutual Responsability". Eine Strategie für West und Ost, Heidelberg, Februar 1987; aus der Reihe der ausländischen Literatur sei erwähnt: Stockholm Inter-

mittlerweile genügend konturierende Definitionsmerkmale zu erkennen. Danach will Gemeinsame Sicherheit kurz- und mittelfristig:

- die Realisierung Struktureller Angriffsunfähigkeit,
- die Ablösung der Abschreckung durch Defensive Abhaltung,
- die Rüstungsbegrenzung und Abrüstung durch Verhandlungen und Vereinbarungen unter Einschluß auch einseitiger Maßnahmen

und langfristig:

- die Auflösung der Militärpakte und Blöcke,
- die Schaffung einer Neuen Europäischen Friedensordnung inkl.
- der Bildung eines Systems Kollektiver Sicherheit.

Die Definitionsmerkmale, die dieser Konturierung zugrundeliegen, lassen sich in 10 Thesen zusammenfassen. Sie lauten:

1. Der Konzeptcharakter:
Gemeinsame Sicherheit ist ein Kriegsverhütungskonzept.
2. Der sicherheitsphilosophische Ansatz:
Gemeinsame Sicherheit leugnet nicht den möglichen Gegensatz von Sicherheitskontrahenten, sie baut aber auf deren vernunftorientiertes Miteinander im Interesse der Kriegsverhütung.
3. Der strukturelle Ansatz:
Gemeinsame Sicherheit besitzt in der "Gemeinsamkeit" ihr Strukturmerkmal; sie hat mindestens drei strukturelle Elemente: die Gemeinsamkeit der Betroffenheit durch Unsicherheit, die Gemeinsamkeit des Ziels Sicherheit und die prozessuale Gemeinsamkeit im Bemühen um Sicherheit.

---

national Peace Research Institute (SIPRI) (Ed.), Policies for Common Security, London/Philadelphia 1985; Kelstrup, Morton, Faelles sikkerhed. Det tyske socialdemokratis opfattelse af sikkerhedspartnerskab, Koebenhavn 1987; genannt sei u.a. auch der East-West Workshop on Common Security, den das IFSH maßgeblich mitträgt, sowie die Arbeiten des - von Pam Solo und Paul Walker geleiteten - Institute for Peace and International Security in Cambridge, MA, die sich u.a. in den "Peace Papers" des IPIS niederschlagen.

32 Es ist sicherlich kein Zufall, daß das IFSH schwerpunktmäßig zum Thema "Gemeinsame Sicherheit" arbeitet, seitdem Egon Bahr zum Direktor des Instituts bestellt wurde. Gleichwohl muß betont werden, daß GS schon immer Teil des Institutsprogramms war, sei es im Rahmen von KRSt (vgl. bereits Anm. 23), sei es im Rahmen Kollektiver Sicherheit (vgl. noch im folgenden Anm. 81, 85, 88).

4. Der konflikttheoretische Ansatz:
Gemeinsame Sicherheit leugnet weder die mögliche Existenz noch den möglichen Fortbestand politischer, ideologischer, religiöser oder systembedingter Interessengegensätze und Konflikte; sie will aber die Rahmenbedingungen so gestalten, daß die Auseinandersetzungen als friedlicher Wettbewerb unter Ausschluß militärischer Mittel geführt werden.

5. Der evolutionäre Ansatz:
Gemeinsame Sicherheit verlangt als Alternativkonzept nach sofortigen und raschen Veränderungen, gleichwohl ist sie als evolutionärer Prozeß zu verstehen, der Destabilisierungen vermeidet, Übergänge sucht und bestehende Strukturen nutzt.

6. Die konzeptionellen Ziele:
Gemeinsame Sicherheit zielt auf die konzeptionelle Überwindung des Abschreckungssystems und die Ablösung paktgestützter, neutralitätsorientierter oder nationaler Sicherheitsregime.

7. Die politischen Mittel:
Gemeinsame Sicherheit baut auf kooperative und wechselseitige Handlungs- und Verhaltensformen (Diplomatie, Rüstungskontrollgespräche, Abrüstungsverträge usw.), schließt aber einseitige Maßnahmen im Sinne von Selbstbeschränkung und Destabilisierungsverzicht bis hin zu unilateralen (autonomen) Vorleistungen keineswegs aus.

8. Die militärischen Instrumente:
Gemeinsame Sicherheit kann auf die kriegsverhütende Wirkung militärischer Mittel nicht verzichten, strebt aber nach einer Begrenzung von Rüstung und Streitkräften auf einem möglichst niedrigen Niveau, verlangt ferner eine Abhaltestrategie unter Verzicht auf Maßnahmen der Präemption und der Vergeltung und fordert nachdrücklich Strukturelle Angriffsunfähigkeit (i.e.S.), d.h. Streitkräfte, deren defensive Organisation, Bewaffnung und Strategie auf beiden Seiten keine militärische Aggression zulassen.

9. Die Träger und Adressaten:
Gemeinsame Sicherheit richtet sich vorrangig an die (außen)politischen Entscheidungsträger und Akteure, will zugleich aber auch Strukturelle Angriffsunfähigkeit (i.w.S.), d.h. die (inner)gesellschaftliche Organisation von Sicherheit, die Krieg als Mittel der Politik nach außen auf Dauer und erkennbar ausschließt.

10. Die langfristige Perspektive:
In der Logik Gemeinsamer Sicherheit liegen langfristig das System Kollektiver Sicherheit und die Suche nach einer (Europäischen) Friedensordnung.

2.4. Exkurs: Grundgesetz und Gemeinsame Sicherheit[33]

Die Verfassung der Bundesrepublik Deutschland kennt den Begriff der "Gemeinsamen Sicherheit" nicht. Gleichwohl muß das Grundgesetz als Auftrag zur Realisierung Gemeinsamer Sicherheit verstanden werden.
Im Mittelpunkt des Grundgesetzes und seines Friedensgebotes steht nicht (nur) der Deutsche, sondern der Mensch und damit jeder "Betroffene". Die Verfassung fordert ausdrücklich zur Erhaltung von Frieden und Sicherheit nicht nur der Bürger oder Bewohner der Bundesrepublik auf: In der Präambel des Grundgesetzes verpflichtet sich vielmehr das "Deutsche Volk ... dem Frieden der *Welt*" - und nicht nur dem Frieden Deutschlands - "zu dienen". Art. 9 Abs. 2 und Art. 26 Abs. 1 GG verbieten nicht Vereinigungen bzw. Handlungen, die gegen den Frieden nur der Bundesrepublik gerichtet sind, sondern gegen den "Gedanken der Völkerverständigung" und das "friedliche Zusammenleben der Völker". Art. 24 Abs. 2 GG strebt ebenfalls nicht nur einen Frieden für die Bundesrepublik an, sondern will "eine friedliche und dauerhafte Ordnung in Europa und zwischen den Völkern der Welt" herbeiführen und sichern. Art. 24 Abs. 1 GG nennt ausdrücklich die Einordnung in ein "System gegenseitiger kollektiver Sicherheit". Und nicht zuletzt spricht Art. 1 Abs. 2 GG von Frieden und Gerechtigkeit in der *Welt*, als deren Grundlage die *Menschen-* und nicht etwa Deutschenrechte realisiert werden müssen. Kurz: Das Grundgesetz will Frieden niemals nur für die eigenen Bürger, sondern grundsätzlich für alle Menschen.
Stehen im Mittelpunkt der Friedensüberlegungen des Grundgesetzes nicht nur die Deutschen und deren Rechte, sondern (je)der Mensch, so hat in einem solchen Konzept die außenpolitische Unterscheidung nach Gegnern oder Verbündeten als sicherheitspolitischer Grundsatz (der Streitbarkeit) und zumindest langfristig

---

[33] Zu folgendem vgl. ausführlich: Lutz, Dieter S., Zu den verfassungsrechtlichen Rahmenbedingungen Gemeinsamer Sicherheit nach dem Grundgesetz der Bundesrepublik Deutschland, in: Bahr, Egon/Lutz, Dieter S. (Hrsg.), Bd. II, a.a.O. (Anm. 17), S. 85 - 104 - dieser Aufsatz ist auch im Anhang des vorliegenden Bandes abgedruckt; Rittstieg, Helmut, Gemeinsame Sicherheit als Maxime der Verteidigungspolitik beider deutscher Staaten, in: Bahr, Egon/Lutz, Dieter S. (Hrsg.), ebda, S. 47 - 54; ferner: Lutz, Dieter S./Rittberger, Volker, Abrüstungspolitik und Grundgesetz, Baden-Baden 1976.

betrachtet (als Bestandsgarantie von Streitkräften) keinen Platz. Mit dieser Behebung einer bislang zu wenig beachteten Unschärfe in der Bezugsgruppe des verfassungsrechtlichen Friedensbegriffes beseitigt das Grundgesetz ein bislang gültiges (militär-)politisches Prinzip, das *Freund-Feind-Schema*, und öffnet zugleich den Weg zu einem sicherheitspolitischen Strukturbegriff, nämlich zur *Gleichheit* und zum Miteinander all derer, die von friedensstörenden, insbesondere kriegerischen Handlungen betroffen werden könnten - gleichgültig welcher Nation. Sicherheit definiert sich nach dem Grundgesetz als Gemeinsame Sicherheit, Frieden als Gemeinsamer Frieden.[34]

---

34 Zum Gemeinsamen Frieden vgl auch im folgenden noch Abschn. 3.4; ferner: Lutz, Dieter S. (Hrsg.), Bd. VI, a.a.O. (Anm. 1); Galtung, Johan/Lutz, Dieter S./Röhrich, Wilfried, Überleben durch Partnerschaft, Opladen 1990, S. 81 ff.

3. Zur "Theorie Struktureller Angriffsunfähigkeit"[35]

Folgt man den vorangegangenen Überlegungen, so versteht sich Gemeinsame Sicherheit vorrangig als Kriegsverhütungskonzept (s.o. Abschn. 2.3., These 1). Auch Abschreckung ist eine Kriegsverhütungsstrategie bzw. -doktrin. Ziel der militärischen Vorbereitungen auf den Ernstfall soll es nicht sein, Krieg zu führen, sondern ihn zu verhindern bzw. ihn auf einer möglichst niedrigen Eskalations- und Schadensstufe wieder "einzufangen". Trotz dieser Gemeinsamkeit sind Abschreckung und Gemeinsame Sicherheit nicht vereinbar. Zwar will GS wie die Abschreckung die Vermeidung von Kriegen - nicht jedoch im Gegeneinander, sondern im Miteinander. Was resultiert aus diesem Unterschied?

3.1. Zur Defensiven Abhaltung[36]

Gemeinsame Sicherheit ist zum einen ein Konzept der *gemeinsamen* Verhütung von Kriegen *durch* alle Betroffenen *für* alle Betroffenen. Mit diesem Verständnis von Sicherheit vereinbar sind alle Maßnahmen der "Abschreckung" im Sinne der Verweigerung und des Zunichtemachens der Kriegsziele möglicher Aggressoren; mit der diesem Verständnis zugrundeliegenden Identifikation mit dem Gegenüber keinesfalls vereinbar aber sind Maßnahmen der permanenten Bedrohung mit Offensivsystemen (auch konventioneller Art), insbesondere aber der Vergeltung mit Massenvernichtungsmitteln gegen Bevölkerungszentren und Industrieansiedlungen. Vergeltungsmaßnahmen im Rahmen eines Systems Gemeinsamer Sicherheit wären - denkt man logisch stringent - nichts anderes als die Vernichtung bzw. die Drohung mit der Vernichtung eines Teils des eigenen GS-Systems, also Zerstörung und Selbstzerstörung sowie Mord und Selbstmord zugleich. Auf den unter *moralischen* Aspekten höheren Stellenwert der GS-Strategie, der sich quasi als "Nebeneffekt" aus der Logik Gemeinsamer Sicherheit ergibt, sei an dieser Stelle nur hingewiesen.

Zum anderen kann ein Konzept, das nicht auf dem Gegensatz, sondern auf dem Miteinander im Interesse der Kriegsverhütung aufbaut, die Drohelemente und Charaktermerkmale der Abschreckung, oder besser ausgedrückt: die destabilisierenden Mechanismen und Dilemmata des bisherigen Ost-West-Abschrek-

---

35 Vgl. zu folgendem: Bahr, Egon/Lutz, Dieter S. (Hrsg.), Gemeinsame Sicherheit Bd. III: Konventionelle Stabilität, Baden-Baden 1988; Lutz, Dieter S., Bd. IV, a.a.O. (Anm. 30).
36 Vgl. zu folgendem: Lutz, Dieter S., Bd. IV, ebda, S. 39 ff., ferner S. 67 ff.

kungssystems (s.o. Abschn. 1.3.), nicht akzeptieren, will sie gerade im Gegenteil beheben.

Positiv formuliert heißt das: Gemeinsame Sicherheit will (zwar nach wie vor) Kriegsverhütung auf der Basis effizienter Streitkräfte. Die nicht-offensive "Abschreckungs"-Strategie Gemeinsamer Sicherheit beschränkt sich jedoch, anders als die offensive Abschreckungsstrategie (offensive deterrence) des Status quo, auf den hohen militärischen, finanziellen, aber auch nicht-materiellen "Eintritts"- und/oder "Aufenthaltspreis", den der Gegner im Falle eines Angriffs auf dem Boden des Angegriffenen zu zahlen bereit sein müßte. Maßnahmen der Gegeninvasion, der Vergeltung oder der Präemption, (sei es mit konventionellen Offensivwaffen, sei es mit nuklearen Massenvernichtungsmitteln) sind dagegen - zumindest langfristig - nicht vorgesehen. Insofern steht die "Abschreckungs"-Strategie Gemeinsamer Sicherheit der militärischen Abhaltestrategie neutraler Länder wie Österreich oder wie der Schweiz[37] nahe, ohne allerdings deren obsolete politische Grundüberzeugung (des "Sich-Heraushaltens" bzw. der "Nicht-Beteiligung") akzeptieren zu können. Insofern auch unterscheidet sich die (defensive) Strategie Gemeinsamer Sicherheit entscheidend von der mit offensiven Komponenten durchsetzten und sich gerade auch auf nukleare Vergeltungsmittel stützende sog. Abhaltestrategie (dissuasion nucléaire) Frankreichs. Sie ist eigenständig: Sie ist eine Strategie der Defensiven Abhaltung (Defensive Disuassion) auf der Basis Struktureller Angriffsunfähigkeit (vgl. auch Schaubild Nr. 3).

Im Unterschied zum Terminus "Defensive Abhaltung" gewinnt der zuletzt genannte Begriff der "Strukturellen Angriffsunfähigkeit" in der militärischen, politischen und wissenschaftlichen Diskussion der jüngsten Zeit zunehmend an Ge-

---

37 Vgl. z.B.: Lutz, Dieter S./Große-Jütte, Annemarie (Hrsg.), Neutralität - Eine Alternative?, Baden-Baden 1982; vgl. auch die präzisen Bestimmungen von Stahel, Albrecht A., Simulationen sicherheitspolitischer Prozesse anhand von Beispielen und Problemen der schweizerischen Sicherheitspolitik, Züricher Beiträge zur Politischen Wissenschaft Bd. 2, Frauenfeld 1980, S. 309, 310, und dort auch die Quellen: "Die Dissuasion ist aber nicht mit der Abschreckung zu verwechseln (...) Die Drohung des Abschreckenden greift über sein eigenes nationales Territorium hinaus und bedroht den Aggressor in seinem eigenen nationalen Territorium oder in einem Territorium eines Dritten, der zur Interessensphäre des Aggressors oder zu derjenigen des Abschreckenden gehört und in dem sich eventuell feindliche Truppen befinden (...) Bei der Dissuasion ist die Gegendrohung gegen die Aktivität des Angreifers auf das Territorium, auf den Luftraum und auf die Seeküste des Verteidigers beschränkt. Entsprechend lautet auch die Definition der Kriegsverhinderung durch Verteidigungsbereitschaft im Bericht des Bundesrates: 'Kriegsverhinderung ist das strategische Verhalten, das einen potentiellen Gegner veranlassen soll, auf die Auslösung einer bewaffneten Auseinandersetzung zu verzichten. Er soll zur Überzeugung gebracht werden, daß ein Mißverhältnis besteht zwischen dem von ihm erstrebten Vorteil und dem einzugehenden Risiko. Das Risiko, das ihm dabei vor Augen geführt werden muß, besteht im Verlust von Prestige, Streitkräften, Kriegspotential und Zeit sowie in der Beeinträchtigung seiner ideologischen, machtpolitischen und wirtschaftlichen Interessen'."

Dieter S. Lutz

Schaubild Nr. 3: Defensive Abhaltung und Strukturelle Angriffsunfähigkeit
i. e. S. in ihrer hierarchisch-konzeptionellen Einbettung

	Ebene	Status quo	Alternative
1.	Konzeption/ Ideologie	Abschreckung	Gemeinsame Sicherheit
2.	Strategie der Kriegsverhütung	Abschreckungsstrategie	Defensive Abhaltung
3.	Strategie der Kriegführung/ Verteidigung	flexible response	Strukturelle Angriffsunfähigkeit
4.	Modell (Bundesrepublik)	Vorneverteidigung	(Defensive Zonen)
5.	Verfahren	Arms control und Aufrüstung	Abrüstung und Umrüstung
6.	Realität/Ziel	Gleichgewicht	Stabilität

wicht. Um Verwechslungen und Unklarheiten zu vermeiden, muß gleichwohl betont werden: Gemeinsame Sicherheit ist das politische Konzept. Ihre Kriegsverhütungsstrategie heißt in Alternative zur Strategie der Abschreckung "Defensive Abhaltung". Die Strukturelle Unfähigkeit zum Angriff (StrUnA) oder kürzer: Strukturelle Angriffsunfähigkeit beschreibt beider Verteidigungsstrategie. Was Strukturelle Angriffsunfähigkeit meint, ist also ohne Berücksichtigung ihrer konzeptionellen Einbindung in Gemeinsame Sicherheit und Defensive Abhaltung nicht oder nur schwerlich zu verstehen.[38]

3.2. Zur Strukturellen Nichtangriffsfähigkeit[39]

Soweit ersichtlich wurde der Terminus der Strukturellen Angriffsunfähigkeit in seiner "Urform" als Begriff der Strukturellen Nichtangriffsfähigkeit erstmals 1982/83 in den Diskussionen zwischen Hans-Peter Dürr und Albrecht von Müller am Max-Planck-Institut für Physik und Astrophysik in München benutzt. Gedacht war er zunächst als vorläufiger Arbeitstitel/Arbeitsbegriff für die wissenschafts- und institutsinterne Debatte. In die Diskussion eingebracht wurde der Begriff bzw. sein qualifizierendes Attribut "strukturell" vermutlich von Albrecht von Müller. An den Diskussionen beteiligt war neben Hans-Peter Dürr und Albrecht von Müller insbesondere auch Horst Afheldt.

An die breitere Öffentlichkeit gelangte der Begriff Anfang Juli 1983 vornehmlich über Hans-Peter Dürr. Im sogenannten Mainzer Appell, der "Abschlußerklärung

---

38 Zu den entscheidenden Fehlern und Defiziten wohl der meisten der Mitte der 80er Jahre diskutierten friedenspolitischen Vorschläge und sicherheitspolitischen Modelle, inkl. der breiten Palette der StruNA-Varianten, zählt ihre weitgehende Konzeptionslosigkeit. Dies ist deshalb zu betonen, weil jegliche seriöse Friedens- und Sicherheitspolitik - will sie nicht im "luftleeren Raum" schweben - zweier Ausgangspunkte bzw. Eckpfeiler bedarf: Zum einen setzt sie übergreifende programmatische und konzeptionelle Vorstellungen und Überlegungen voraus, zum anderen erfordert sie eine Realanalyse und Lagebeurteilung. Der Eckpfeiler "Friedensprogrammatik und sicherheitspolitische Konzeption" weist die Richtung in die Zukunft (Wegweiserfunktion) und dient zugleich als Maßstab zur Beurteilung und Veränderung der Realität. Der Eckpfeiler "Lagebeurteilung" öffnet den Blick für die Defizite in der Realität und verweist Politik doch zugleich auf eine Orientierung am Machbaren. Im dialektischen Verhältnis beider Eckpunkte verhindert die Lagebeurteilung, daß friedensprogrammatische Utopien zur sicherheitsgefährdeten Illusion degenerieren. Gleichwohl - oder besser: gerade deshalb - kann und darf Friedenspolitik nichts anderes sein als die je und je realadäquate Konkretisierung des programmatischen und konzeptionellen Wegweisers - Vgl. bereits: Lutz, Dieter S., Frieden 2000 oder: Das Jahr 2000 beginnt 1987. Ein Diskussionspapier des "August-Bebel-Kreises", in: Frankfurter Rundschau vom 17. August 1985, S. 8 und vom 19. August 1985, S. 14, hier S. 8.
39 Vgl. zu folgendem: Lutz, Dieter S., Bd. IV, a.a.O. (Anm. 30), S. 33 ff.

des Kongresses Verantwortung für den Frieden, Naturwissenschaftler warnen vor neuer Atomrüstung am 2./3. Juli 1983 in Mainz, Universtität", der von Dürr mitverfaßt und mitunterzeichnet wurde, heißt es[40]:

> "Entweder können wir fortfahren, den Nuklearkrieg "führbar" zu machen, und würden deshalb aller Wahrscheinlickeit nach auch in ihn hineingezogen. Oder wir können die historisch vielleicht einmalige Chance für eine beidseitige, die Stabilität erhöhende *Umrüstung auf eine 'strukturelle Nichtangriffsfähigkeit'* nutzen. Um aber den zweiten Weg zu beschreiten, bedarf es einer politischen Grundsatzentscheidung. Unter dem Leitmotiv 'Durch Umrüstung zur Abrüstung' muß ein Neuanfang in der Rüstungskontrollpolitik gemacht werden." (Hervorheb. - DSL).

Von einer gezielten Lancierung des Begriffes Strukturelle Nichtangriffsfähigkeit zum damaligen Zeitpunkt auszugehen oder gar von einer ausformulierten Konzeption zu sprechen, wäre gleichwohl verfehlt. Wichtig war zum damaligen Zeitpunkt die "Denkrichtung". Selbst um diese galt es noch zu ringen. Weniger bedeutsam waren dagegen der nur vorläufige "Arbeitsbegriff" oder das noch nicht einmal konturierte Modell mit konzeptionellem Charakter. Auch was Albrecht von Müller zu einem späteren Zeitpunkt als "Konzept" der Strukturellen Nichtangriffsfähigkeit vorlegte[41] und was nicht nur von Kritikern, sondern von Albrecht von Müller selbst *nachdrücklich* als lediglich eine Variante der bestehenden NATO-Strategie, nicht aber als Alternative[42] angesehen wird, "ist im Gegensatz zum Begriff wenig bekannt und deckt sich nicht mit den landläufigen Vorstellungen über Nichtangriffsfähigkeit"[43].

In einer breiteren Öffentlichkeit wurden mit dem Begriff der Strukturellen Nichtangriffsfähigkeit vielmehr inhaltliche Vorstellungen verbunden, die, anders als Albrecht von Müller, von der - im übrigen auch einseitigen - Möglichkeit

---

40 Vgl. das gleichnamige Flugblatt, hier S. 1; der Appell ist auch abgedruckt in: Dürr, Hans-Peter/Harjes, Hans-Peter/Kreck, Matthias/Starlinger, Peter (Hrsg.), Verantwortung für den Frieden, Reinbek bei Hamburg 1983, S. 347 - 350, hier S. 348.
41 Müller, Albrecht von, z.B. im Rahmen einer Anhörung von Experten am 17. Dezember 1986, abgedruckt in: Vierteljahresschrift für Sicherheit und Frieden (S+F) 1/1987, hier: S. 60.
42 Albrecht von Müller selbst in einem Schreiben vom 5. November 1987 an Dieter S. Lutz - hier S. 2: "Im Zentrum des StruNA-Konzepts stand also eine bessere Abstimmung von Sicherheits- und Verteidigungspolitik, wobei die inhaltlichen Zielsetzungen immer drei waren, nämlich (a) die Erhöhung der Krisenstabilität in Europa, (b) die Schaffung einer robusten Verteidigungsfähigkeit der NATO auch im konventionellen Bereich sowie (c) die Eröffnung neuer Chancen für den Rüstungskontrollprozeß. (*Leider* muß man rückwirkend feststellen, daß ein Großteil der Debatte um StruNA diesen Argumentationsansatz *unterlaufen* und das Konzept *stattdessen unter die Alternativstrategien* eingereiht hat)". - (Hervorheb. - DSL).
43 So zu Recht Krause, Christian, Strukturelle Nichtangriffsfähigkeit im Rahmen europäischer Entspannungspolitik, Bonn, Januar 1987, S. 5.

(Alternative) einer Verteidigung *ohne* bzw. mit möglichst *wenig* offensiven Komponenten ausgehen und unter den Etiketten "Defensive Verteidigung" (defensive defence)[44], "non-offensive defence"[45], "non-provocative defence"[46] und ähnlichem mehr[47] bereits seit Jahren im In- und Ausland diskutiert werden. Als Protagonist und inhaltlicher Vater dieser Diskussion kann neben Autoren wie Barnaby, Boeker, Brossolet, Galtung, Spannocchi, Mack, Neild, Röling u.a. vor allen Dingen Horst Afheldt angesehen werden. Bereits in seinem 1976 veröffentlichtem Buch "Verteidigung und Frieden" beschreibt Afheldt - allerdings noch unter der Vorgabe der Schadensminimierung durch Wegfall lohnender Ziele für Nuklearschläge - eine Verteidigungsstruktur, der auf der Basis autonomer Techno-Kommandos die Option zum Angriff fehlt, die also nicht angriffsfähig ist.[48]

Deutlicher noch arbeitet Afheldt das Wechselverhältnis von Defensivität und Angriffsfähigkeit in seinem Buch "Defensive Verteidigung" heraus, das 1983 erscheint, zu einem Zeitpunkt also, zu dem auch der Begriff der Strukturellen Nichtangriffsfähigkeit aufzutauchen beginnt:

> "Militärisch obsolet sind Angriffsmittel dann, wenn sie keinerlei Angriffsoption eröffnen können. Wer konventionelle Angriffsmittel eines Gegners fürchtet - wie die NATO in Europa -, der muß deshalb seine konventionelle Verteidigung so ausbauen, daß ein Angriff des Warschauer Paktes keinerlei Erfolgschancen mehr verspricht. Wird dazu eine "Mehrzweckarmee" aufgebaut, eine Armee also, die im Prinzip auch angriffsfähig ist, entsteht eine

---

44 Vorrangig: Afheldt, Horst, Defensive Verteidigung, Reinbek bei Hamburg 1983; z.B. aber auch: Mack, Andrew, Arms Control, Disarmament and the Concept of Defensive Defence, in: Disarmament, Vol. VII (No. 3) Autumn 1983, S. 109 - 119; Galtung, Johan, Transarmament: From Offensive to Defensive Defence, in: Journal of Peace Research, Vol. 21 (No. 2) 1984, S. 127 - 139.

45 Vgl. z.B. den gleichnamigen internationalen Newsletter "Non-Offensive Defence", der vom "Centre of Peace and Conflict Research" an der Universität Kopenhagen herausgegeben wird, und dort jeweils die Quellen.

46 Vgl. z.B. Barnaby, Frank/Boeker, Egbert, Non-Provocative, Non-nuclear Defence of Western Europe, in: ADIU Report, Vol. 5 (No. 1) January/February 1983, S. 5 - 10.

47 Z.B. "Inoffensive deterrence", "preservative defense", "non-nuclear defence" oder "just defence" - vgl. dazu z.B.: Roberts, Adam, The Trouble with Unilaterism: The 1983 General Election, and Non-Nuclear Defense, in: Bulletin of Peace Proposals, Vol. 14 (No. 4)1983, S. 305-312, insbes. S. 308 f und dort auch die Quellen, insbes. Anm. 4; Sommer, Mark, Forgoing a Preservative Defense, in: Bulletin of the Atomic Scientists, Vol. 39 (No. 7) August/September 1983, S. 5 f.; Röling, Bert, Feasibility of Inoffensive Deterrence, in: Bulletin of Peace Proposals, Vol. 9 (No. 4) 1978, S. 339 - 347; vgl. auch: Tromp, Hylke W., Friedenssicherung durch Alternativen der Sicherheitspolitik?, in: Vogt, Wolfgang R. (Hrsg.), Streitfall Frieden, Heidelberg 1984, S. 133 - 144, insbes. S. 141: " 'Inoffensive Deterrence' ist z.B. der Titel einer Publikation der RAND-Corporation (einer der "Think tanks" für das amerikanische Verteidigungsministerium) - publiziert im Jahre 1974...".

48 Afheldt, Horst, Verteidigung und Frieden, Politik mit militärischen Mitteln, München/Wien 1976; hier zitiert nach der dtv-Ausgabe, München 1979.

> wechselseitige militärische Bedrohung. Die klassische Folge solcher Verteidigungsrüstung auf beiden Seiten ist Wettrüsten, seit den 60er Jahren begleitet von erfolglosen Rüstungsbegrenzungsverhandlungen.
> Ist aber die aufgebaute Verteidigung rein defensiv, ihrer Struktur nach also nicht zu einem Angriff zu gebrauchen, dann ist die Angriffsrüstung des Gegners obsolet, wenn die eigene Rüstung so effektiv ist, daß der Gegner seine militärische Angriffsoption verliert. Kann er gegenüber einer solchen defensiven Rüstung seine Angriffsfähigkeit nur mit ganz überproportionalen Anstrengungen wiederherstellen - verglichen mit eventuell notwendig werdenden weiteren Verbesserungen der Defensive - ist die Offensivrüstung des Gegners nicht einmal mehr als Verhandlungstrumpf von Wert. Denn die Drohung mit einem überproportional teuren Ausbau seiner Angriffsinstrumente ist Drohung mit ökonomischer Selbstschädigung - und somit unglaubhaft." [49]

Mittlerweile, d.h. 1983, war Afheldt mit seinen Überlegungen allerdings nicht mehr allein. Die insbes. Ende der 70er Jahre einsetzende und grundlegende Gedankengänge von Afheldt aufgreifende, variierende oder in Teilen (oder ganz) verwerfende Diskussion *defensiver* Verteidigungsmöglichkeiten hatte inzwischen schon zu einer ganzen Palette von alternativen Modellvorschlägen und einem Sprachgewirr von Namen und Begriffen geführt. Es war eine Welt der "Techno-Kommandos", "Feuerwehren", "Schild- und Schwertkräfte", "Netze" und "Module", "Raumverteidigung" und "raumdeckenden Verteidigung" entstanden[50], die nicht nur aus dem Blickwinkel der verwirrten Öffentlichkeit, sondern auch von seiten der interessierten Militärs, Politiker und Wissenschaftler nach einem übergreifenden Leitgedanken/-begriff verlangte. Der "Zufall" wollte es, daß sich "Strukturelle Nichtangriffsfähigkeit" als Begriff zur rechten Zeit anbot.

Gleichwohl wäre der ungelenke Arbeitstitel zumindest als Begriff wieder im Keller des wissenschaftlichen Elfenbeinturmes verschwunden, hätte sich seiner nicht eine der großen bundesdeutschen Volksparteien - die SPD - bedient und ihn letztlich als *Alternative* (miß-)verstanden popularisiert: Auf den Begriff aufmerksam geworden war in der SPD wohl als erster ihr damaliger Bundesgeschäftsführer Peter Glotz. Aus Diskussionen im Rahmen des Kulturforums der SPD 1983 - u.a. wieder unter Beteiligung von Afheldt, Dürr und von Müller - übernahm er den Begriff

---

49 Afheldt, Horst, a.a.O. (Anm. 44), S. 43.
50 Vgl. stellvertretend: Böge, Volker/Wilke, Peter, Sicherheitspolitische Alternativen, Baden-Baden 1984, insbes. S. 103 ff.

und veröffentlichte ihn zu Beginn 1984 unter dem Stichwort "Prinzipien defensiver Strategie" in seinem Buch "Die Arbeit der Zuspitzung"[51].

In die Terminologie der SPD erst einmal eingeführt, war es von den Diskussionen des Kulturforums um Peter Glotz zu den Überlegungen der Arbeitsgruppe "Neue Strategien" um Egon Bahr und damit zur Beschlußfassung durch die Partei nur noch ein kurzer Schritt. Als Durchbruch in diesem Sinne kann der Essener Parteitag vom 17. - 21. Mai 1984 angesehen werden: Nach intensiver Diskussion der in Form eines Leitantrags eingebrachten und um weitere Anträge ergänzten Vorschläge der Arbeitsgruppe, beschloß die SPD mit großer Mehrheit u.a. auch die Forderung nach Struktureller Nichtangriffsfähigkeit.[52] Zugleich beauftragte der Parteitag die Sicherheitspolitische Kommission des Parteivorstandes, den neuen sicherheitspolitischen "Rahmen mit seinen Grundentscheidungen zu konkretisieren und über in der Arbeitsgruppe 'Neue Strategien' formulierte und weitere Alternativen dem Parteitag 1986 zu berichten".[53]

Allgemein - d.h. sowohl in weiten Teilen der Gesamtpartei als auch in der Kommission Sicherheitspolitik beim SPD-Parteivorstand[54] - wurde der Auftrag des Essener Parteitages als Auftrag zur weiteren konzeptionellen Ausformung der Idee der Gemeinsamen Sicherheit und insbesondere zur Konkretisierung und Operationalisierung des Gedankens der Strukturellen Nichtangriffsfähigkeit interpretiert. Erfüllt wurde der Auftrag allerdings nicht: Zwar legte die Sicherheitspolitische Kommission - im übrigen nach erheblichen internen wie öffentlichen Querelen[55] - im März 1986 ein 24 Schreibmaschinenseiten umfassendes Papier dem SPD-Parteivorstand als Entwurf für einen Leitantrag zur Friedens- und Sicherheitspolitik vor.[56] Auch findet sich in diesem Papier, das am 7. April in leicht veränderter Fassung vom Präsidium und am 28. April vom Parteivorstand

---

51 Glotz, Peter, Die Arbeit der Zuspitzung, Berlin 1984; das Vorwort des Buches ist mit Februar 1984 gezeichnet, es kann also davon ausgegangen werden, daß die entsprechenden Passagen noch 1983 geschrieben worden sind.
52 Antrag 259, Parteivorstand, Für eine neue Strategie des Bündnisses, in Dokumente: SPD-Parteitag, 17. - 21. Mai 1984, o.O., O.J., hier 2. und 4. Seite.
53 Ebda, 4. Seite.
54 Mitglieder der Kommission waren u.a. Andreas von Bülow, (Vors.), Alfons Pawelczyk, Hans Apel, Egon Bahr, Horst Ehmke, Hermann Scheer, Klaus von Schubert, Karsten D. Voigt; Berater waren u.a.: Karl-Wilhelm Berkhan, Karl Kaiser, Karlheinz Koppe, Dieter S. Lutz, Lutz Unterseher.
55 Z.B. zu Vorstellungen des Vorsitzenden der Kommission, Andreas von Bülow - vgl. u.a. sein Papier "Strategie vertrauensschaffender Sicherheitsstrukturen in Europa. Wege zur Sicherheitspartnerschaft", abgedruckt in: Vierteljahresschrift für Sicherheit und Frieden, (S+F) 4/1985, S. 250-256.
56 Kommission Sicherheitspolitik des Vorstandes der Sozialdemokratischen Partei Deutschlands, Entwurf für einen Leitantrag zur Friedens- und Sicherheitspolitik, 13. März 1986, 24 S. (hektographiert).

der SPD verabschiedet wurde, die entsprechende Forderung des Essener Parteitages wieder:

> "Wir erstreben eine *Strukturelle Nichtangriffsfähigkeit* auf beiden Seiten der Blockgrenzen ... Die Bundeswehrplanung für die kommenden Jahrzehnte muß ... sich an dem Ziel der *Strukturellen Nichtangriffsfähigkeit* orientieren."[57] (Hervorheb. - DSL).

Mehr als Wiederholungen hat der Entwurf der Sicherheitspolitischen Kommission aber kaum zu bieten[58]. Daß auch die SPD insgesamt 1986 zu einer ähnlichen Einschätzung kam bzw. in ähnlicher Weise unzufrieden mit der Arbeit der Sicherheitspolitischen Kommission war, zeigte der Nürnberger Parteitag der SPD vom 25. - 29. August 1986. Zwar fand der vorgelegte Text[59] die Zustimmung der Delegierten. Zugleich aber wurde die Bildung einer eigenen Arbeitsgruppe (aus der Sicherheitspolitischen Kommission) beschlossen, deren Auftrag es sein sollte, weitere Konkretisierungen vorzunehmen[60]. Zu den eher bedauerlichen Aspekten der revolutionären Umbrüche zum Jahreswechsel 1989/90 gehört es, daß die Vorschläge dieser Arbeitsgruppe[61] durch das politische Geschehen überrollt wurden[62].

Bleibt eine längst überfällige "sprachliche" Korrektur nachzutragen: Das Kunstwort "Nichtangriffsfähigkeit" kann semantisch entweder als "Fähigkeit zum Nichtangriff" oder als "Nichtfähigkeit zum Angriff" verstanden werden. Die erste Deutung - die Fähigkeit zu einer Nicht-Aktivität - ist Unsinn. Die zweite Deutung dagegen ist zwar stimmig, aber sprachlich falsch; gemeint ist vielmehr "Unfähigkeit". Korrekt muß der Begriff also heißen: *Strukturelle Unfähigkeit zum Angriff (StrUnA)*, oder kurz: Strukturelle Angriffsunfähigkeit[63].

---

57 Ebda, S. 11, 20 (Fassung vom 28.4.1986: S. 9, 18).
58 Fairerweise dürfen die - wenn auch unbefriedigenden - so doch zahlreichen inhaltlichen Gedankengänge, wie sie in Abschn. IV "Strategische Kriegsverhütung" und in Abschn. VI "Streitkräfte, die dem Frieden dienen" des Entwurfs zum Ausdruck kommen, nicht ganz unerwähnt bleiben - vgl. ebda, S. 3 f. und 6 f.
59 Vgl. die Texte in: Anträge zum Parteitag der SPD in Nürnberg, 25. - 29.8.1986, gedruckte und gebundene Fassung, o.O., o.J. (1986), S. 433-443.
60 Ebda, S. 602.
61 Mitglieder der Arbeitsgruppe waren: Andreas von Bülow, Katrin Fuchs, Florian Gerster, Christian Krause, Volker Kröning, Dieter S. Lutz, Teo Oltmanns, Manfred Opel, Lutz Unterseher; ferner arbeiteten als Referenten mit: Heinrich Buch, Helmut Funk, Peter Grüßner, Wolfgang Zellner.
62 Das Verdienst für das hohe Niveau des Berichtes "Bundeswehr im Übergang" o.O., o.D., 34 S. (hektogr.) - vgl. auch Presseservice der SPD vom 23. März 1990, 6 S. - gebührt der Vorsitzenden der Arbeitsgruppe Katrin Fuchs sowie einer Reihe aktiver, namentlich nicht genannter Soldaten.
63 Vgl. Lutz, Dieter S., Bd. IV, a.a.O. (Anm. 30), S. 28, 35.

Diese Korrektur ist (verbunden mit der Frage, ob StrUnA nicht als aliud zu StruNA gesehen werden muß), in einer vom August-Bebel-Kreis[64] am 31. Oktober 1987 verabschiedeten Diskussionsvorlage "Strukturelle Angriffsunfähigkeit im Rahmen Defensiver Abhaltung und einer Konzeption Gemeinsamen Friedens" vorgetragen worden. Von der Publikation der Vorlage als "Materialien" der SPD[65] im Januar 1988 bis zu Übernahme des Begriffes durch den Parteivorsitzenden der SPD, Hans Jochen Vogel, im Februar 1988 und in der Folgezeit durch die breite Öffentlichkeit war es dann nur noch ein relativ kurzer Weg.

Unter Rückgriff auf die Korrektur formulierte der Bundesvorsitzende der SPD zum ersten Mal am 25. Februar 1988 im Bundestag[66]:

> "Wir freuen uns, daß der von uns entwickelte Begriff der strukturellen Angriffsunfähigkeit - das ist im Deutschen vielleicht ein noch besserer Begriff als die strukturelle Nichtangriffsfähigkeit -, der sich rasch in der internationalen Diskussion eingebürgert hat, nun auch in Ihrem Sprachgebrauch zu finden ist. Bei Herrn Genscher schon seit längerem und ganz ohne Scheu, bei Ihnen, Herr Bundeskanzler, noch etwas zögerlich, aber immerhin...
> Unter diesem Begriff verstehen wir, daß beide Bündnisse zum überraschenden und tief eindringenden Angriff unfähig werden, zugleich aber die Fähigkeit behalten, die verbleibende Gefahr grenzüberschreitender Angriffshandlungen mit hinreichender Verläßlichkeit abwehren zu können."

---

64 Der August-Bebel-Kreis ist eine Gruppe von Intellektuellen, die sich - Anfang der 80er Jahre von Willy Brandt ins Leben gerufen - der SPD in kritischer Solidarität verbunden weiß. Mitglieder des Kreises sind u.a.: Hans Peter Dürr, Andreas Flitner, Norbert Greinacher, Gert Heidenreich, Martin Hirsch, Eberhard Jäckel, Walter Jens, Kurt Tudyka, Karl Georg Zinn. Sprecher sind derzeit: Inge Jens, Dieter S. Lutz, Lea Rosh.
65 Lutz, Dieter S., Strukturelle Angriffsunfähigkeit im Rahmen Defensiver Abhaltung und einer Konzeption Gemeinsamen Friedens. Diskussionsvorlage, verabschiedet vom August-Bebel-Kreis, Materialien, hrsgg. vom Vorstand der SPD, Bonn 1988.
66 Zur Vorbereitung eines Gespräches mit dem August-Bebel-Kreis am 26. Februar 1988 in Stuttgart hatte Hans Jochen Vogel u.a. auch die genannte Diskussionsvorlage gelesen, den Begriff übernommen und ihn noch vor dem Treffen in Stuttgart erstmals im Bundestag benutzt - vgl. im folgenden die Rede von Vogel, Hans Jochen im Bundestag am 25. Februar 1988, abgedruckt u.a. in: Das Parlament Nr. 10 vom 4. März 1988, S. 1 f., hier S. 2.

3.3. Zu den Definitionsmerkmalen Struktureller Angriffsunfähigkeit[67]

Faßt man die politischen, militärischen und insbes. die wissenschaftlichen Diskussionen um Strukturelle Angriffsunfähigkeit zusammen[68], so ist folgende erste Definition möglich:

> *Strukturelle Angriffsunfähigkeit liegt vor, wenn Streitkräfte der militärischen Abhaltung und gegebenenfalls der effizienten Verteidigung dienen, nach Organisation, Struktur, Bewaffnung, Operationskonzept und Strategie aber eine militärische Aggression nicht zulassen.*

Aus Wortsinn, Genesis, Logik und konzeptioneller Einbettung von Struktureller Angriffsunfähigkeit in Defensive Abhaltung und Gemeinsame Sicherheit lassen sich über diese erste Definition hinaus eine Reihe von Definitionskriterien und Funktionsmerkmalen ableiten, die in ergänzende Thesen gekleidet werden können. Sie lauten (vgl. auch Schaubild Nr. 4):

1. Zur Bedrohungsvermeidung:
Kerngedanke der Strukturellen Unfähigkeit zum Angriff ist die Bedrohungsvermeidung. Organisation, Struktur, Bewaffnung, Operationskonzept und Strategie der Streitkräfte müssen so beschaffen sein, daß sie nicht nur defensiver als bisher sind, sondern ohne Ambivalenz eine militärische Aggression erkennbar nicht zulassen. Zumindest auf der teleologisch bestimmten Definitionsebene verlangt StrUnA das absolute Verbot grenzüberschreitender Angriffsfähigkeiten (vgl. auch Schaubild Nr. 5).

---

67 Vgl. zu folgendem: Lutz, Dieter S., Bd. IV, a.a.O. (Anm. 30), S. 29, 45 ff., insbes. S. 94 - 97 - siehe auch Kap. 4 dieses Buches, abgedruckt im Anhang des vorliegenden Bandes.

68 Vgl. insbes.: Bahr, Egon/Lutz, Dieter S. (Hrsg.), Bd. III, a.a.O. (Anm. 35) und die dort wiedergegebenen Experten im Rahmen der Anhörungen des IFSH; darüber hinaus sei stellvertretend für die Vielzahl der ausländischen Autoren (vgl. breits Anm. 44-47) Björn Möller genannt, dessen unermüdliche Arbeit sich u.a. im NOD-Newsletter des Centre of Peace and Conflict Research at the University of Copenhagen niederschlägt - vgl. z.B.: Möller, Björn, Non-offensive Defence (NOD), International Research Newsletter, hier: Bibliographie, Copenhagen, o.D., 123 S.; aus der Reihe der deutschen Autoren sei - von Seiten der Bundesrepublik - der nicht weniger aktive Lutz Unterseher als Vertreter der "Studiengruppe Alternative Sicherheitspolitik" hervorgehoben, die u.a. den Band "Vertrauensbildende Verteidigung, Gerlingen 1989" herausgegeben hat sowie - von Seiten der vormaligen DDR - deren Finanzminister im Kabinett DeMaizière - vgl. u.a.: Romberg, Walter, Krisenstabile militärische Sicherheit in Mitteleuropa - Kriterien, Modelle und ethische Aspekte, Juni 1986 (hier in der Fassung der von der Evangelischen Akademie Arnoldshain herausgegebenen Dokumentation).

Dieter S. Lutz

Schaubild Nr. 4: Strukturelle Angriffsunfähigkeit im Rahmen Defensiver Abhaltung und Gemeinsamer Sicherheit - Zehn Kriterien und ihre Konsequenzen

	Definitionskriterien/ Funktionsmerkmale	Materielle Forderungen	Militärische Konsequenzen u. a.
1.	Bedrohungsvermeidungsfunktion	Angriffsfähigkeitsverbot	Defensive Zonen - Atomwaffenfreier Korridor - Chemiewaffenfreie Zone - Panzerfreie Zone - StrUnA-Gebiet - Panzerabwehr - Luftabwehr
2.	Verteidigungs- und Abwehrfunktion	Verteidigerüberlegenheit/ Defensivsiegoption	
3.	Stabilitätsorientierung	Destabilisierungsverzicht/ Präemptions-/Präventionsprämienabbau (aktiv und passiv)	- »Nachrüstungs«-Verzicht - Zielbildungsvermeidung - Mobilitätsbeschr. - Reichweitenbeschr. - Massenvernichtungsmittelverz.
4.	Abhaltefunktion	Kriegsverhütung	Untragbarer Eintritts-und Aufenthaltspreis
5.	Schutzfunktion/Schadensminimierungsfunktion	Beidseitigkeit	Zielbildungsvermeidung/ (Zivilschutz/Völkerrecht)

5.	Autonomie-Option	Einseitigkeit	- Panzerbeseitigung
			- Chem. waff. beseit.
			- Nuklearwaffenbeseitig.
			  - LRINF
			  - MRINF
			  - SRINF
			- Redukt. Marine/Luftwaffe, z. B. Jagdbomber
			- Redukt. Logistik

7.	Abrüstungsorientierung	Rüstungsverzicht/Abrüsten durch Umrüsten	
8.	Garantiefunktion/Anti-Effizienz-Effekt	Folgenorientierung/prakt. Konkordanz	
9.	Strukturcharakter	Risikobereitschaft zum Frieden	(StrUnA i. w. S.) Veränderung der - Denkstruktur - Streitkräftestr. - Bündnisstruktur
10.	Wegweiserfunktion	Gemeinsame Sicherheit/ Kollektive Sicherheit	Arbeitsteilung/Multinationale Streitkräfte

Dieter S. Lutz
Schaubild Nr. 5: Die Fähigkeiten zum Angriff

Aktivität / Fähigkeit	abwehren	gegenangreifen (innen)	gegenangreifen (außen)	angreifen	durchmarschieren	destabilisieren	verwüsten	besetzen	halten	vernichten
Strukturelle Angriffsunfähigkeit	x									
Okkupations- oder Offensivfähigkeit				x	(x)	(x)	(x)	x	x	
Invasions- oder Erstoffensivfähigkeit				x	x	x	x	x		(x)
Gegenoffensiv- oder Zweitokkupationsfähigkeit	x	x	x			(x)	(x)	x	x	
Gegenangriffs- oder Zweitinvasionsfähigkeit	x	x	x			(x)	(x)	x		(x)
Entwaffnungsschlag- o. Teilentwaffnungsschlagfähigkeit			(x)	(x)		x	(x)			
Vergeltungs- oder Vernichtungsfähigkeit			(x)	(x)		(x)	x			x

2. Zur Effizienz der Verteidigung:
StrUnA zielt auf effiziente Abhaltung bei strukturell angriffsunfähiger Verteidigungsbereitschaft. Effizienz im Rahmen Defensiver Abhaltung und Struktureller Angriffsunfähigkeit heißt Verteidigerüberlegenheit. Sie ist gegeben, wenn die Verteidigungsfähigkeit (im Sinne der Abwehrfähigkeit) eines Kontrahenten größer ist als die Angriffsfähigkeit des Gegenübers. Sie ist optimiert, wenn die wechselseitige Verteidigungsfähigkeit beider Kontrahenten größer ist als ihre jeweiligen Angriffsfähigkeiten.

3. Zur Stabilitätsorientierung:
Konventionelle Stabilität als Ziel Struktureller Angriffsunfähigkeit ist erreicht, wenn eine konventionelle Verteidigerüberlegenheit mit Defensivsiegoption den Rückgriff auf Nuklearwaffen erübrigt und Offensivschwächen zuläßt. Sie ist im Sinne Defensiver Abhaltung optimiert, wenn die Defensivsiegoption gegenüber der Offensivsiegoption die Oberhand gewinnt - nicht weil die defensive Abwehrstärke des Verteidigers "gewinnt", sondern weil die beidseitige Offensivschwäche beidseitig Strukturelle Angriffsunfähigkeit garantiert.

4. Zur Abhaltung und Kriegsverhütung:
Verteidigerüberlegenheit und Defensivsiegoption haben im Rahmen Struktureller Angriffsunfähigkeit lediglich sekundär Kriegsführungsfunktion; final betrachtet soll die (potentielle) Abwehrfähigkeit - wenn auch vermittelt, so doch vorrangig - der Abhaltung, d.h. der Kriegsverhütung, nicht aber der Kriegsführung dienen.

5. Zur Schutzfunktion:
StrUnA strebt nach Schutz- und Schadensminimierung im Ernstfall. Ihre durchgreifende Optimierung resultiert angesichts der Kriegsführungsunfähigkeit hochindustrialisierter Staaten bzw. der Zivilisationsunverträglichkeit von Kriegen aus der Beidseitigkeit von StrUnA. In dem Maß, in dem es gelingt, auf beiden Seiten die Angriffsfähigkeit zu reduzieren, verwirklicht sich - trotz zunehmender militärischer Effizienz - auf eben beiden Seiten auch die Schadensminimierungs- und Schutzfunktion von Streitkräften und Rüstung.

6. Zur Autonomie-Option:
Die Optimierung Struktureller Angriffsunfähigkeit liegt in der Beid- bzw. Mehrseitigkeit. Gleichwohl besitzt StrUnA eine Autonomie-Option auf Vorleistungen, Selbstbeschränkung und Destabilisierungsverzicht.

7. Zur Abrüstungsorientierung:
Ist ein Angriff nicht mehr möglich, weil die beidseitige Offensivschwäche beidseitige Strukturelle Unfähigkeit zum Angriff garantiert, so wird Rüstung überflüssig. In der Logik von StrUnA liegt somit die Chance zur Abrüstung.

8. Zum Anti-Effizienz-Effekt:
StrUnA will ein Höchstmaß an Effizienz (durch wechselseitige Verteidigerüberlegenheit). Gleichwohl ist StrUnA anti-effizient in dem Sinne und in dem Ausmaß, wie ihre einzelnen Elemente stets nur folgenorientiert, d.h. unter Berücksichtigung ihrer Auswirkungen auf die übrigen Funktionen und Merkmale, verwirklicht werden dürfen. Recht verstanden, stellt der Anti-Effizienz-Effekt somit nichts anderes dar als die Kehrseite der eigentlichen Garantiefunktion von StrUnA

9. Zum Strukturcharakter:
Erst die grundsätzliche und konsequente Veränderung der Struktur verschafft der Angriffsunfähigkeit die erforderliche Stabilität, welche Dauerhaftigkeit garantiert. Dauer und Stabilität von StrUnA wachsen darüber hinaus, je umfassender das Verständnis des Strukturcharakters angelegt bzw. je breiter sie in der Realität verankert ist. Dies schließt auch die Gesellschaftsstruktur als eine Bezugsgröße neben Streitkräften und Bündnissen mit ein. Das Ordnungsprinzip eben dieser Struktur von StrUnA formt sich aus ihrer Garantiefunktion. Es kann mit der Einsicht umschrieben werden, daß die bisherige Risikobereitschaft zum Krieg in Zukunft durch die Risikobereitschaft zum Frieden ersetzt werden muß.

10. Zur Wegweiserfunktion:
Wenn die Logik Gemeinsamer Sicherheit langfristig nach einem System Kollektiver Sicherheit verlangt, so ist bereits kurz- und mittelfristig alles zu unterlassen, was die Realisierung der langfristigen Utopie stören könnte. Dies gilt aufgrund ihrer konzeptionellen Einbettung auch für StrUnA. In der Entscheidung für eine Alternative aus der Vielzahl von Vorschlägen, Modellen und ihren Varianten, sind stets diejenigen kurz- und mittelfristigen Maßnahmen und Regelungen zu wählen, die mit dem letztendlichen (konzeptionellen) Ziel kompatibel sind. Insofern ist Strukturelle Angriffsunfähigkeit Wegweiser zur Beurteilung und Veränderung der militärischen Realität.

3.4. Exkurs: Strukturelle Angriffsunfähigkeit im weiteren Sinne[69]

Die überwiegende Mehrheit der Diskussionen zur Strukturellen Angriffsunfähigkeit sowie die Großzahl der von Wissenschaftlern, Militärs und Politikern vorgelegten "Modelle" heben auf das Problem der Defensivorientierung von Streitkräften ab. Doch waren es Mitte der 80er Jahre gerade einige der wichtigsten Protagonisten des StruNA-Gedankens - darunter z.B. die "Arbeitsgruppe Frieden" im "Frankfurter Kreis", einem losen Zusammenschluß von Linken in der SPD -, die mehr wollten:

> "Die sozialdemokratische Linke hat schon auf dem Essener Parteitag unmißverständlich zum Ausdruck gebracht, daß sie den von ihr eingebrachten Begriff und die damit verbundenen Forderungen nicht interpretiert haben will als ein ausschließlich militärstrategisches Konzept. Deswegen hat sich die Linke auch immer dagegen gewendet, daß Strukturelle Nichtangriffsfähigkeit verstanden wird als "defensive" Verteidigung" oder als ein neuer Begriff für ein defensives Verteidigungskonzept."[70]

Nach Konrad Gilges, SPD-Abgeordneter und Sprecher der "AG Frieden" im "Frankfurter Kreis", ist Strukturelle Nichtangriffsfähigkeit vielmehr ein "Gesamtkonzept", in das

> "... nicht nur die militärischen Faktoren einbezogen werden, sondern *alle gesellschaftlich* relevanten Faktoren. Strukturelle Nichtangriffsfähigkeit ist also ein *gesamtgesellschaftliches Konzept* für die Friedens- und Entspannungspolitik ..."[71] (Hervorheb. - DSL).

Ähnlich wie Gilges geht auch das vom August-Bebel-Kreis bereits 1985 vorgelegte und veröffentlichte Diskussionpapier "Frieden 2000 oder: Das Jahr 2000 beginnt 1987" von einem StruNA-Verständnis aus, für das der Begriff Strukturelle Nichtangriffsfähigkeit im weiteren Sinne (i.w.S.) verwandt wurde. Unter Punkt 17 der am 29. Juli 1985 beschlossenen Ausführungen heißt es:

> "Die *gesellschaftliche Ebene oder Strukturelle Nichtangriffsfähigkeit im weiteren Sinne*: Voraussetzung und Teil Gemeinsamer und Kollektiver Sicherheit auf zwischenstaatlicher Ebene ist eine friedens- und ggf. abrüstungsfreundliche innenpolitische Struktur und eine entsprechend engagierte und politischen Druck ausübende Öffentlichkeit, kurz: die innergesellschaftliche Organisation von

---

69 Vgl. zu folgendem: Lutz Dieter S., Bd. IV, a.a.O. (Anm. 30), S. 22 ff., 37 ff.
70 Gilges, Konrad, Frieden ohne NATO, Hamburg 1985, S. 123.
71 Ebda. S. 124; vgl. ferner S. 125, 126.

> Frieden, die eine Strukturelle Nichtangriffsfähigkeit nach außen auf Dauer garantiert. Von der SPD zu unterstützen sind deshalb alle Maßnahmen und Initiativen, die innergesellschaftlich der Einschränkung und Kontrolle des militärisch-industriellen Komplexes, dem Abbau irrationaler Furcht bzw. der Veränderung gewaltträchtiger Strukturen (Konfliktregelungsmechanismen) und Denkmuster (Feindbilder) dienen".[72]

Auch der auf dem Nürnberger Parteitag der SPD 1986 angenommene sicherheitspolitische Leitantrag verkennt die nicht-militärischen Aspekte Struktureller Angriffsunfähigkeit nicht, hebt vielmehr ähnliche Aspekte wie der August-Bebel-Kreis hervor:

> "Wir erstreben eine Strukturelle Nichtangriffsfähigkeit auf beiden Seiten der Blockgrenzen. Strukturelle Nichtangriffsfähigkeit setzt nicht nur Streitkräfte voraus, die nach militärischer Strategie, Ausbildung, Struktur, Stärke und Bewaffnung zu einem raumgreifenden Angriff ungeeignet sind, sondern auch ein politisches Klima und eine *Politik, die nicht von Feindbildern, irrationalen Bedrohungsvorstellungen* und der Tendenz zu gewaltsamer Konfliktlösung geprägt werden."[73] (Hervorheb. - DSL)

Eine erste Definition Struktureller Angriffsunfähigkeit im weiteren Sinne könnte entsprechend lauten:

> *Strukturelle Angriffsunfähigkeit im weiteren Sinne (i.w.S.) ist gegeben, wenn die (inner-)gesellschaftliche und staatliche Struktur (Organisation) von Sicherheit Krieg als Mittel der Politik nach außen auf Dauer und erkennbar ausschließt. Strukturelle Angriffsunfähigkeit im engeren Sinne (i.e.S.) liegt vor, wenn Streitkräfte der militärischen Abhaltung und gegebenenfalls effizienten Verteidigung dienen, nach Organisation, Struktur, Bewaffnung, Operationskonzept und Strategie aber eine militärische Aggression erkennbar nicht zulassen.*[74]

Unter "konzeptionellen" Gesichtspunkten sei abschließend betont, daß das, was für StrUnA i.e.S. gilt, um so mehr auf den umfassenden Begriff von StrUnA zutreffen

---

72 Lutz, Dieter S., Frieden 2000 oder: Das Jahr 2000 beginnt 1987. Ein Diskussionspapier des "August-Bebel-Kreises", a.a.O. (Anm. 38), S. 14.
73 Hier zit. nach: "Unser Weg zu Abrüstung und Frieden". Beschluß zur Friedens- und Sicherheitspolitik der SPD, Parteitag in Nürnberg 25. - 29.8. 1986, in: Politik, Informationsdienst der SPD Nr. 8, September 1986, S. 4 (Abschn. IV).
74 Vgl.: Lutz, Dieter S., Bd. IV, a.a.O. (Anm. 30), S. 29.

muß. Auch Strukturelle Angriffsunfähigkeit i.w.S. stellt kein eigenständiges Konzept dar. Sie muß vielmehr als eingebettet in das Ziel einer Neuen Europäischen Friedensordnung angesehen bzw. als Teilelement einer übergreifenden Konzeption des "peaceful change" verstanden werden. Analog zur Gemeinsamen Sicherheit wird sich die Logik dieser übergreifenden Konzeption an der Idee eines Gemeinsamen Friedens (GF) orientieren müssen (vgl. bereits Abschn. 2.4.). Entsprechend kann das Ziel als eine "Europäische Ordnung des Gemeinsamen Friedens" bezeichnet werden (vgl. auch Schaubild Nr. 6).

Schaubild Nr. 6: Strukturelle Angriffsunfähigkeit in ihrer konzeptionellen Einbettung

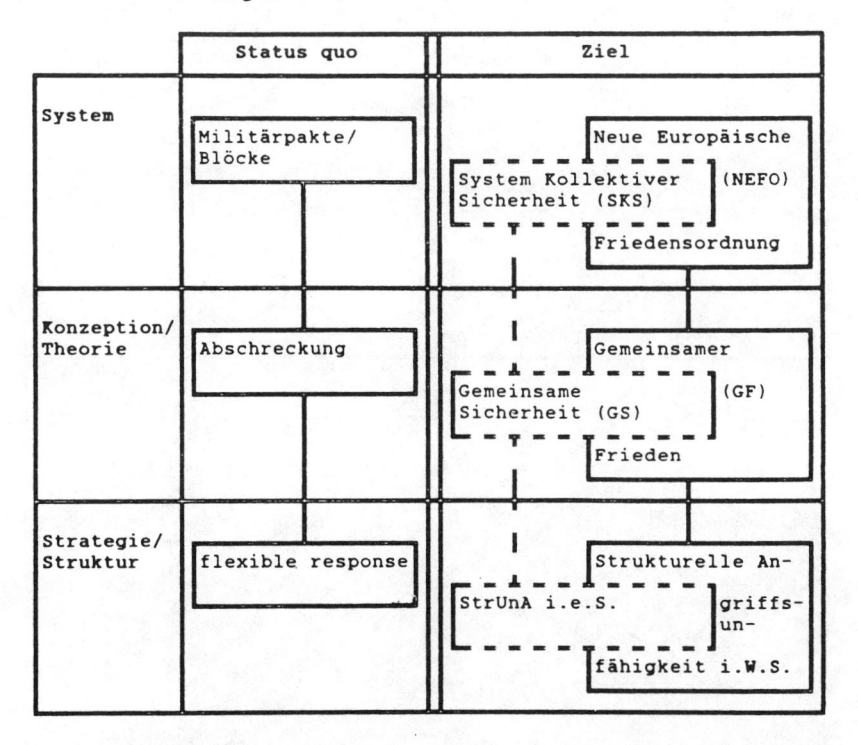

	Status quo	Ziel
System	Militärpakte/ Blöcke	System Kollektiver Sicherheit (SKS) — Neue Europäische Friedensordnung (NEFO)
Konzeption/ Theorie	Abschreckung	Gemeinsame Sicherheit (GS) — Gemeinsamer Frieden (GF)
Strategie/ Struktur	flexible response	StrUnA i.e.S. — Strukturelle Angriffsunfähigkeit i.W.S.

Anm.: Das Schaubild soll nur einen ersten vorläufigen Eindruck von der konzeptionellen Einbettung der Strukturellen Angriffsunfähigkeit vermitteln. Weder sind die zeitlichen Abläufe noch die theoretischen Ebenen tatsächlich in einem ausschließlichen Sinne zuordbar - vgl. auch die nachfolgenden Ausführungen und Graphiken.

II. AUF DEM WEG ZUR KOLLEKTIVEN SICHERHEIT

4. Zur Ausgangslage jenseits des Ost-West-Konflikts[75]

Traditionell richten sich Militärpakte, Bündnisse oder Allianzen wie die NATO und die WVO gegen einen *Feind* oder *Gegner* von außen. Abschreckungssysteme, wie sie auch der Ost-West-Konflikt hervorgebracht hat, zielen ferner - ihr Funktionieren unterstellt - unter Hervorhebung des *Gegensatzes* auf die Vermeidung von Kriegen nicht im Miteinander, sondern im *Gegeneinander*. Gemeinsame Sicherheit dagegen ist - wie bereits betont - ein Konzept der *gemeinsamen* Verhütung von Kriegen *durch* alle Betroffenen *für* alle Betroffenen. Sie leugnet zwar nicht die mögliche Existenz politischer, ideologischer, religiöser oder systembedingter Interessengegensätze und Konflikte; sie baut aber auf das vernunftorientierte *Miteinander* der Sicherheitskontrahenten im Interesse der Kriegsverhütung und will die Rahmenbedingungen für Konflikte so gestalten, daß die Auseinandersetzungen als friedlicher "Wettbewerb" unter Ausschluß militärischer Mittel geführt werden.

Wenn aber Gemeinsame Sicherheit einerseits vom Fortbestand der Gegensätze und der Existenz von Sicherheitskontrahenten ausgeht, andererseits die Überwindung des Abschreckungsregimes und die Ablösung der Pakte und Blöcke will, so kann Gemeinsame Sicherheit "lediglich" ein Konzept des Übergangs[76] sein. Seine Funktion ist erfüllt, wenn das Abschreckungs- und Drohsystem überwunden ist, spätestens aber dann, wenn die permanent zu stellende Frage nach der Existenz der Sicherheitskontrahenten negativ beantwortet werden kann. Wie also sieht gegenwärtig die Lage eben der Sicherheitskontrahenten, d.h. die Bedrohungssituation im Ost-West-Verhältnis aus? Ist die WVO zu Beginn der 90er Jahre (noch) angriffsfähig? Gibt es den Ostblock überhaupt noch? Wer oder was sind die Feinde oder Gegner, Gefahren oder Bedrohungen, die es rechtfertigen würden, die derzeitigen Übertötungs- und Destruktionspotentiale fortzuführen bzw. lediglich in langsamen Schritten und mit langfristiger Perspektive zu reduzieren?

---

75 Vgl. zu folgendem: Lutz, Dieter S., Bd. VI, a.a.O. (Anm. 1), insbes. Abschn. 4 und 5; Lutz, Dieter S., Ein Europa des Gemeinsamen Friedens mit der Sowjetunion?, in: Lutz, Dieter S./Schmähling, Elmar (Hrsg.), Bd. V, a.a.O. (Anm. 29), S. 13-21.

76 In diesem Punkt unterscheiden sich die Überlegungen Egon Bahrs von den meinen: Für Bahr behält Gemeinsame Sicherheit (besser: die Einsicht, die zur Gemeinsamen Sicherheit führt) stets ihre Gültigkeit. Gemeinsame Sicherheit ist das Konzept, Kollektive Sicherheit ihre Institutionalisierung. Gemeinsame Sicherheit ist nach Bahr also keinesfalls bloßes "Übergangskonzept".

4.1. Zur Bedrohungssituation[77]

Macht- und Vormachtstreben, Systemgegensätze und scheinbar unüberbrückbare Ideologien standen nach dem Zweiten Weltkrieg einer internationalen Friedensordnung im Wege, haben zum globalen Konflikt zwischen den Blöcken, zur Abschreckungsdoktrin und zu einem Wettlauf um Destruktionspotentiale, insbes. nukleare Massenvernichtungsmittel, geführt. In den vergangenen Jahrzehnten hat der Rüstungswettlauf sogar - losgelöst von den historischen Ursachen - eine Eigendynamik entfaltet. Sie führte nicht nur zu immer neuen Rüstungsschüben und damit zu einer Verschärfung bestehender Konflikte. Denkmöglich schienen vielmehr auch Kriege, die beabsichtigt oder wider Willen, bewußt oder aus Versehen, vorbeugend oder reaktiv, in jedem Fall aber mit grenzüberschreitender globaler Wirkung geführt würden.[78]

Mit Blick auf die vergangenen Jahrzehnte der Ost-West-Konfrontation und die ihnen innewohnenden Bedrohungen und Gefahren mag deshalb die Frage "Wer ist der Feind?" wie Utopie, wenn nicht gar nach gefährlicher Illusion klingen. Doch zeigen die aktuellen Veränderungen in der Warschauer Vertragsorganisation, insbes. in der Sowjetunion, daß auch friedens- und sicherheitspolitische Utopien Realität werden können. Gerade das "Neue Denken" in der Sowjetunion ruht auf einer Reihe von Kritikpunkten und Schlußfolgerungen, deren Formulierung aus dem System heraus lange Zeit nicht für möglich gehalten wurde, darunter:

---

77 Vgl. zum folgenden u.a.: Trautmann, Günter, Sowjetunion im Wandel, Darmstadt 1989; Reusch, Jürgen (Hrsg.), Abschied von der Abschreckung. Die sowjetische Diskussion, Köln 1989; Senghaas, Dieter, Frieden in einem Europa demokratischer Rechtsstaaten, in: Aus Politik und Zeitgeschichte B 4-5/1990 vom 19. Januar 1990, S. 31-39; Vogel, Heinrich (Hrsg.), Umbruch in Osteuropa, Sonderveröffentlichung des Bundesinstituts für ostwissenschaftliche und internationale Studien, Köln, Januar 1990; Lutz, Dieter S., Ein Europa des Gemeinsamen Friedens mit der Sowjetunion, in: Lutz Dieter S./Schmähling, Elmar (Hrsg.), Bd. V, a.a.O. (Anm. 29), S. 13-21; ferner die zutreffenden Analysen von Nötzold, Jürgen, Mehrere europäische Wirtschaftsblöcke?, in: Außenpolitik 3/1989, S. 288-302, und von Bogomolow, Oleg, Wirtschaftsperestroika und Ost-West-Beziehungen, in: Europäische Rundschau 2/1989, S. 3-11, sowie die richtungsweisenden Überlegungen von Tudyka, Kurt, Approaches to Positive Peace in Europe, in: Peace and the Science 4/1988, S. 46-57; Kastl, Jörg, Das neue Denken in der sowjetischen Außenpolitik, in: EA 20/1988, S. 575-582; Gemeinsame Sicherheit und Friedliche Koexistenz. Ein gemeinsamer Report des IFSH (Hamburg) und des IPW (Berlin/DDR) über ihre wissenschaftlichen Diskussionen, Hamburger Beiträge zur Friedensforschung und Sicherheitspolitik 27/1988; Lehmann, Rolf, Militärische Aspekte der Sicherheit und die Militärdoktrin in den Teilnehmerstaaten des Warschauer Vertrages, in: IPW-Berichte 10/1988, S. 12-18, 61; Über vernünftige Hinlänglichkeit im Militärischen, in: Sowjetwissenschaft/Gesellschaftswissenschaftliche Beiträge 5/1988, S. 478-488; Tschernischew, Wladimir, Strukturelle Angriffsunfähigkeit: Ansicht der UdSSR, in: ÖMZ 2/1989, S. 115-119.

78 Vgl.: Lutz, Dieter S., Weltkrieg wider Willen?, Reinbek bei Hamburg 1981.

- die Kritik, das gegnerische System sozialpolitisch unterschätzt und die eigenen Kräfte überschätzt zu haben. Der Sieg des Kommunismus über den Kapitalismus sei auf absehbare Zeit nicht - und nicht einmal mehr langfristig zwangsläufig - zu erwarten (Geschichte ist weitgehend offen);

- die Kritik, sich auf einen Rüstungswettlauf eingelassen zu haben, der ungeheure finanzielle Mittel, personelle Ressourcen und Rohstoffe verschlungen, den Frieden aber auf Dauer nicht sicherer gemacht habe;

- die Kritik, im Rahmen der geopolitischen Rivalität, den USA vergleichbare (imperialistische) Ambitionen in der Dritten Welt entwickelt zu haben, die wider alle ökonomische und politische Vernunft seien.

Zu den Schlußfolgerungen, die aus diesen und ähnlichen Kritikpunkten von der Sowjetunion gezogen wurden, gehören wiederum:

- *die Erweiterung des Sicherheitsbegriffes*: Sicherheit ist nicht gegeneinander, sondern nur miteinander zu haben. Sicherheit ist also Gemeinsame Sicherheit. Im Mittelpunkt stehen "allgemein-menschliche Werte";

- *die Revision des Koexistenz-Begriffs*: Friedliche Koexistenz wird nicht mehr als spezifische Form des Klassenkampfes angesehen, sondern ruht vorrangig auf Prinzipien wie Gewaltverbot, Souveränitätsgebot und nationale Unabhängigkeit;

- *das Recht auf freie Entscheidung über den sozial-politischen Entwicklungsweg*: Die Absage an die Doktrin der "begrenzten Souveränität", die sog. Breschnew-Doktrin, ist ausdrücklich erfolgt. Das in Anspruch genommene "Recht" zur Intervention innerhalb der sozialistischen Staatengemeinschaft findet keine Ausübung mehr;

- *die Veränderung der Militärdoktrin*: Ziel der Rüstungspolitik soll nicht länger Überlegenheit, nicht einmal Parität sein, sondern Hinlänglichkeit. Die Verteidigung im Ernstfall soll nicht als Offensive auf dem Territorium des Gegners mit dem Ziel des Sieges geführt werden, sondern (lediglich) eine "Abfuhr" anstreben (vgl. auch Schaubild Nr. 7).

Schaubild Nr. 7: Die neue defensive Doktrin der Sowjetunion

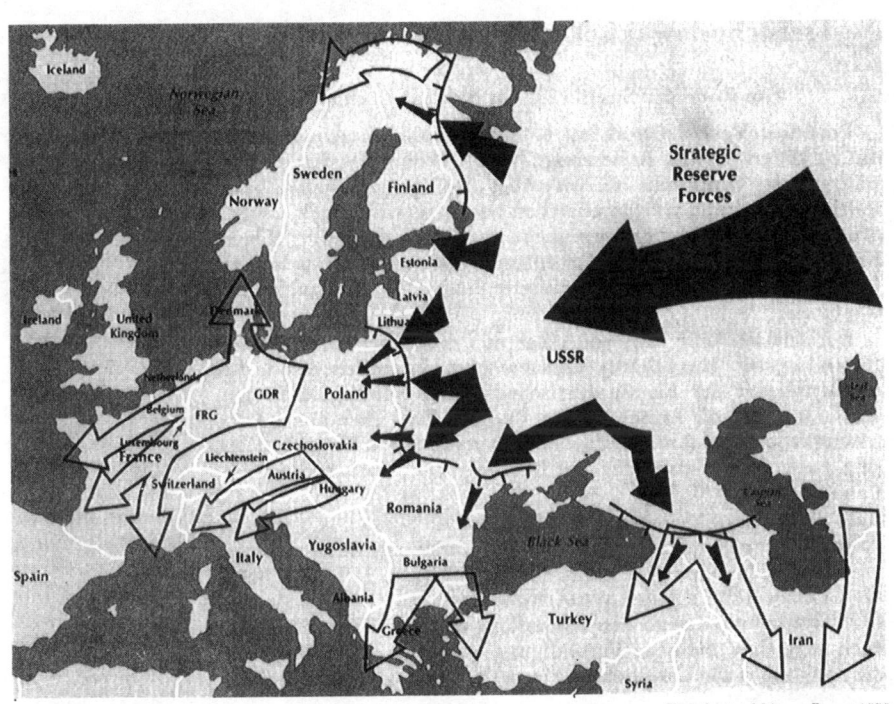

Bild: Soviet Military Power 1990

Das bisherige operative Konzept der Sowjetunion (eingerahmte Pfeile) im Vergleich zum nunmehr deklarierten Konzept der defensiven Doktrin (anfängliche Verteidigung in den Grenzregionen, Heranführen strategischer Reserven, angriffsweise Nachfolgeoperationen möglich)

Quelle: ÖMZ 6/1990, S. 549.

Daß es die Sowjetunion ernst meint mit dem propagierten Neuen Denken, zeigt eine Reihe von Fakten und Indizien. Zu ihnen gehören mittlerweile nicht nur der Abzug der sowjetischen Streitkräfte aus Afghanistan oder die Durchführung erheblicher Vorleistungen im Sinne einseitiger Abrüstungsmaßnahmen, darunter mehr als eine halbe Million Soldaten. Zu ihnen gehören vielmehr auch innenpolitisch die - allerdings nicht konfliktfreie - Loslösung bzw. Stärkung der Eigenständigkeit der Teilrepubliken (vgl. auch Schaubild Nr. 8), ferner Maßnahmen und Regelungen des Übergangs zur Marktwirtschaft sowie der Verbreiterung der gesellschaftlichen Partizipationsmöglichkeiten und der Pluralisierung und Demokratisierung der politischen Entscheidungen und schließlich der zugesagte militärische Rückzug aus den Grenzländern zu Mitteleuropa und die deutliche Bereitschaft zum asymmetrischen Abbau von Zehntausenden von offensivtauglichen Großwaffen im Rahmen der Verhandlungen über konventionelle Streitkräfte in Europa (dazu noch Abschn. 4.2.). Mehr noch: Zu ihnen gehört mittlerweile auch die Zustimmung zur "Deutschen Einheit" und - vormals schier undenkbar - seit Juli 1990 auch zur Integration Gesamtdeutschlands in die NATO[79]. Zwar kann heute und wohl auch auf absehbare Zeit noch nicht von einer endgültigen und abgeschlossenen "Transformation des Sowjetsystems" gesprochen werden. Doch wäre es zweifelsohne falsch, die Reformen - oder besser ausgedrückt: die revolutionären Umbrüche - in der Sowjetunion als bloße Kosmetik abzutun.

Der Wandel in der WVO beschränkt sich jedoch nicht nur auf die Sowjetunion allein. Im Gegenteil[80]:

- *Polen* gehört zwar formal noch der WVO an, doch kann es nicht länger als kommunistisches oder kommunistisch regiertes Land bezeichnet werden. Der Name Volksrepublik Polen wurde bereits 1989 in Republik Polen geändert. An der Spitze des Staates steht derzeit mit Lech Walesa der füh-

---

79 Vgl. stellvertretend: Moskau verzichtet auf Veto gegen NATO, Frankfurter Rundschau Nr. 163/29 vom 17. Juli 1990, S. 1 f.; Leicht, Robert, Den Frieden mit Deutschland gemacht, in: Die Zeit Nr. 30 vom 20. Juni 1990, S. 1; vgl. auch noch Anm. 82.

80 Die nachfolgend genannten Daten für die in Polen, der Tschechoslowakei und in Ungarn stationierten sowjetischen Soldaten sind nicht völlig gesichert: Im folgenden richten sich die Zahlen u.a nach IISS, The Military Balance 1990-1991, London 1990, S. 39, 40 sowie 47, 48, 50, 51, 52; vgl. ferner: Hamburger Abendblatt Nr. 37 vom 13. Februar 1990, S. 2; Frankfurter Rundschau Nr. 36 vom 12. Februar 1990, S. 2; Frankfurter Rundschau Nr. 53 vom 3. März 1990, S. 2; Siemens, Jochen, Die Einheit des Warschauer Pakts beginnt sich aufzulösen, in: Frankfurter Rundschau vom 10. November 1989; Der Spiegel Nr. 4/1990, S.131; der Zeitraum von drei bis vier Jahren für den Abzug der sowjetischen Streitkräfte aus der ehemaligen DDR ergibt sich aus den acht Punkten der Übereinkunft Kohls mit Gorbatschow - vgl. u.a.: Frankfurter Allgemeine Zeitung vom 17. Juli 1990; vgl. auch noch Anm. 82.

Schaubild Nr. 8:

Souveränitäts- und Unabhängigkeitserklärungen in der Sowjetunion

Teilrepublik (SSR) / Autonome Republik (ASSR)	Datum
Litauen: Republik Litauen	11. 3. 1990
Lettland: Republik Lettland	4. 5. 1990
Estland: Republik Estland	8./30. 5. 1990
Russische Soz. Föderative Sowjetrepublik (RSFSR)	12. 6. 1990
Usbekistan	20. 6. 1990
Georgien (nur wirtschaftliche Unabhängigkeit)	21. 6. 1990
Moldawien	24. 6. 1990
Ukraine (Status noch ungewiß)	16. 7. 1990
Weißrußland (strebt Neutralität und Kernwaffenfreiheit an)	27. 7. 1990
Karelien (Unabhängigkeit, kein Austritt)	10. 8. 1990
Gagausen (Unabhängigkeit von Moldawien)	19. 8. 1990
Turkmenien (Souveränität, kein Austritt)	22. 8. 1990
Armenien: Republik Armenien	23. 8. 1990
Abchasien (Souveränität)	25. 8. 1990
Tadschikistan (Souveränität)	25. 8. 1990
Republik der Komi	30. 8. 1990
Tatarische Republik	30. 8. 1990
Dnjestr-Republik (Russen in Moldawien, Tiraspol)	2. 9. 1990
Jakutien (Souveränität)	27. 9. 1990
Kasachstan	26. 10. 1990
Kirgisien	noch keine Entscheidung

Quelle: ÖMZ 6/1990, S.484.

rende Vertreter der ehemaligen Oppositions- und Gewerkschaftsbewegung Solidarnosc. Die in den vergangenen Jahrzehnten uneingeschränkt herrschende kommunistische Arbeiterpartei Polens (PVAP) hat nicht nur ihr Machtmonopol aufgegeben, sondern sich Ende Januar 1990 auch selbst aufgelöst. Zwar stehen im Lande bislang noch ca. 40 000 sowjetische Soldaten (von vormals 56 000), doch ist auch deren Abzug bis Ende 1991 zu erwarten. Es ist heute völlig undenkbar, daß sich Polen an einer Aggression der WVO oder der Sowjetunion beteiligen würde. Im Gegenteil ist anzunehmen, daß die polnische Armee (mit ihren derzeit laut Ansatz ca. 300 000 Soldaten) und die polnischen Bürgerinnen und Bürger die Nutzung des polnischen Territoriums als Aufmarschgebiet - in welche Richtung auch immer - mit allen Mitteln verwehren würden.

- Auch die *Tschechoslowakei* ist bislang noch formal Mitglied der WVO. Doch hat sie 1990 das Etikett "sozialistisch" ebenfalls aus ihrem Namen gestrichen, nennt sich CSFR statt CSSR. Staatspräsident ist derzeit der unter kommunistischer Herrschaft verfolgte Schriftsteller Vaclav Havel; Parlamentspräsident ist der Begründer des "Prager Frühlings", Alexander Dubcek. Der Machtmonopolanspruch der KPC ist aus der Verfassung getilgt. Der Abzug der 70 000 in der CSFR stationierten Soldaten der Sowjetunion inklusive deren Ausrüstung hat im Februar 1990 begonnen und soll 1991 abgeschlossen sein. Ähnlich wie im Fall Polen ist eine Beteiligung der ca. 200 000 Soldaten der tschechoslowakischen Streitkräfte im Rahmen einer WVO-Aggression schon heute unvorstellbar.

- In *Ungarn*, dem dritten Land der WVO, in dem bislang sowjetische Truppen standen, ist die Situation nicht unähnlich. Das Attribut "sozialistisch" ist aus dem Namen der Republik getilgt. Die Ungarische Sozialistische Arbeiterpartei (USAP) hat sich aufgelöst bzw. zur Ungarischen Sozialistischen Partei (USP) mit sozialdemokratischer Ausrichtung gewandelt. Die Regierung führt der Vorsitzende der neugegründeten liberal-konservativen Partei Ungarisches Demokratisches Forum, Jozsef Antall. Der Beitritt zum Europarat erfolgte am 6. November 1990. Der Abzug der 65 000 sowjetischen Soldaten soll 1991 abgeschlossen sein. Die Anzahl der eigenen Streitkräfte von bislang ca. 90 000 Mann soll reduziert werden.

- In *Bulgarien* und in *Rumänien* existieren zwar noch - de facto - kommunistisch gestützte Regierungen. Doch handelt es sich wohl lediglich um Übergangseinrichtungen. Die bisherigen Machthaber sind gestürzt (Todor Schiwkoff) oder liquidiert (Nicolae und Elena Ceausescu). Der Macht-

und Monopolanspruch der Kommunistischen Partei wurde in beiden Ländern aufgegeben. In Rumänien steht die Armee im Demokratisierungsprozeß auf Seiten der Bevölkerung, in Bulgarien hat der inzwischen zurückgetretene Staatschef Peter Mladenoff das Institut der Parteikontrolle über Armee und Polizei abgeschafft. Aber selbst wenn der Wandlungsprozeß in diesen Ländern noch längere Zeit in Anspruch nehmen sollte, so stellen sie doch wegen ihrer relativ geringen Anzahl von Streitkräften (von ca. 130 000 Soldaten in Bulgarien und ca. 160 000 Soldaten in Rumänien), mehr noch aber wegen ihrer geostrategischen Randlage und nicht zuletzt wegen ihrer völlig desolaten Wirtschaftssituation keine militärische Bedrohung für die Staaten der NATO dar.

- Bleibt die vormalige *DDR* zu erwähnen - das Land mit der längsten Grenze zur NATO einerseits und mit den meisten sowjetischen Soldaten auf eigenem Territorium andererseits. Die ehemaligen Machthaber sind abgesetzt. Die "Mauer" ist gefallen. Die Nationale Volksarmee (NVA) ist aufgelöst. Der Abzug der 380 000 in der ehemaligen DDR stationierten Soldaten der Sowjetunion soll bis Ende 1994 durchgeführt sein. Mit dem Beitritt zur Bundesrepublik Deutschland am 3. Oktober 1990 hat die DDR aufgehört zu existieren.

Zusammenfassend kann also nicht geleugnet werden, daß es den "Ostblock" als "Block" und "Feind" nicht mehr gibt. Zwar existiert nach wie vor die Warschauer Vertragsorganisation als formale Institution. Auch besteht ferner eine Reihe völkerrechtlicher Verträge und Bindungen einzelner Staaten mit der Sowjetunion. Möglicherweise existieren auch noch politische Strukturen, die geeignet sind, im Falle eines Angriffes von außen gegen einen oder mehrere WVO-Staaten eine gemeinsame militärische Abwehr- und Verteidigungsfront zu errichten. Eine Bedrohung für die NATO oder einzelne NATO-Staaten ist hieraus aber nicht abzuleiten; ebensowenig scheint eine gemeinsame Aggression der bisherigen WVO-Staaten zukünftig noch vorstellbar. Daß auch die ehemaligen Paktgegner selbst zu dieser Einschätzung kommen, zeigt nachdrücklich ihre "Gemeinsame Erklärung" vom 19. November 1990 in Paris. In dieser Erklärung heißt es u.a.:

> "Die Unterzeichnerstaaten erklären feierlich, daß sie in dem anbrechenden neuen Zeitalter europäischer Beziehungen nicht

mehr Gegner sind, sondern neue Partnerschaften aufbauen und einander die Hand zur Freundschaft reichen werden"[81].

4.2. Zur Rüstungskontrollentwicklung[82]

Ihre faktische Bestätigung findet die positive Einschätzung der gegenwärtigen Bedrohungssituation - zumindest auf den ersten Blick - in der Entwicklung der europäischen Abrüstungs- und Rüstungskontrollandschaft des Jahres 1990. Zu nennen sind u.a.:

- der Abzug der nordamerikanischen Chemiewaffen aus der Bundesrepublik,
- die Reduzierung der ausländischen NATO-Streitkräfte auf deutschem Territorium,
- die weitgehende Auflösung der vormaligen NVA,
- die Verpflichtung zur Reduzierung der Bundeswehr auf 370 000 Soldaten bis Ende 1994,
- die Einigung auf den Abzug der sowjetischen Streitkräfte aus Deutschland bis Ende 1994,
- die Reduzierung der sowjetischen Streitkräfte in den osteuropäischen WVO-Staaten,
- der Abschluß eines Teilabkommens am 17. November 1990 im Rahmen der Verhandlungen über Vertrauens- und Sicherheitsbildende Maßnahmen (VSBM) und insbes.
- der Abschluß des 1. Vertrages am 19. November 1990 im Rahmen der Verhandlungen über Konventionelle Streitkräfte in Europa (VKSE).

---

81 Gemeinsame Erklärung von zweiundzwanzig Staaten, in: Presse- und Informationsamt der Bundesregierung, Bulletin Nr. 137 vom 24. November 1990, S. 1422; vgl. auch bereits die Anm. 15.
82 Vgl. zu folgendem: Lutz, Dieter S., Bd. VI, a.a.O. (Anm.1), Abschn. 3; ferner: Presse- und Informationsamt der Bundesregierung, Vertrag über Konventionelle Streitkräfte in Europa, Bulletin Nr. 138 vom 28. November 1990; dass., Wiener Dokument 1990 der Verhandlungen über Vertrauens- und Sicherheitsbildende Maßnahmen, Bulletin Nr. 142 vom 6. Dezember 1990; dass., Vertrag über die abschließende Regelung in bezug auf Deutschland, Bulletin Nr. 109 vom 14. September 1990; dass., Abkommen zwischen der Regierung der Bundesrepublik Deutschland und der Regierung der Union der Sozialistischen Sowjetrepubliken über einige überleitende Maßnahmen, Bulletin Nr. 123 vom 17. Oktober 1990; Bahr, Egon/Mutz, Reinhard, Abrüstung konventioneller Streitkräfte in Europa, in: Friedensgutachten 1990, Münster/Hamburg 1990, S. 216-231; Konventioneller Truppenabbau in Europa: Die 7. VKSE-Runde, in: ÖMZ 6/1990, S. 534-536.

Nochmals zur Erinnerung: Gemeinsame Sicherheit will Kriegsverhütung auf der Basis Struktureller Angriffsunfähigkeit, d.h. auf der Basis von Streitkräften, die der militärischen Abhaltung und gegebenenfalls der effizienten Verteidigung dienen, nach Organisation, Struktur, Bewaffnung, Operationskonzept und Strategie aber eine erfolgreiche Aggression nicht zulassen. M.a.W.: Die Kriegsverhütungsfunktion Gemeinsamer Sicherheit verlangt, daß die Verteidigungsfähigkeit eines Kontrahenten (auf eigenem Boden) größer ist als die Angriffsfähigkeit des Gegenübers. Ihre Optimierung erreicht sie dann, wenn die wechselseitige Verteidigungsfähigkeit beider Kontrahenten größer ist als ihre jeweiligen Angriffsfähigkeiten.

Wenn im Rahmen Gemeinsamer Sicherheit ein militärischer Angriff aber nicht mehr möglich ist, weil die beidseitige Offensivschwäche beidseitige (strukturelle Angriffsunfähigkeit garantiert, so wird Rüstung - auch die deutsche - überflüssig. Der offensive Einsatz von Streitkräften und Waffen ist faktisch nicht mehr realisierbar; der defensive Einsatz auch theoretisch nicht mehr wahrscheinlich. Ist Rüstung aber militärisch funktionslos, so wird Abrüstung - zumindest bezogen auf das Regime Gemeinsamer Sicherheit - möglich.

Spätestens mit Beginn der erwähnten Wiener Verhandlungen über Konventionelle Streitkräfte in Europa (VKSE) im März 1989 haben sich die Staaten der beiden Pakte NATO und WVO der Logik dieser Überlegungen unterworfen: Ziel der VKSE ist es, die Stabilität und Sicherheit in Europa durch den Abbau von Ungleichgewichten (Asymmetrien), ferner durch Abrüstung, Rüstungsbegrenzungen und Umdislozierungen sowie insbes. durch die Beseitigung von Angriffsfähigkeiten zu festigen. Teilnehmer der VKSE sind die Mitgliedstaaten der NATO und WVO. Verhandlungsgebiet ist das Landterritorium aller Teilnehmer in Europa vom Atlantik bis zum Ural und zum Kaspischen Meer, einschließlich aller europäischen Inseln (mit Ausnahme eines schmalen Landstreifens im Südosten der Türkei gegenüber Iran, Irak und Syrien). Gegenstand von VKSE sind die auf Land stationierten konventionellen Streitkräfte. Entsprechend umfassen die Wiener Verhandlungen alle konventionellen Streitkräfte der vormals inkl. der DDR 23, heute 22 Teilnehmerstaaten in Europa, d.h. einheimische Streitkräfte ebenso wie ausländische.

Ein erstes Ergebnis der als VKSE I umschriebenen Verhandlungsrunden brachte der am 19. November 1990 abgeschlossene Vertrag. Er sieht eine Begrenzung bzw. Reduzierung der Potentiale sowohl der NATO als auch der WVO in einem Zeitraum von 40 Monaten auf 20 000 Kampfpanzer, 30 000 gepanzerte Kampffahrzeuge, 20 000 Artilleriewaffen, 6 800 Kampfflugzeuge und 2 000 Abgriffshubschrauber, gestaffelt in jeweils vier Zonen, vor (vgl. Schaubild Nr. 9). Nehmen sich

Schaubild Nr. 9: VKSE – Ergebnisse 1990

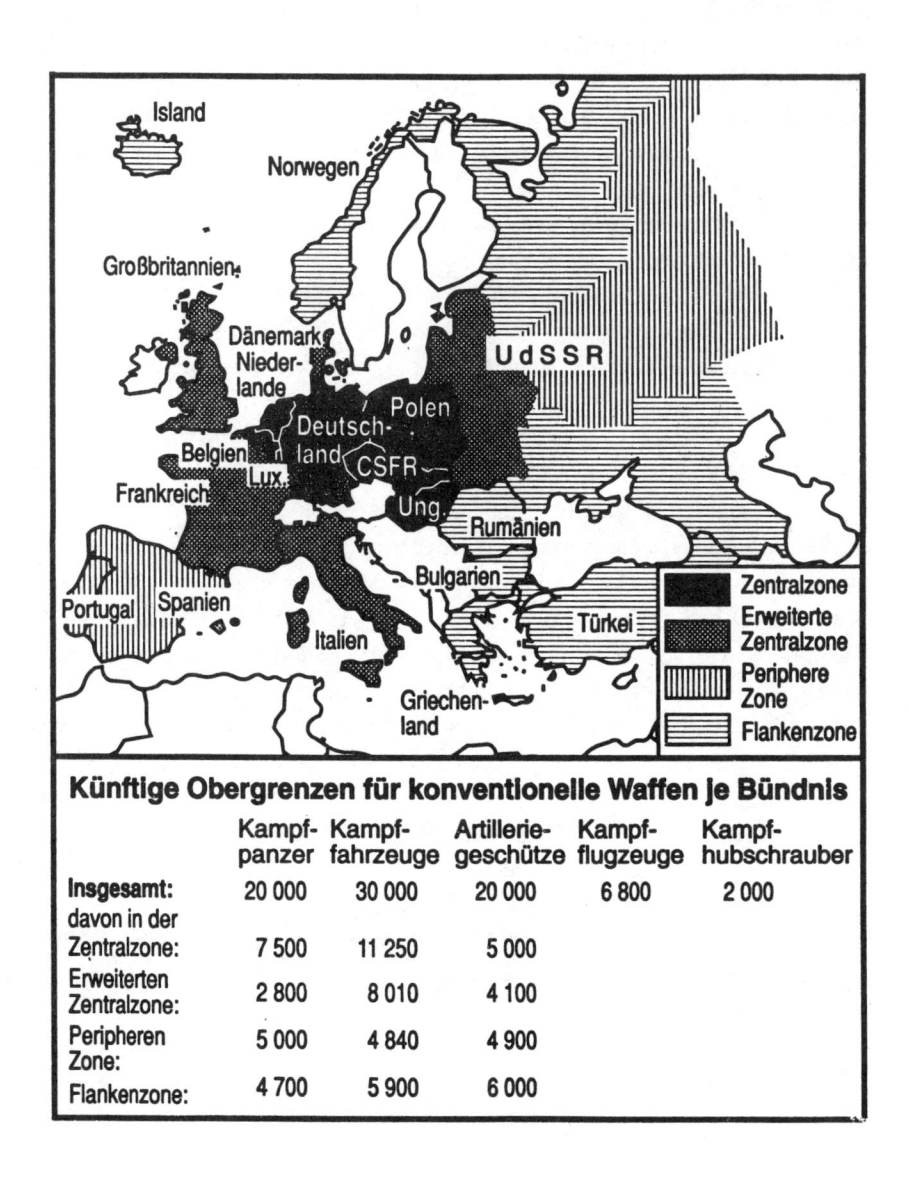

Künftige Obergrenzen für konventionelle Waffen je Bündnis

	Kampf-panzer	Kampf-fahrzeuge	Artillerie-geschütze	Kampf-flugzeuge	Kampf-hubschrauber
Insgesamt:	20 000	30 000	20 000	6 800	2 000
davon in der Zentralzone:	7 500	11 250	5 000		
Erweiterten Zentralzone:	2 800	8 010	4 100		
Peripheren Zone:	5 000	4 840	4 900		
Flankenzone:	4 700	5 900	6 000		

Quelle: Das Parlament Nr. 49 vom 40. November 1990, S. 2.

die Reduzierungen auf westlicher Seite, insbes, bei der Bundeswehr auch mehr als bescheiden aus (vgl Schaubild Nr. 10), so kann doch zumindest für die WVO von tiefen Einschnitten in das offensivfähige Potential gesprochen werden. Bei den Kampfpanzern z.B. betragen sie nahezu 50 Prozent (vgl. auch Schaubild Nr. 11).

4.3. Zur Gefahrenvorsorge[83]

Kann aus den knapp skizzierten Rüstungskontrollentwicklungen einerseits und den dargelegten Veränderungsprozessen in der WVO und in der Sowjetunion andererseits bereits auf grundlegende Strukturveränderungen des Internationalen Systems geschlossen werden, die es rechtfertigen, schon heute von der endgültigen Beseitigung der Institution Krieg und von der Bildung einer stabilen Friedensordnung "auf Dauer" zu sprechen? Zweifel sind angebracht: Trotz VKSE existieren in Ost- und Westeuropa zumindest vorerst auch weiterhin Zehntausende von offensivfähigen Großgeräten und stehen Millionen von Soldaten unter Waffen. Darüber hinaus sind auch in den vergangenen Jahren neue Rüstungstechnologien erforscht (z.B. für den Weltraum) oder neue Waffen produziert worden (z.B. binäre Gase). Und trotz Abrüstungsverträgen und -verhandlungen haben allein die Supermächte Tausende neuer strategischer Waffen stationiert (vertikale Proliferation) und nimmt darüber hinaus die Zahl der tatsächlichen oder potentiellen Atomwaffenbesitzer ständig zu (horizontale Proliferation) (vgl. auch Schaubild Nr. 12). Ähnliches

---

83 Vgl. zum folgenden: Lutz, Dieter S., Bd. V, a.a.O. (Anm. 75); Lutz, Dieter S., Bd. VI, a.a.O. (Anm. 1), Abschn. 5; ferner u.a.: Unsere Gemeinsame Zukunft. Der Brundtland-Bericht der Weltkommission für Umwelt und Entwicklung, Deutsche Ausgabe, hrsgg. von Volker Hauff, Greven 1987 (das nachfolgende Zitat des Brundtlands-Reports ist in der deutschen Ausgabe auf S. 8 zu finden); Stiftung Entwicklung und Frieden (SEF) (Hrsg.), Gemeinsam überleben. Wirtschaftliche und politische, ökologische und soziale Ansätze zur Überwindung globaler Probleme, Bonn-Bad Godesberg 1988; Wöhlke, Manfred, Umweltzerstörung in der Dritten Welt, München 1987; Überlebenslesebuch. Wettrüsten, Nord-Süd-Konflikt, Umweltzerstörung, Reinbek bei Hamburg 1983; Krusewitz, Kurt, Umweltbericht, Königstein/Ts. 1985; Westing, Arthur H. (Ed.), Cultural Norms, War and the Environment, Oxford 1988; Bayertz, Kurt, GenEthik, Reinbek bei Hamburg 1987; Kohler-Koch, Beate (Hrsg.), Technik und internationale Politik, Baden-Baden 1986; Beck, Ulrich, Risikogesellschaft, Frankfurt a.M. 1986; Meyer-Abich, Klaus Michael/Schefold, Bertram, Die Grenzen der Atomwirtschaft, München 1986; Das Ende der Geduld. Carl Friedrich von Weizsäckers "Die Zeit drängt" in der Diskussion, München/Wien 1987; Flechtheim, Ossip K., Ist die Zukunft noch zu retten?, Hamburg 1987; vgl. ferner u.a. die Jahrbücher des Stockholm International Peace Research Institute (SIPRI), zuletzt: SIPRI Yearbook 1990, World Armaments and Disarmament, Stockholm 1990; ferner: Gantzel, Klaus Jürgen/Siegelberg, Jens (Bearbeiter), Die Kriege der Jahre 1985-1990, Arbeitspapiere der AKUF (Arbeitsgemeinschaft Kriegsursachenforschung) Nr. 43, Hamburg, April 1990; Lindgren, Göran, World Data in Figures, Research Information No. 5, Department of Peace and Conflict Research, Uppsala University, Uppsala 1990.

Schaubild Nr. 10:

Obergrenzen und Reduzierungsforderung für die Bundeswehr				
	Bisheriger Bestand Bw (West)	Bestand einschl. NVA-Gerät	Obergrenze gem. VKSE	Notwendige Reduzierung
Kampfpanzer	5.061	7.133	4.166	2.967
Gepanzerte Kampffahrzeuge	3.440	9.598	3.446	6.152
Artilleriegeschütze	2.487	4.644	2.707	1.937
Kampfflugzeuge	811	1.064	900	164
Kampfhubschrauber	307	357	306	51

Schaubild Nr. 11:

Bestände Reduzierungen Gesamteuropa Bestände/Reduzierungen Kategorie							
	Bestände		Ober- grenzen	Reduzierungen			
	Nato	WP		Nato	%	WP	%
Kampfpanzer	26.300	37.700	20.000	6.300	24	17.700	47
gepanzerte Kampffahrzeuge	34.900	47.000	30.000	4.900	14	17.000	36
Artillerie	20.800	26.700	20.000	800	4	6.700	25
Huschrauber	2.300	2.800	2.000	300	13	800	29
Kampfflugzeuge	6.300	9.500	6.800	–	–	2.700	29

Quelle: Soldat und Technik 12/1990, S. 860, 861.

Schaubild Nr. 12:

Verbreitung von Nuklearwaffen (Stand 1989 - 1990)

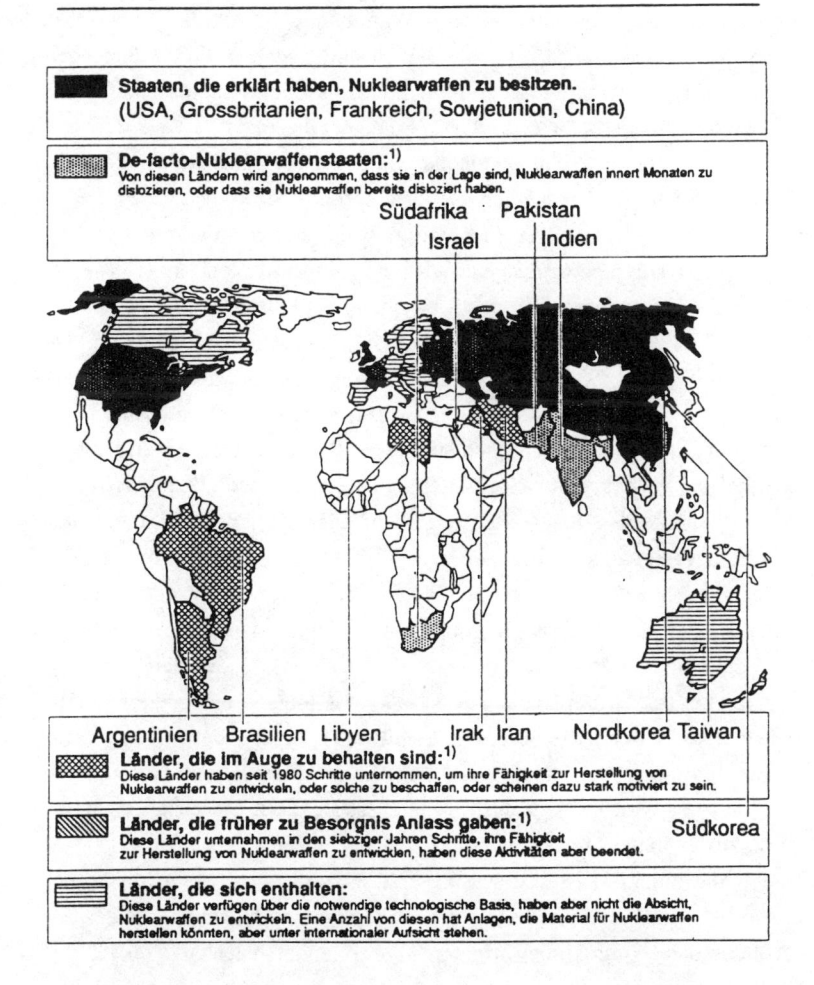

Staaten, die erklärt haben, Nuklearwaffen zu besitzen.
(USA, Grossbritanien, Frankreich, Sowjetunion, China)

De-facto-Nuklearwaffenstaaten:[1]
Von diesen Ländern wird angenommen, dass sie in der Lage sind, Nuklearwaffen innert Monaten zu dislozieren, oder dass sie Nuklearwaffen bereits disloziert haben.

Südafrika   Pakistan
Israel   Indien

Argentinien   Brasilien   Libyen   Irak   Iran   Nordkorea   Taiwan

Länder, die im Auge zu behalten sind:[1]
Diese Länder haben seit 1980 Schritte unternommen, um ihre Fähigkeit zur Herstellung von Nuklearwaffen zu entwickeln, oder solche zu beschaffen, oder scheinen dazu stark motiviert zu sein.

Länder, die früher zu Besorgnis Anlass gaben:[1]   Südkorea
Diese Länder unternahmen in den siebziger Jahren Schritte, ihre Fähigkeit zur Herstellung von Nuklearwaffen zu entwickeln, haben diese Aktivitäten aber beendet.

Länder, die sich enthalten:
Diese Länder verfügen über die notwendige technologische Basis, haben aber nicht die Absicht, Nuklearwaffen zu entwickeln. Eine Anzahl von diesen hat Anlagen, die Material für Nuklearwaffen herstellen könnten, aber unter internationaler Aufsicht stehen.

[1] Diese Angaben werden von einzelnen Staaten bestritten.

Quelle: Leonard S. Spector, with Jacqueline R. Smith: Nuclear Ambitions: The Spread of Nuclear Weapons 1989-1990. Boulder, CO: Westview Press 1990

hier entnommen aus: Eidgenössisches Militärdepartement, Informationen und Daten zur Sicherheitspolitik, 1990, S. 15.

gilt im übrigen auch für die Verbreitung von chemischen Waffen (vgl. Schaubild Nr. 13) und den Besitz ballistischer Raketen (vgl. Schaubild Nr. 14). Ferner ist weltweit in über 60 Prozent der Länder das Rüstungsbudget gestiegen und auf ca. 40 Kriegsschauplätzen wurden und werden Waffen und Streitkräfte eingesetzt. Noch immer also sind weder das globale Wettrüsten noch die Gefährdung des Friedens durch Krieg bewältigt, machen regionale Konflikte, darunter zunehmend auch ethnische Konflikte (vgl. Schaubild Nr. 15), ferner die Eigendynamik der vielfältigen Rüstungswettläufe und immer neue Militärtechnologien konventionelle, aber auch atomare Kriege denkmöglich, die - wie bereits betont - beabsichtigt oder wider Willen, bewußt oder aus Versehen, vorbeugend oder reaktiv, in jedem Fall aber mit dem Risiko *grenzüberschreitender* Wirkung geführt werden.

Frieden ist darüber hinaus nicht nur das Schweigen der Waffen, sondern auch der Prozeß, der im Zusammenleben der Völker Gewalt, Ausbeutung, Hunger und Unterdrückung beseitigt und die natürlichen Lebensgrundlagen bewahrt bzw. wiederherstellt. Nach wie vor stehen jedoch in der Dritten Welt Massenarmut und Massenelend auf der Tagesordnung. Jährlich sterben Millionen Menschen an Hunger und seinen Folgen, verknappen weiterhin Ressourcen, veröden Weide-, Wiesen- und Anbauflächen, werden Kriege geführt. Nicht auszuschließen ist auf Dauer, daß einer dieser regionalen Kriege den grenzüberschreitenden Zündfunken für einen künftigen Weltkrieg auch unter Beteiligung der Supermächte oder anderer europäischer Staaten in sich birgt. Aber auch ohne offenen Ausbruch eines Weltkrieges sind die globalen grenzüberschreitenden Gefahren, die aus der Gewalt in Form der Armut in der Dritten Welt resultieren, nicht länger zu leugnen: Das Abholzen der Wälder in der Dritten Welt hat weltweit tiefgreifende Folgen für die Umwelt; der Mißbrauch von Chemikalien kehrt in den Lebens- und Konsummitteln aus der Dritten Welt in die Industriestaaten zurück; das Sicherheitsrisiko ziviler Kernreaktoren in der Dritten Welt tragen alle.

Insbesondere "die immer krasser zutage tretende Ökologiekrise stellt für die nationale Sicherheit - ja für das nationale Überleben - unter Umständen eine größere Bedrohung dar als ein gutbewaffneter, übelwollender Nachbar oder feindliche Militärbündnisse" (Brundtland-Report). Die zunehmenden Umweltkatastrophen sind keine "Natur"-Katastrophen im herkömmlichen Sinne mehr, sondern grenzüberschreitende Folgen einer falschen Politik. Ein weltweiter Umweltkollaps zeichnet sich bereits heute ab: Die Trinkwasserversorgung wird schlechter. Die Wälder sterben. Der schützende Ozonschild der Erde schwindet. Der saure Regen vernichtet sowohl Pflanzen als auch das Leben in den Gewässern; zugleich zerstört er das künstlerische und architektonische Erbe der Menschheit. Der Kohlendi-

Schaubild Nr. 13:

Verbreitung von C-Waffen (Stand 1989)

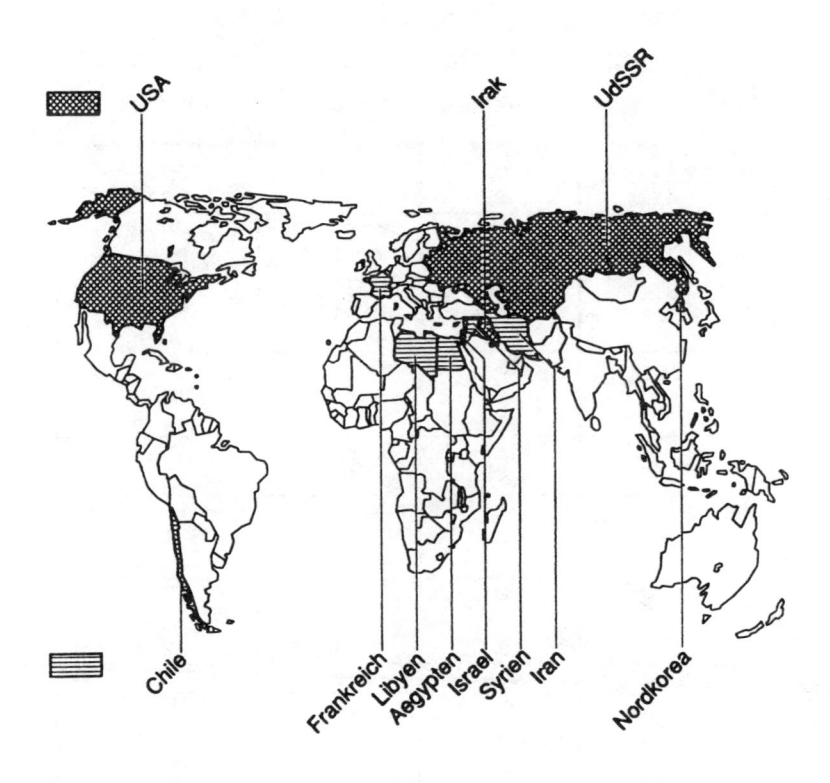

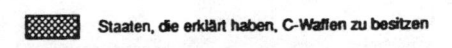

Staaten, die erklärt haben, C-Waffen zu besitzen

Potentielle C-Waffen-Staaten
(Diese Angaben werden von einzelnen betroffenen Staaten bestritten)

Quelle: Arms Control Reporter, Juli 1989

hier entnommen aus: a.a.O. (Schaubild Nr. 12), S. 16.

Schaubild Nr. 14:

In der Dritten Welt stationierte ballistische Boden-Boden-Raketen (Stand 1990)

Staat	Anzahl	System	Reichweite
Aegypten	4	Frog-7	70 km
	9	Scud-B	280 km
Iran	?	Scud	280 km
	?	Iran-130	160 km
	?	Oghab	45 km
	?	Nazeat	120 km
	?	Shahin 2	60 km
Irak	50	Frog-7	70 km
	36	Scud-B	280 km
	10	Husayn	650 km
Israel	12	Lance	120 km
	100	Jericho 1/2	480/750 km
Jemen	12	SS-21	120 km
	12	Frog-7	70 km
	6	Scud-B	280 km
Kuwait	12	Frog-7	70 km
Libyen	40	Frog-7	70 km
	80	Scud-B	280 km
Saudi-Arabien	30	CSS-2	2200 km
Syrien	18	Frog-7	70 km
	18	SS-21	120 km
	18	Scud-B	280 km
	?	SS-C-1B	450 km
Afghanistan	>2	Scud	280 km
Nordkorea	54	Frog-5/-7	50/70 km
	15	Scud-B	280 km
Südkorea	12	Honest John	37 km
Pakistan	?	Hatf-1/-2	80 km
Taiwan	?	Hsiung Feng	100 km

Quelle: IISS, The Military Balance 1990-1991

hier entnommen aus: a.a.O. (Schaubild Nr. 12), S. 13.

Schaubild Nr. 15:

Nationalitäten-, Minoritäten- und Grenzkonflikte in Europa (Stand 1990)

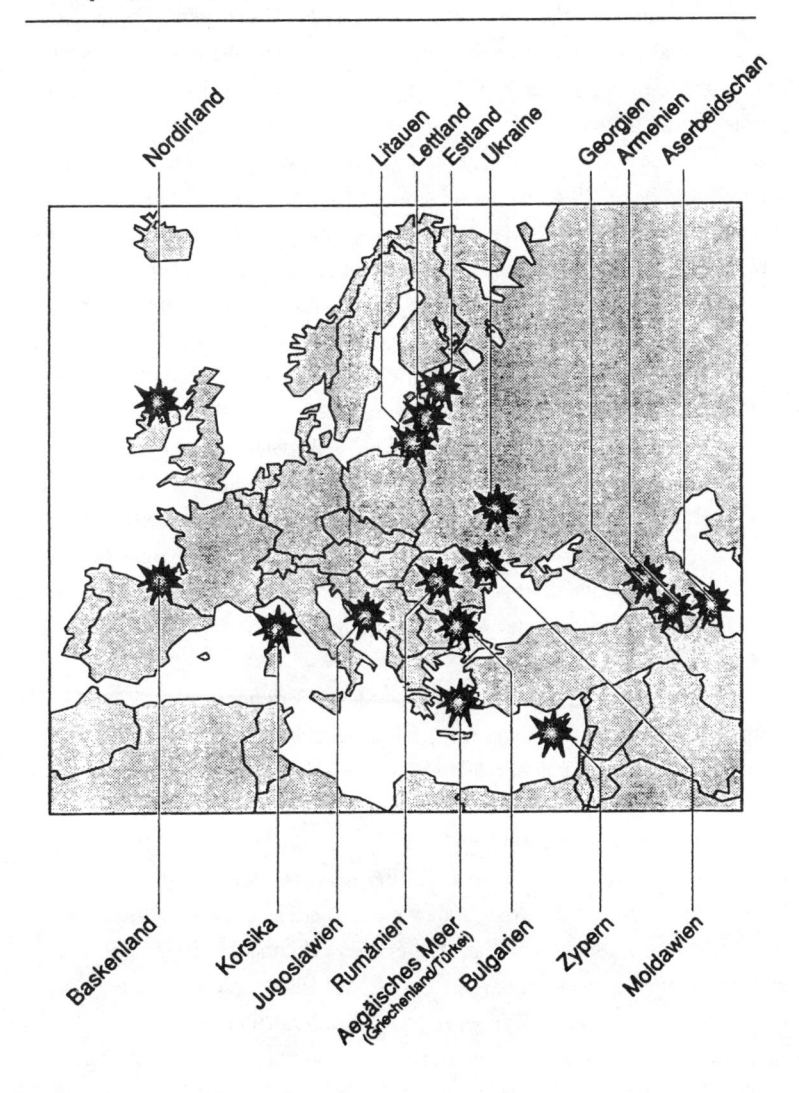

Nordirland — Litauen — Lettland — Estland — Ukraine — Georgien — Armenien — Aserbeidschan

Baskenland — Korsika — Jugoslawien — Rumänien — Aegäisches Meer (Griechenland/Türkei) — Bulgarien — Zypern — Moldawien

Quelle: a.a.O. (Schaubild Nr. 12), S. 9.

oxyd-Anteil in der Luft steigt. Das Klima verändert sich (vgl. Schaubild Nr. 16). Böden verarmen und veröden, Wüsten dehnen sich aus. Das Artensterben nimmt rapide zu. Giftige Chemikalien und Abfallprodukte führen zu kaum lösbaren Altlast-, Entsorgungs- und Endlagerungsproblemen usw. Aber nicht genug: Auch "Umweltkriege" sind künftig nicht auszuschließen, sei es als Kriege *gegen* Verursacher (drohender) Umweltkatastrophen, sei es als Aggressionen *mit* Hilfe auch umweltvernichtender Kampfmittel.

Die Bewältigung eines Großteils der genannten Gefährdungen wird von der Wissenschaft, nicht von der Politik erwartet. Neue Technologien sollen die Zukunft sichern. Gerade die grenzüberschreitenden *Gefahren* und Risiken, die wiederum mit diesen Technologien verbunden sind bzw. von ihnen erzeugt werden, lassen erhebliche Zweifel an deren "Friedensverträglichkeit" aufkommen: Die Weltraumforschung kann der Menschheit neue Dimensionen eröffnen, aber auch für die Erlangung von Erstschlagsfähigkeiten mißbraucht werden. Die Atomtechnologie kann das Problem der Energieversorgung lösen, birgt aber Gefahren in sich, die noch weit über "Tschernobyl" hinausgehen. Die Mikroelektronik kann das Arbeitsleben erleichtern, aber auch Kriege führbar erscheinen lassen. Die Informationstechnologien können der nationalen und internationalen Kooperation dienen, aber auch zum Überwachungsstaat führen. Die Gentechnologie kann international Krankheiten und Hunger beseitigen helfen, aber auch zur bewußten oder ungewollten Manipulation der Menschen und nicht zuletzt zur Vernichtung der menschlichen Rasse selbst führen.

Angesichts der feststellbaren oder sich abzeichnenden Friedensgefährdungen sind alle Völker und Staaten, auch solche mit gegensätzlichen Ordnungen, Ideologien, Religionen, Interessen, etc. bei der Sicherung des Überlebens auf Partnerschaft angewiesen. Die gemeinsamen grenzüberschreitenden Gefährdungen, Verletzlichkeiten, Verflechtungen und Abhängigkeiten machen neue Regeln des Zusammenlebens unerläßlich. Erforderlich ist eine *Ordnung des Gemeinsamen Friedens*, die sich als beständiger Prozeß der umfassenden Verwirklichung demokratischer Strukturen und ökologischer Lebensweisen versteht, ferner die Autonomie und die eigenen Interessen der Völker des Südens anerkennt und eine partnerschaftliche, gleichberechtigte Kooperation unter allen Völkern ermöglicht.

Eine solchermaßen verwirklichte Ordnung des Gemeinsamen Friedens (vgl. bereits Abschn. 2.4 und 3.4) hat akzeptiert, daß die einzige zivilisierte Form von Sicherheitspolitik die der zivilen Interaktion und Kooperation gleichberechtigter Partner ist; für Streitkräfte und Rüstung hat sie also keine Verwendung. Solange aber die angeführten Gefahren und Risiken drohen bzw. eine Ordnung des

Schaubild Nr. 16:

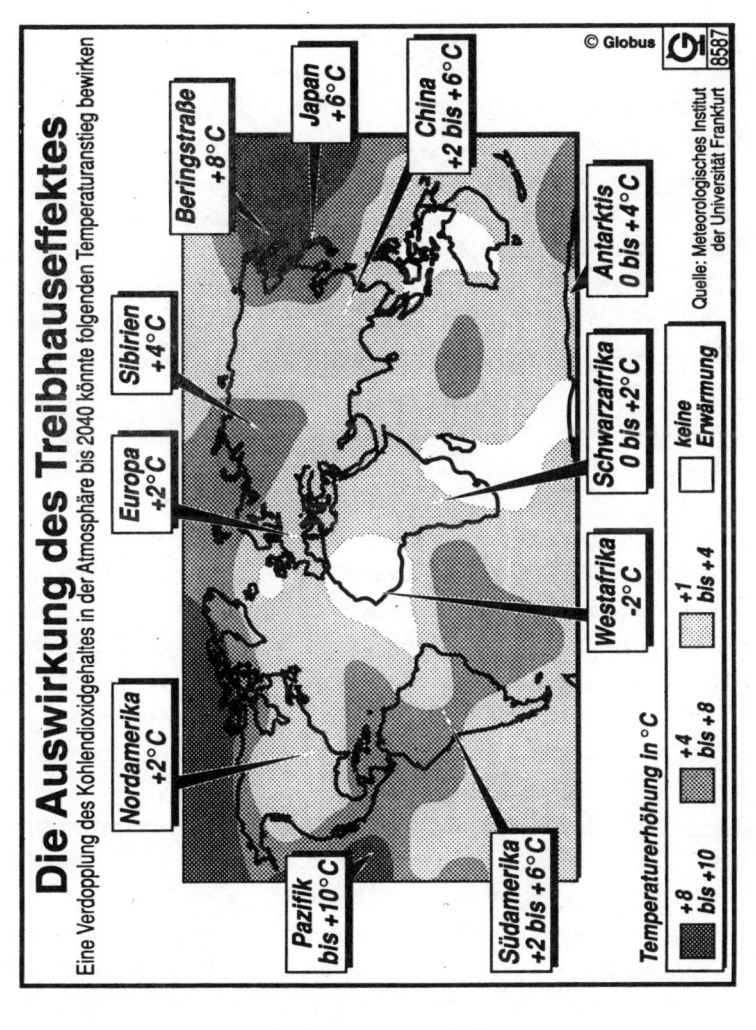

Die Auswirkung des Treibhauseffektes
Eine Verdopplung des Kohlendioxidgehaltes in der Atmosphäre bis 2040 könnte folgenden Temperaturanstieg bewirken

Nordamerika +2°C
Europa +2°C
Sibirien +4°C
Beringstraße +8°C
Japan +6°C
China +2 bis +6°C
Antarktis 0 bis +4°C
Schwarzafrika 0 bis +2°C
Westafrika -2°C
Südamerika +2 bis +6°C
Pazifik bis +10°C

Temperaturerhöhung in °C: +8 bis +10 | +4 bis +8 | +1 bis +4 | keine Erwärmung

© Globus 8587

Quelle: Meteorologisches Institut der Universität Frankfurt

Quelle: Das Parlament Nr. 45 vom 2. November 1990, S. 3.

Gemeinsamen Friedens noch nicht einmal wissenschaftlich ausreichend durchdacht, geschweige denn verwirklicht ist, werden die Völker und Staaten kaum bereit sein, militärischer Vorsorge gänzlich abzuschwören. Mit Blick auf die bisherige Praxis kann kaum geleugnet werden, daß selbst die wenigen Staaten, die aus den unterschiedlichsten Gründen gegenwärtig keine eigene Armee besitzen, nicht völlig auf eine militärische oder quasi-militärische Rückversicherung verzichten wollen. Costa Rica z.B. hat das Militär abgeschafft, besitzt aber starke Polizeitruppen. Japan darf laut Verfassung keine Streitkräfte aufstellen, unterhält aber sog. Selbstverteidigungskräfte. Und auch Island, das selbst kein Militär besitzt, hat sich und sein Territorium der NATO auf Gegenleistung zur Verfügung gestellt.

Was folgt aus diesen Überlegungen für Existenz, Umfang und Ausrüstung von (nicht zuletzt deutschen) Streitkräften? Unterstellt, der bisherige Umfang und die bisherige Ausstattung der Streitkräfte der NATO, inkl. derjenigen der Bundesrepublik, waren mit Blick auf den Ost-West-Konflikt "außengeleitet", d.h. bedrohungsadäquat und damit gerechtfertigt und erforderlich: Abrüstung wird dann in dem Maß möglich, ja nötig, in dem (wie gegenwärtig) die Bedrohung sinkt, der Konflikt abnimmt, die gegnerische Organisation sich auflöst, d.h. in dem die "Außenleitung" schwindet. Was folgt umgekehrt aus der Logik dieser Aussagen mit Blick auf die neuen grenzüberschreitenden Gefahren und Risiken? Abrüstungsstopp? Aufrüstung gar? Oder doch Rüstungsreduzierung, wenn auch begrenzt? Und was heißt dies konkret, bezogen auf Zahlen für die deutschen Streitkräfte, z.B. im Jahre 2 000?

Weniger noch als der Ost-West-Konflikt der vergangenen Jahre lassen sich die möglichen Gefahren des Jahres 2 000 in ihrem Ausmaß quantitativ bestimmen. Kann aber ein konkreter Feind in Zukunft nicht oder nicht mehr ausgemacht werden, so ist Sicherheitspolitik nicht länger quantifizierbare Militärpolitik, wird in Zukunft vielmehr abstrakte Vorsorgepolitik unter Nutzung auch militärischer Mittel. Die Antworten auf die gestellten Fragen können deshalb nur aus den politischen und konzeptionellen Überlegungen für ein zukünftiges Sicherheitssystem abgeleitet werden, das die gegenwärtigen Militärpakte ablöst, besser: ablösen sollte.

5. Zum System Kollektiver Sicherheit in und für Europa[84]

Gemeinsame Sicherheit ist die konzeptionelle und politische Alternative zur Abschreckung. Ihr liegt die Einsicht zugrunde, daß Sicherheit nicht mehr gegeneinander, sondern nur noch miteinander zu haben ist (vgl. Abschn. 2). Ihre konzeptionelle Funktion hat Gemeinsame Sicherheit erfüllt, wenn die Abschreckung überwunden und die Ablösung der Pakte und Blöcke erreicht ist. Gemeinsame Sicherheit ist insofern ein Regime des Übergangs (vgl. Abschn. 4).

Die Einsicht, die zur Gemeinsamen Sicherheit führt, besitzt gleichwohl auch weiterhin Gültigkeit. Grenzüberschreitende Gefahren, seien es militärische, seien es ökonomische, ökologische oder technologische, wie sie in Abschn. 4.3. erwähnt wurden, bedürfen auch nach Überwindung des Ost-West-Konflikts und nach Ablösung der Pakte der (Einsicht zur) grenzüberschreitenden partnerschaftlichen Kooperation. Mehr noch: Gemeinsame Sicherheit zielt als Übergangskonzept auf die Bewältigung der Bedrohung und Gefährdung des Friedens "lediglich" *im Frieden*. Muß aber, was als Überlegung für den Normalfall, sprich: Frieden gilt, nicht erst recht für den Ernstfall, d.h. im Krisen- und Kriegsfall, Gültigkeit besitzen? Nukleare Strahlung kennt weder staatliche noch zeitliche Grenzen. Die Rationalität, die in der "gemeinsamen" Bewältigung von Gefahren liegt, endet deshalb nicht, wenn der Ernstfall eintritt. Im Gegenteil: Als Ansatz zur Bewältigung von Konflikten muß sich die Idee der "Gemeinsamen Sicherheit" gerade im Konfliktfall bewähren. Konsequent zu Ende gedacht, führt "Gemeinsame Sicherheit" somit langfristig zu einem System Kollektiver Sicherheit". M.a.W.: In der Logik des Übergangskonzepts von Gemeinsamer Sicherheit liegt Kollektive Sicherheit, oder umgekehrt: Kollektive Sicherheit im Nuklearzeitalter hat Gemeinsame Sicherheit zur Voraussetzung.[85]

---

84 Vgl. zu folgendem: Lutz, Dieter S., Bd. VI, a.a.O. (Anm. 1), Abschn. 6.
85 Vgl.: Lutz, Dieter S., a.a.O. (Anm. 28), S. 75 ff.; ferner oben These 10 in Abschn. 2.3.

5.1. Zu den Definitionsmerkmalen Kollektiver Sicherheit[86]

Was Kollektive Sicherheit beinhaltet, ist nicht gänzlich neu. Zumindest findet sich die Idee der "Kollektiven Sicherheit" seit langem in einer Reihe von Verträgen und Rechtsnormen. Zu ihnen gehören die Art. 52 ff. der Charta der Vereinten Nationen, der Art. 11 des Paktes der WVO, aber auch Art. 24 des Grundgesetzes der Bundesrepublik Deutschland.

Neben der Gemeinsamen Sicherheit ist Kollektive Sicherheit insbesondere von einer weiteren - zumindest auf den ersten Blick - terminologisch ähnlichen Konzeption zu unterscheiden: der Konzeption "Kollektiver Verteidigung". Während Gemeinsame Sicherheit allein auf die Bewältigung der Bedrohung und Gefährdung des Friedens im Frieden abzielt, gehen "Kollektive Sicherheit" und "Kollektive Verteidigung" einen entscheidenden Schritt weiter: Beide letztgenannten begreifen auch die Friedenserhaltung bzw. -wiederherstellung im Konflikt- bzw. Kriegsfall (unter Einschluß kollektiver militärischer Maßnahmen gegen Friedensbrecher) als gemeinsames Problem. Anders als die herkömmlichen Systeme *"Kollektiver Selbstverteidigung"* in Form von Militärallianzen (z.B. NATO, WVO[87]) kann und darf sich das System Kollektiver Sicherheit (SKS) aber nicht nur gegen einen oder gegen bestimmte potentielle Angreifer richten. Ferner verpflichten sich die Mitglieder des Kollektiven Sicherheitssystems ausdrücklich zum

---

86 Vgl. zu folgendem: Lutz, Dieter S., Bd. VI, a.a.O. (Anm. 1), Abschn. 6; ferner: Kimminich, Otto, Was heißt Kollektive Sicherheit?, in: Lutz, Dieter S. (Hrsg.), Kollektive Sicherheit in und für Europa - Eine Alternative?, Baden-Baden 1985, S. 47-63; Raichle, Gerhart, Kollektivsicherheit und Aggressionsbegriff. Begriffswandel und Funktion des Konzepts der Kollektiven Sicherheit in Theorie und Praxis der Vereinten Nationen, Diss. phil. Tübingen 1972; Claude, Inis L., Power and International Relations, New York 1962; ders., Swords into Ploughshares. The Problems and Progress of International Organization, New York 1971; Meyn, Karl-Ulrich, Das Konzept der kollektiven Sicherheit, in: Schwarz, Klaus-Dieter, Sicherheitspolitik. Analysen zur politischen und militärischen Sicherheit, Bad Honnef-Erpel 1978, S. 111-129; Scheuner, Ulrich, Kollektive Sicherheit, in: Wörterbuch des Völkerrechts, Bd. 2, Berlin 1961, S. 242-254; Kimminich, Otto, Gesamteuropäisches Sicherheitssystem und Vereinte Nationen, in: Amerongen, Otto Wolff von (Hrsg.), Rechtsfragen der Integration und Kooperation in Ost und West, Berlin 1976, S. 335-349, und ders., Kollektive Sicherheit auf globaler und regionaler Ebene, in: Festschrift für Friedrich Berber zum 75. Geburtstag, hrsgg. von Dieter Blumenwitz und Albrecht Randelzhofer, München 1973, S. 217-246; Lachs, Manfred, Die kollektive Sicherheit. Das System der kollektiven Sicherheit und die Frage der Gewährleistung der Sicherheit der Welt, Berlin (DDR) 1956.

87 Irrigerweise gehen Autoren wie Franz-Joseph Schulze davon aus, daß die NATO bereits ein System Kollektiver Sicherheit sei - vgl.: Schulze, Franz-Joseph, Die NATO "ist" ein System Kollektiver Sicherheit, in: Lutz, Dieter S. (Hrsg.), Kollektive Sicherheit in und für Europa, ebda, S. 379-385; zu jüngsten Äußerungen vgl. u.a.: NATO: Still the Best Guarantee of Collective Security?, in: Jane's Defence Weekly, 14 July 1990, S. 50.

automatischen Beistand untereinander; und schließlich tritt die Schutzwirkung des Systems unabhängig davon ein, ob ein Nicht-Mitglied der Aggressor ist oder ein Mitgliedstaat.

Der Friedensbegriff, der dem Konzept Kollektiver Sicherheit zugrunde liegt, ist eindeutig ein negativer im Sinne der Abwesenheit von Krieg: Das Instrument Kollektive Sicherheit soll - je nach Perspektive - "lediglich" oder "ausschließlich" Krieg verhüten bzw. Krieg beenden. Die Herstellung eines "positiven Friedens"[88] im Sinne der Abwesenheit von struktureller Gewalt bzw. der Schaffung sozialer Gerechtigkeit bleibt somit dem übergreifenden Konzept des Gemeinsamen Friedens vorbehalten (vgl. Abschn. 4.3.). Gerade in dieser Beschränkung auf ein "negatives" Verständnis von Frieden liegt aber die Stärke der Kollektiven Sicherheit: Unbeschadet aller Gegensätze und Konflikte soll Krieg als Mittel der Politik gemeinsam geächtet, verhütet und gegebenenfalls aktiv durch kollektive Maßnahmen beendet werden.

Das Spektrum solcher möglicher Aktivitäten und kollektiver Handlungen reicht von diplomatischen Maßnahmen über finanzielle und wirtschaftliche Sanktionen bis hin zu militärischen Schritten. Das Hauptziel ist eindeutig die Verhinderung eines Krieges: Jedem potentiellen Friedensbrecher soll glaubhaft signalisiert werden, daß das Risiko einer militärischen Aggression untragbar ist. Ähnlich dem System der Abschreckung durch Allianzen ist also auch das System Kollektiver Sicherheit zum einen keine pazifistische Konzeption (wenngleich sie auch pazifistische Elemente nicht völlig ausschließt). Die SKS-Mitglieder müssen vielmehr nach wie vor bereit sein - allerdings kollektiv -, in letzter Konsequenz auch militärische Abwehrmittel einzusetzen. Zum anderen strebt auch das SKS-Konzept - ähnlich wiederum dem Abschreckungssystem - Sicherheit durch Stabilität an. Doch während im bisherigen Abschreckungssystem Strategische Stabilität durch militärisches Gleichgewicht erreicht werden sollte, ja sogar in der Regel mit einem militärisch wie wissenschaftlich völlig unhaltbaren Gleichstand bloßer numerischer Größen verwechselt wurde[89], folgt das System Kollektiver Sicherheit radikal dem umgekehrten Prinzip: Sicherheit soll nicht nur auf der labilen Stabilität eines stets gefährdeten Gleichgewichts ruhen, sondern durch die Übermacht und überwäl-

---

88 Dazu vor allem: Galtung, Johan, Strukturelle Gewalt. Beiträge zur Friedens- und Konfliktforschung, Reinbek bei Hamburg 1975; Senghaas, Dieter (Hrsg.), Kritische Friedensforschung, Frankfurt a.M. 1971; ferner Lutz, Dieter S. "Positiver Frieden" als Verfassungsauftrag, in: Friedensanalysen Bd. 6, Frankfurt a.M. 1977, S. 178 ff.
89 Vgl. Lutz, Dieter S., Zur Methodologie militärischer Kräftevergleiche, IFSH-Forschungsberichte 24/1981; Lutz, Dieter S., Towards a Methodology of Military Force Comparisons, Baden-Baden 1986.

tigende Überlegenheit der friedliebenden Mitglieder des Systems garantiert werden.

5.2. Zur eurokollektiven Sicherheit[90]

Gerade in dieser Forderung nach Überlegenheit der friedliebenden Staaten liegt aber auch einer der wunden Punkte des Konzeptes Kollektiver Sicherheit: Was heißt Überlegenheit im Atomzeitalter? Läßt sich angesichts der (atomaren) Übertötungskapazitäten selbst einzelner Staaten das Postulat kollektiver Übermacht überhaupt noch erfüllen? Und umgekehrt: Wären Maßnahmen der Vergeltung, insbesondere mit nuklearen Massenvernichtungsmitteln gegen zivile Industrieansiedlungen und Bevölkerungszentren des Angreifers, noch mit der Abhaltestrategie eines SKS vereinbar? Würden sie nicht vielmehr dem kollektiven Charakter des SKS deutlich widersprechen und wären in der Logik nichts anderes als die Selbstvernichtung eines Teils der eigenen Bevölkerung sowie die Selbstzerstörung eines Teils des eigenen Territoriums?

Das relative Versagen der Idee der Kollektiven Sicherheit in den Vereinten Nationen ist sicherlich die beredte Antwort der vergangenen Jahrzehnte auf diese Fragen. Allerdings wäre es ebenso falsch, das bisherige Scheitern der SKS-Konzeption allein auf die "Überlegenheits"-Problematik zurückzuführen, wie es umgekehrt auch irrig wäre, von einem endgültigen Versagen der Idee zu sprechen. Im Gegenteil: Spätestens seit dem Ende des Ost-West-Konflikts ist von einer Stärkung der Vereinten Nationen und einer Renaissance der Kollektiven Sicherheit auszugehen. Belege hierfür sind z.B. die Einmütigkeit, mit der im Spätsommer 1990 die Völkergemeinschaft die Invasion Kuwaits durch den Irak verurteilt und der Sicherheitsrat der Vereinten Nationen Sanktionsmaßnahmen unter Androhung auch militärischer Mittel beschlossen hat (vgl. noch Abschn. 7.1.). Richtig ist gleichwohl, daß eine ganze Reihe von Streitpunkten schon vor dem Zweiten Weltkrieg die Wirksamkeit des damaligen Völkerbundes beeinträchtigt hat; auch nach 1945 verhinderten sie die Organisierung der militärischen Sicherheit in Form "Kollektiver Sicherheit" und führten nach dem Muster der "Selbstverteidigung" bzw. der "kollektiven Selbstverteidigung" zu Militärbündnissen. Zu diesen Problem-

---

90 Vgl. zu folgendem auch bereits die Aufsätze in: Lutz, Dieter S. (Hrsg.) Kollektive Sicherheit in und für Europa, a.a.O. (Anm. 86); ferner in: Vierteljahresschrift für Sicherheit und Frieden (S+F) 1/1984; vgl. auch: Ipsen, Knut, Ein europäisches kollektives Sicherheitssystem in: Ipsen, Knut/Fischer, Horst (Hrsg.), Chancen des Friedens, Baden-Baden 1986, S. 55-71; neuerdings auch: Senghaas, Dieter, Europa 2000, Frankfurt a.M. 1990, insbes. S. 39 ff.

punkten gehörten und gehören neben der Effektivität der Streitkräfte die Eindeutigkeit der Identifizierung des Aggressors, die Entscheidungs- und Handlungsfähigkeit von SKS-Organen (insbesondere von Generalsekretär und Sicherheitsrat), die Institutionalisierung einer obligatorischen Schiedsgerichtsbarkeit usw.[91]
Was also ist der Ausweg? Als eine Zwischenlösung auf dem Weg zu einem universalen System Kollektiver Sicherheit wurde bereits in den 50er Jahren die - im übrigen auch nach Grundgesetz und UNO-Charta zulässige - Möglichkeit regionaler Systeme Kollektiver Sicherheit diskutiert. Insbesondere die Sowjetunion legte mehrfach - mit Blick auf Europa - entsprechende Vorschläge vor. In der Bundesrepublik Deutschland selbst verband die oppositionelle Nachkriegs-SPD[92] für längere Zeit die Wiedervereinigungsfrage mit dem SKS-Konzept - ein Konnex, der Anfang der 90er Jahre aktueller ist als je zuvor.
Allerdings waren und sind auch die Vorschläge zur Bildung regionaler Systeme noch immer mit den grundlegenden Problemen der Realisierung Kollektiver Sicherheit konfrontiert. Doch sind diese Probleme - weil eben auf einen begrenzten Raum ausgerichtet - nicht nur besser überschaubar, sondern auch in politisch-programmatischer Hinsicht leichter zu handhaben. Und schließlich liegt spätestens seit den Diskussionen um Gemeinsame Sicherheit und Strukturelle Angriffsunfähigkeit eine Reihe von allseitig akzeptierten Einsichten und Erkenntnissen vor, die als Charaktermerkmale Gemeinsamer Sicherheit Eingang auch in die Gestaltung Kollektiver Sicherheit finden müssen.
Wenn es richtig ist, daß die logische und konsequente Fortführung des Grundgedankens "Gemeinsamer" Sicherheit das System "Kollektiver" Sicherheit bildet, so dürfen z.B. Begriffe wie Übermacht und Überlegenheit nicht länger im herkömmlichen Sinne und damit falsch verstanden werden. "Überlegenheit" im System Kollektiver Sicherheit bleibt ähnlich dem Regime Gemeinsamer Sicherheit "Verteidigerüberlegenheit". Zwar kann auch ein System Kollektiver Sicherheit die Möglichkeiten des Machtmißbrauchs nicht völlig ausschließen, insbesondere solange es nicht global verwirklicht ist. Ein lediglich regionales System - etwa in Europa - ist sicherlich stets der Gefahr und der Versuchung ausgesetzt, auch unter neuem Etikett alte Paktpolitik nach außen, d.h. gegenüber Nicht-Mitgliedern, zu betreiben. Im Extremfall würde das die Existenz einer dritten Supermacht neben

---

91 Zur Kritik Kollektiver Sicherheit vgl. stellvertretend: Zellentin, Gerda, Zur Brauchbarkeit des Systems Kollektiver Sicherheit (SKS) für die Friedenssicherung in Europa, in: Lutz, Dieter S. (Hrsg.), ebda, S. 327 - 337;
92 Vgl.: Böge Volker, "... nicht frei zu Bündnissen, sondern frei von Bündnissen" - SPD und Kollektive Sicherheit für Europa in den Fünfziger Jahren, in: Lutz, Dieter S. (Hrsg.), ebda, S. 82 - 97.

den beiden Weltmächten USA und UdSSR bedeuten. Doch ist eine solche Gefahr angesichts der definitorischen Restriktionen und programmatischen Vorgaben für ein System Kollektiver Sicherheit (in und für Europa) relativ gering: Kollektive Sicherheit will zwar kollektive Überlegenheit, aber ausschließlich zum Zwecke der Abhaltung. Nach innen verlangt dies im Konfliktfall - wie bereits betont - kollektive Sanktionen unter Verzicht auf Massenvernichtungsmittel aller Art und deren Einsatz. Nach außen heißt Abhaltung aber anders als Abschreckung Verminderung der Bedrohungsperzeption auf der Seite möglicher Gegner durch eine zwar überlegene, aber defensiv-orientierte und strukturell angriffsunfähige Rüstung auf der eigenen Seite.

Ähnliche Klärungen und Konkretisierungen sind auch für die Frage der Funktionsweise und der Mechanismen bzw. der institutionalisierten Garantien eines eurokollektiven Sicherheitssystems zu treffen. Sollen sich die Fehler und Schwächen von Völkerbund und Vereinten Nationen auf euro-regionaler Ebene nicht wiederholen, so gilt es u.a.:[93]

- vertragliche und institutionelle Sicherheitsgarantien zu formulieren, die eine strikte und automatische Pflicht zur Beistandsleistung für jedes Aggressionsopfer beinhalten;
- einen europäischen Sicherheitsrat mit dem unbestrittenen Recht zur Wiederherstellung Kollektiver Sicherheit im Aggressionsfall zu institutionalisieren;
- die Aufstellung supranationaler SKS-Streitkräfte in die Wege zu leiten und den rechtlichen Zugriff auf nationale Truppen zu ermöglichen;
- institutionalisierte Möglichkeiten zur obligatorischen friedlichen Streitbeilegung (Aggressor ist, wer sich dem Schiedsverfahren entzieht!) und zum "peaceful change" hin zu einer Ordnung des Gemeinsamen Friedens aufzubauen;
- und nicht zuletzt mit Blick auf eine neue Europäische Friedensordnung im weiteren Sinne ständige Einrichtungen und vielfältige Konsultati-

---

93 Vgl. bereits: Lutz, Dieter S., Auf dem Weg zu einem System Kollektiver Sicherheit in und für Europa, in: Lutz, Dieter S. (Hrsg.) ebda, S. 13 - 44, insbes. S. 28, 42; Borkenhagen, Franz H.U., Militärische Defensivkonzepte in einem System der Kollektiven Sicherheit (SKS), in: Lutz, Dieter S. (Hrsg.), ebda, S. 260 - 272; vgl. ferner auch die "Pflichten" in der Stellungnahme des IFSH vom April 1990: IFSH, Ein geeintes Deutschland in einem neuen Europa. Vom Blocksystem zur Sicherheitspartnerschaft, Hamburger Informationen zur Friedensforschung und Sicherheitspolitik 9/1990, S. 6.

onsmechanismen für eine multilaterale europäische Zusammenarbeit auf allen Gebieten zu schaffen.

Erste Ansätze auf dem Weg zu ähnlichen Vorstellungen, insbes. unter dem zuletzt genannten Gesichtspunkt, finden sich in der Erklärung des Pariser KSZE-Treffens der Staats- und Regierungschefs vom 21. November 1990[94]. In dieser "Charta von Paris" werden als neue Strukturen und Institutionen des KSZE-Prozesses u.a. beschlossen:

- ein Rat, bestehend aus den Außenministern der Teilnehmerstaaten,
- ein Ausschuß hoher Beamter,
- ein Sekretariat in Prag,
- ein Konfliktverhütungszentrum in Wien,
- ein Büro für freie Wahlen in Warschau.

Mehr als erste vorsichtige Ansätze beinhalten diese Beschlüsse allerdings noch nicht. Sollen sie (langfristig) zu einem europäischen System Kollektiver Sicherheit führen, so müssen sie ausgebaut und um eine Reihe von Institutionen und Organen ergänzt werden. Vorstellbar wäre z.B. eine Orientierung an den Hauptorganen der Vereinten Nationen und deren Funktionen gem. Art. 52-54 in Verbindung mit Art. 7 ff UNCh. Zu bilden wären somit als Organe mindestens

- eine Mitgliederversammlung (Generalversammlung)
- eine Sicherheitskommission (Sicherheitsrat)
- ein Sekretariat (Generalsekretär).

Gerichtliche Funktionen könnte (als ein weiteres Hauptorgan) ein Europäischer Gerichtshof oder der Internationale Gerichtshof (IGH) übernehmen. In Anlehnung an Art. 47 ff UNCh könnte ferner ein europäischer Generalsstabsausschuß zur Unterstützung der Sicherheitskommission eingerichtet werden.

---

94 Presse- und Informationsamt der Bundesregierung, Charta von Paris für ein neues Europa. Erklärung des Pariser KSZE-Treffens der Staats- und Regierungschefs, Bulletin Nr. 137 vom 24. November 1990, hier S.1414, 1416 ff.

5.3. Zu den SKS-Streitkräften[95]

Bleibt als letztes die grundsätzliche Frage nach der Organisationsform von Streitkräften in einem kollektiven, d.h. multinationalen, Sicherheitssystem zu präzisieren und damit verbunden die Frage nach Existenz und Umfang deutscher Streitkräfte zu klären. Denkbar ist eine Reihe unterschiedlicher Organisationsformen, die sich vor allem im Zentralisierungsgrad unterscheiden. Das Spektrum der Optionen liegt zwischen den folgenden beiden Polen:

1. Fortexistenz unabhängiger nationaler Militärpotentiale, die für die Verteidigung des jeweiligen nationalen Territoriums auf der Basis Struktureller Angriffsunfähigkeit eigenverantwortlich sind: Eine Zusammenfassung dieser Potentiale zu gemeinsamen Aktionen erfolgt erst und nur im Falle einer Aggression (von innen oder außen) gegen ein oder mehrere Mitglieder des Systems (größtes Maß an Dezentralität);
2. Aufbau einer supranationalen Streitmacht des SKS bei (weitgehendem) Verzicht der Mitglieder des Systems auf eigene nationale Streitkräfte: Diese supranationalen SKS-Streitkräfte hätten nach innen quasi nur noch "Polizeifunktionen" wahrzunehmen, nach außen würden sie - ebenfalls auf der Basis Struktureller Angriffsunfähigkeit - die klassische Verteidigungsaufgabe der ehemaligen nationalen Streitkräfte übernehmen (größtes Maß an Zentralität).

Das zweite Modell ist sicherlich nur bei vorangeschrittener sozialer und politischer Homogenität der Mitgliedstaaten des SKS zu realisieren. Es dürfte gleichwohl nicht mehr auszuschließen sein. Angesichts der Umbrüche in Osteuropa wird auf absehbare Zeit ein europäisches Sicherheitssystem nicht länger auf einer Art "friedlicher Koexistenz" von Staaten mit unterschiedlichen Gesellschaftsordnungen ruhen müssen. Größere Realisierungschancen besitzt derzeit aber sicher noch das erste der beiden Modelle.

Anzustreben und zu erreichen wäre allerdings in den nächsten Jahren schon eine Mischform (Zwei-Komponenten-Modell), in der neben den nationalen Kontingenten auch supranationale SKS-Streitkräfte unter einem gemeinsamen Oberkommando existieren könnten. Bei diesem Oberkommando lägen Planung, Organisation, Führung und Logistik der System-Streitkräfte. Mit den nationalen

---

95 Vgl.: Lutz, Dieter S., Bd. VI, a.a.O. (Anm. 1), Abschn. 6.

Streitkräften und Konzepten müßten allerdings Kompatibilität und Interoperabilität erreicht werden. Ein in diesem Sinne realisiertes System der Sicherheit in Europa könnte als nach innen "kollektiv überlegen" und nach außen "kollektiv stark" im Sinne der Abhaltung gelten, ohne selbst bedrohlich zu wirken bzw. ohne selbst Supermacht zu sein. Umgekehrt könnte eine direkte oder mittelbare militärische Bedrohung der eurokollektiven Sicherheit von außen nur noch von den beiden Weltmächten ausgehen. Zu überlegen wäre deshalb, ob und in welcher Form sowohl die USA als auch die UdSSR in das Sicherheitssystem integriert werden können. Doch ist die Realisierung einer Bedrohung durch die derzeitigen Supermächte - sei es als Niederwerfung im Krieg, sei es als "Selbstunterwerfung" im Frieden - ohnehin unwahrscheinlich. Zwar soll das System eurokollektiver Sicherheit keine Supermacht sein, aber in seiner Verteidigungsfähigkeit doch stark genug, um auch eine angreifende Weltmacht so zu schwächen, daß sie während oder nach ihrer Aggression die andere Weltmacht fürchten muß, auf einen Angriff also verzichtet. Mittelbar wirkt also das Prinzip der Kollektivität auch auf Nicht-Mitglieder: Die beiden Supermächte werden nolens volens zu Mitgaranten der eurokollektiven Sicherheit. Für den Fall des Scheiterns ist gleichwohl vorsorglich eine Verteidigungsstruktur des eurokollektiven Sicherheitssystems auf der Grundlage möglichst kleiner und/oder beweglicher Einheiten aufzubauen, die selbst zumindest kein lohnendes Ziel für den Einsatz der Nuklearwaffen eines möglichen Aggressors bieten.

Daß diese Überlegungen kein utopisches Hirngespinst sind, können einige Zahlen und Fakten belegen[96]. Sie geben zugleich Antwort auf die Frage nach dem Verbleib deutscher Streitkräfte: Die UdSSR soll zu Ende des Ost-West-Konflikts 4,258 Mio. Soldaten besessen haben. Die Anzahl der US-Soldaten beläuft sich zu diesem Zeitpunkt auf 2,163 Mio. Der Umfang der kanadischen Streitkräfte beträgt ca. 85 000 Soldaten. Die europäischen Partner der USA und der Sowjetunion, also die "ehemaligen" europäischen NATO- und WVO-Staaten, verfügen zusammen hingegen über 4,348 Mio. Soldaten (vgl. Tabelle Nr. 17). Von einem schwachen Europa kann also bei Ende des Ost-West-Konflikts keine Rede sein. Die nicht unerheblichen Streitkräfte der europäischen Neutralen (ca. 400 000 Aktive / ca. 3 Mio. Reservisten), die zukünftig wohl auch Teil eines europäischen SKS-Systems sein werden, sind in diese Berechnungen noch nicht einmal einbezogen.

Selbst wenn die USA und die UdSSR in den 90er Jahren zu keiner Rüstungssenkung bereit wären - mit Blick auf VKSE (vgl. Abschn.4.2) besser ausgedrückt:

---

96 Vgl. IISS, a.a.O. (Anm. 2), insbes. S. 208.

selbst wenn sie zu keiner Reduzierung bereit gewesen wären - und die europäischen Staaten "einseitig" ihre Potentiale auf jeweils 50% reduzieren würden, so würde Europa mit ca. 2,17 Mio. Soldaten immer noch über so viele Streitkräfte verfügen wie derzeit die USA. Auch nach einer Halbierung der Anzahl der europäischen Soldaten wäre also keine der beiden heutigen Supermächte in der Lage, eine Aggression zu wagen, will sie eine Schwächung gegenüber der anderen Supermacht nicht in Kauf nehmen.

Tabelle Nr. 17: Streitkräfte der USA, der UdSSR und Europas in % des Bestandes zu Ende des Ost-West-Konflikts

%	USA	EUROPA	UdSSR
100	2.163.000	4.348.000	4.258.000
65	**1.400.000**	2.826.000	2.768.000
50	1.082.000	2.174.000	2.129.000
33	714.000	1.435.000	**1.400.000**
25	541.000	1.087.000	1.065.000
16	346.000	**700.000**	681.000

Realistischerweise ist aber davon auszugehen, daß auch die beiden Weltmächte nicht nur Abrüstung wollen, sondern langfristig auch zu *tiefen* Einschnitten in die Rüstungspotentiale bereit sind. Insbesondere die Sowjetunion hat darüber hinaus den Abbau von Asymmetrien nicht nur zugestanden, sondern teilweise bereits auch schon durchgeführt. Gehen wir also einmal davon aus, daß die USA bereit wären, ca. ein Drittel ihrer Streitkräfte abzurüsten, und auch die Sowjetunion zu einer entsprechenden - asymmetrischen und damit doppelt so weitgehenden - Maßnahme bereit wäre, so würden danach sowohl die USA als auch die UdSSR jeweils 1,4 Mio Soldaten besitzen. Wieviele Soldaten müßte ein eurokollektives Sicherheitssystem in diesem Falle aufbringen, um stark genug zu sein, abhaltend und notfalls auch abwehrend zu wirken? Meines Erachtens müßte die Hälfte des jeweiligen Potentials einer der beiden anderen Staaten ausreichen, d.h. in Streitkräfteziffern: 700 000 Soldaten.

Wenn aber das System Kollektiver Sicherheit in und für Europa mit 700 000 Soldaten auskommt, was heißt das dann für die jeweilige nationale Marge, unterstellt die Streitkräfte sind auf absehbare Zeit noch national bzw. noch nicht supranational organisiert? Konkret: Wieviele deutsche Soldaten braucht Europa? Die Antwort könnte in folgenden Rechenbeispielen[97] liegen (vgl. auch Tabelle Nr. 18): Bei einer Gesamtzahl von 4,348 Mio Soldaten in Europa stellt die Bundeswehr ca. 490 000 Soldaten, also ca. 11%. Bei einer Gesamtzahl von 700 000 Soldaten sind 11% 77 000 Soldaten. Zählen wir noch die Soldaten der vormaligen NVA hinzu, so ergibt sich folgendes Rechenexempel: Mit nominal ca. 173 000 Soldaten stellte die ehemalige DDR ca. 4% des Gesamtpotentials. Übertragen auf 700 000 Soldaten eines eurokollektiven Sicherheitssystems entsprechen 4% einer Anzahl von 28 000 Soldaten.

Zählen wir nunmehr beide Ergebnisse zusammen, so ergibt sich eine Gesamtzahl von 105 000 deutschen Soldaten im Rahmen eines zukünftigen Systems Kollektiver Sicherheit in und für Europa. Nebenbei: Ist es logisch richtig, die Streitkräftezahlen der ehemals gegeneinander gerichteten deutschen Armeen der Bundesrepublik und der vormaligen DDR zu addieren, statt sie mit Blick auf die "Deutsche Einheit" zu subtrahieren. Braucht Europa - logisch durchdacht - nicht doch nur 50 000 deutsche Soldaten?

Tabelle Nr. 18:	Deutsche Anteile im Gesamtbestand der Streitkräfte		
	%	Europa NATO + WVO	Europa SKS
Gesamtbestand	(100%)	4.348.000	700.000
Bundesrepublik	(11%)	490.000	77.000
DDR	(4%)	173.000	28.000
Deutschland	(15%)	(663.000)	105.000

---

97 Die nachfolgenden Berechnungen orientieren sich am bisherigen prozentualen Anteil. Andere Bestimmungsgrößen könnten sein: Wirtschaftskraft, Bevölkerungszahl, Gebietsumfang etc - vgl.: IFSH, a.a.O. (Anm. 93), S. 9 ff.

Wie die letzte Frage zeigt, kann es sich bei den genannten Zahlen nicht um exakte oder definitive Ziffern, sondern nur um Orientierungswerte handeln, die letztendlich der politischen Entscheidung bedürfen. Und doch geben Zahlen wie 50 000 oder 100 000 die politische Richtung an: radikale Abrüstung, weit über den für 1994 vorgesehenen Bestand von 370 000 deutschen Soldaten und weit auch über andere Modellierungen und Vorschläge, etwa im Rahmen der VKSE-Verhandlungen, hinaus.

Um Mißverständnisse zu vermeiden, abschließend noch eine Bemerkung: Zukünftige SKS-Streitkräfte rechtfertigen sich im Sinne einer abstrakten Vorsorge politisch aus den in Abschn. 4.3 beschriebenen, aber eben nicht quantifizierbaren grenzüberschreitenden Gefahren und Risiken. Wenn deshalb das Militär der USA und der UdSSR in den vorangegangenen Beispielen als Rechengrundlage dienten, so ausschließlich als quantifizierbares Hilfsmittel. Beide Supermächte werden wohl auch in Zukunft starke Armeen besitzen. Über eine Gegnerschaft der beiden Staaten zu einem System Kollektiver Sicherheit in und für Europa - und vice versa - ist damit keine Aussage getroffen. Im Gegenteil: Gemeinsame Sicherheit ebenso wie Kollektive Sicherheit wollen Sicherheit nicht gegeneinander, sondern miteinander. Vorstellbar ist deshalb sogar, daß sowohl die Sowjetunion als auch die USA über "bloße" Garantiefunktionen hinaus in das zu schaffende Kollektive Sicherheitssystem in und für Europa integriert werden. Die Sowjetunion ist eben auch ein europäischer Staat. Und die USA sind schon bislang am KSZE-Prozeß beteiligt. Gerade die Konferenz für Sicherheit und Zusammenarbeit in Europa (KSZE) könnte aber - wie u.a. die angeführten Ansätze der "Charta von Paris" zeigen - als Forum zur Verhandlung und Institutionalisierung Kollektiver Sicherheit in und für Europa genutzt werden.[98]

---

98 Zur KSZE vgl. auch: Auswärtiges Amt (Hrsg.), Sicherheit und Zusammenarbeit in Europa. Dokumentation zum KSZE-Prozeß, Bonn 1984; Presse- und Informationsamt der Bundesregierung, Konferenz über Sicherheit und Zusammenarbeit in Europa. Abschließendes Dokument des Wiener KSZE-Folgetreffens, Bulletin Nr. 10 vom 31. Januar 1989, S. 77-108; Bruns, Wilhelm, Mehr Substanz in den Ost-West-Beziehungen. Zur dritten KSZE-Folgekonferenz in Wien, in: B 12/1989 vom 17. März 1989, S. 3-9; Peters, Ingo, Transatlantischer Konsens und Vertrauensbildung in Europa, Baden-Baden 1987.

5.4. Zum Prozeß der Ablösung[99]

Politische Konzeptionen wie die der Gemeinsamen Sicherheit und der Kollektiven Sicherheit sowie militärstrategische Forderungen wie die der Defensiven Abhaltung und der Strukturellen Angriffsunfähigkeit zielen auf eine grundlegende Änderung des Status quo. Sie sind deshalb mit Risiken in Form von Destabilisierungen durch den Transformationsprozeß verbunden. Eine realistische Risikoabwägung zwischen einerseits der historischen Chance, die sich zu Beginn der 90er Jahre bietet, und andererseits den möglichen Risiken eines Transformationsprozesses mit Richtung auf eine neue Sicherheits- und Verteidigungsstruktur 2000 und letztlich eine Neue Friedensordnung, läßt jedoch ein Votum für *rasche* Veränderungen nicht nur zulässig, sondern auch zwingend geboten erscheinen.

Die offizielle Politik scheint allerdings auch im Jahre 1990 einen - zurückhaltend ausgedrückt - evolutionären Prozeß, der Übergänge sucht und bestehende Strukturen nutzt, zu bevorzugen. Die Forderung nach der Integration "Gesamtdeutschlands" in die NATO kann hierfür als ein Beleg unter anderen gelten[100]. Nach wie vor steht also zumindest die rasche Abschaffung der NATO nicht auf der Tagesordnung. Nach wie vor sind also - ungeachtet aller "Zeitzwänge" und "historischen Chancen" - institutionelle Zwischenschritte und militär- und rüstungspolitische Teilmaßnahmen mit evolutionärem Charakter vonnöten, welche die Transformation vom Abschreckungsregime zu einem System Kollektiver Sicherheit nicht als sofortige Ablösung der Pakte, sondern als deren Umwandlung über einen längeren Zeitraum hinweg verstehen.

M.a.W.: Mit den revolutionären Umbrüchen in Osteuropa und in der Sowjetunion ist zwar die Zäsur im Sinne einer Entscheidung für oder gegen die eurokollektive Sicherheit erreicht, der Übergang zur Auflösung der Militärpakte in Ost und West darf gleichwohl nicht als scharfe Trennlinie mißverstanden werden. Die Grenzen sind vielmehr fließend und auch die nachfolgend angeführten Maßnahmen können sich wiederum in eine Reihe von Schritten und Teilschritten gliedern, bis das Endziel eines Systems Kollektiver Sicherheit verwirklicht ist. Vorstellbar sind im wesentlichen:

- Maßnahmen des Disengagements und der stufenweisen Lockerung auch der formalen Blockintegration in Ost und West, eventuell

---

99 Vgl. zu folgendem: Lutz, Dieter S., a.a.O. (Anm. 1), Abschn. 7.
100 Und noch mehr das entsprechende, Mitte Juli 1990 erfolgte Zugeständnis der Sowjetunion - vgl. bereits Anm. 79.

- Maßnahmen der temporären Neutralisierung einzelner Staaten Ost- und Westeuropas, ferner
- Maßnahmen der Institutionalisierung eines (vorläufigen) Systems Kollektiver Sicherheit in Zentraleuropa (BeNeLux, Dänemark, Bundesrepublik Deutschland, Polen, CSFR, Ungarn) und schließlich
- Maßnahmen der Institutionalisierung des Systems Kollektiver Sicherheit in und für (Gesamt-)Europa.

Ist die grundsätzliche Entscheidung zur Auflösung der Pakte gefallen, so wird der Prozeß der Auflockerung der Bündniskohäsion insbes. auf westlicher Seite ganz sicherlich dadurch erleichtert werden, daß auch bislang schon eine gleichermaßen feste Einbindung aller Mitgliedstaaten in die NATO nicht vorliegt. So ist Frankreich zwar derzeit politisches Mitglied des NATO-Vertrages, nicht aber in die militärische Organisation des Paktes integriert. Ähnliches galt zu bestimmten Zeiten auch für Griechenland und (in gewissen Teilbereichen) auch für Portugal. Der Sonderstatus von Dänemark und Norwegen wiederum ergibt sich aus deren Ablehnung einer Stationierung von Atomwaffen auf nationalem Territorium in Friedenszeiten. Länder wie Island schließlich oder Luxemburg besitzen entweder keine oder kaum eigene nationale Streitkräfte. Konstruierbar wird somit bereits im Rahmen Gemeinsamer Sicherheit ein Modell des Übergangs nach bewährten Abstufungen: Während sich Länder wie die Bundesrepublik oder Italien in einem ersten Schritt (noch) auf den derzeitigen Status von Norwegen und Dänemark zubewegen (würden), könnten sich die skandinavischen NATO-Mitglieder (schon) am derzeitigen Bündnischarakter Frankreichs orientieren usw.

Die Vorteile eines solchen stufenweisen Übergangs der Blockauflösung im Sinne gleichzeitiger, aber nicht unbedingt parallel laufender Prozesse liegen auf der Hand:

- die Abläufe könnten sich an bereits heute bekannten Vorgaben aus der Realität bzw. an den Erfahrungen der jeweiligen "Vorreiter" im Prozeß orientieren;
- eventuelle unilaterale Maßnahmen auf einzelnen Stufen bergen kaum Risiken;
- der letztendliche Austritt der Einzelstaaten aus dem Bündnis erfolgt zeitlich versetzt, der Pakt bleibt über längere Zeit reaktivierbar.

In der Logik eines solchen stufenweisen "Abbaus" der Pakte - in der Realität heißt das vor allen Dingen: der NATO - liegt es, den "Aufbau" des angestrebten Systems Kollektiver Sicherheit als einen unmittelbar komplementär laufenden Prozeß zu verstehen. Sollte allerdings - sei es aus zeitlichen, sei es aus strukturellen Gründen - ein unmittelbarer Übergang zur eurokollektiven Sicherheit nicht opportun erscheinen, so ist ein weiterer Zwischenschritt möglich: die temporäre Neutralisierung (bestimmter) ehemaliger Paktstaaten aus Ost und West. Nicht auszuschließen ist, daß insbesondere die Sowjetunion einem solchen Verfahren eher befürwortend gegenübersteht als einer radikalen Lösung.

Um Mißverständnisse (u.a. über die Gefahren und Risiken dieses Zwischenschritts) zu vermeiden, muß allerdings zweierlei nachdrücklich betont werden: Zum einen darf "Neutralität" keinesfalls mit "Pazifismus" oder "Wehrlosigkeit" verwechselt werden[101]. Im Gegenteil: Zu den völkerrechtlichen Pflichten des Neutralen gehört auch die "Verhinderungspflicht", d.h. die Pflicht, sowohl die eigene Neutralität und Unabhängigkeit zu verteidigen als auch jede neutralitätswidrige Handlung Kriegführender auf eigenem Territorium und im eigenen Luftraum zu verhindern. Als Ausfluß der Verhinderungspflicht im Kriegsfalle wird deshalb das Rüstungsgebot (bereits) im Frieden angesehen. Daß die Streitkräfte der Neutralen stärker defensiv-orientiert sind als die der paktgebundenen Staaten, entspricht dem Charakter von Neutralität, ist aber auch - wie wir gesehen haben - Systemeigenschaft Gemeinsamer und Kollektiver Sicherheit. Neutralität kann somit, sowohl unter politischen als auch unter rechtlichen und militärischen Gesichtspunkten, als ein kompatibler Zwischenschritt auf dem Weg zu einem System Kollektiver Sicherheit angesehen und fruchtbar genutzt werden.

Zum anderen darf "Neutralität" aber immer nur als ein *temporärer* Zwischenschritt verstanden werden: Kollektive Sicherheit baut auf dem Grundsatz der "Gemeinsamkeit" auf, will dieses Prinzip in die Zukunft hinein fortentwickeln. Neutralität dagegen bedeutet gerade die Nichtbeteiligung an den Konflikten anderer, also auch die Nichtparteinahme für bzw. Nicht-Unterstützung von Aggressionsopfern. Unter dem Blickwinkel der Prämisse "Gemeinsamkeit" ist Neutralität somit sogar ein Rückfall hinter den Charakter von Militärpakten, kann allenfalls transitorische Funktionen zur Vorbereitung des letzten Schrittes auf dem Weg zur Institutionalisierung eines Systems Kollektiver Sicherheit erfüllen.

---

101 Zur Neutralität ausführlicher: Lutz, Dieter S./Große-Jütte, Annemarie (Hrsg.), a.a.O. (Anm. 37) und dort weitere Literaturverweise.

6. Zur Einrichtung "Defensiver Zonen"[102]

Welche militär- und rüstungspolitischen bzw. abrüstungspolitischen Maßnahmen folgen aus den im vorangegangenen Abschnitt angestellten Überlegungen zum evolutionären Charakter der Transformation? Geht man davon aus[103], daß das militärische Strukturgerüst eines eurokollektiven Sicherheitssystems neben dem Verzicht auf Massenvernichtungsmittel geprägt wird von

- der vollständigen oder teilweisen Supranationalität der Streitkräfte,
- der Abhalteorientierung des Systems nach innen und außen sowie
- der Defensivorientierung (Angriffsunfähigkeit) seiner Streitkräfte und seiner Ausrüstung,

so sind folgende Schritte und Maßnahmen auf dem Weg zur eurokollektiven Sicherheit auch bei Fortexistenz der bisherigen Pakte nicht nur vorstellbar, sondern auch realisierbar:

- die Bildung gemischt-nationaler Kontingente in den bisherigen Militärpakten und die Gewährung der Wahlfreiheit zur Ableistung des Wehrdienstes auch in ausländischen Allianz-Streitkräften;
- die Aufgabe des "nationalen Triade-Konzepts" unter Beibehaltung der Effektivität des Gesamtsystems, d.h. die zielgerichtete Spezialisierung und Arbeitsteilung der nationalen Streitkräfte derart, daß einzelstaatliche Aggressionen nach innen oder außen unmöglich oder zumindest unkalkulierbar werden;
- die Umrüstung der Streitkräfte unter Nutzung modernster Technologien auf ein effektives, aber defensiv-orientiertes (strukturell angriffsunfähiges) Wehrpotential.

Sollen diese und ähnliche Maßnahmen nicht wieder der Beliebigkeit Tür und Tor öffnen, d.h. nicht vereinzelt und isoliert auf den Weg gebracht werden (oder eben auch nicht), sondern in ein evolutionäres "Programm" eingebettet werden, das Rückschläge vermeiden und Stillstand verhindern hilft, so ist ferner zu prüfen, ob

---

102 Vgl. zu folgendem: Lutz, Dieter S., Vom Atomwaffenfreien Korridor zu Panzerfreien Zone, in: Bahr, Egon/Lutz, Dieter S. (Hrsg.), Bd. III, a.a.O. (Anm. 35), S. 493 - 500; Bahr, Egon/Lutz, Dieter S./Müller, Erwin/Mutz, Reinhard, Defensive Zonen, in: Bahr, Egon/Lutz, Dieter S. (Hrsg.), Bd. III, ebda, S. 483 - 492.
103 Vgl. bereits: Lutz, Dieter S., a.a.O. (Anm. 93), S. 38 f.

Vorschläge, wie sie bereits für den Übergang vom Abschreckungsregime zur Gemeinsamen Sicherheit vorgetragen wurden, nicht auch für den Prozeß auf dem Weg zur Kollektiven Sicherheit fruchtbar gemacht werden können. In Frage kommt insbes. die Bildung "Defensiver Zonen". Nur - ursprünglich als "Entzerrung" gedacht - Maßnahmen im Sinne Defensiver Zonen, wie sie ansatzweise auch schon im Zonenkonzept der VKSE-Gespräche zum Ausdruck kommen (vgl. Schaubild Nr. 19), erfüllen einerseits die Forderung nach raschen und tiefgreifenden Strukturveränderungen und ruhen andererseits auf der Basis einer evolutionären, d.h. schrittweisen und abgestuften Vorgehensweise.

Welche "Zonen" gemeint sind und wie sie im Detail auszusehen haben, bedarf unter den veränderten Ausgangsbedingungen zu Beginn der 90er Jahre sicherlich noch der ausführlichen Diskussion, u.a. im Rahmen der künftigen Wiener VKSE-Gespräche. In die Prioritätenliste der betroffenen Waffen gehören aber ganz sicher:

- die Atomwaffen,
- die chemischen Waffen,
- die Panzerwaffen.

6.1. Zu den Atomwaffen[104]

Atomwaffen sind Massenvernichtungsmittel. Mit Gemeinsamer Sicherheit sind sie deshalb (auf Dauer) nicht vereinbar. Unter Verwendung weitreichender, schneller und mittlerweile punktzielgenauer Trägersysteme können Nuklearwaffen überdies präemptiv eingesetzt werden; umgekehrt sind sie selbst vorrangiges Ziel gegnerischer Präemptionsmaßnahmen. Atomwaffen stehen somit im offenen Widerspruch zu der Bedrohungsvermeidungsfunktion, der Stabilitätsorientierung und

---

104 Vgl.: Lutz, Dieter S., a.a.O. (Anm.102), S. 494-496; vgl. auch bereits oben Anm. 5 ff; ferner u.a.: Cain, Stephen Alexis, Strategic Forces Funding in the 1990s: A Renewed Buildup, Washington, April 1990; Elsworthy, Scilla, In the Dark, Oxford, April 1989; Dembinski, Mathias/u.a., Modernisierung und kein Ende, HSFK-Report 1-2/1989, April 1989; Albrecht, Ulrich (Hrsg.), Europa Atomwaffenfrei, Köln 1986; Lodgaard, Sverre/Thee, Marek (Eds), Nuclear Disengagement in Europe, London/New York 1983; Meyer, Berthold, Atomwaffenfreie Zonen und Vertrauensbildung in Europa, Frankfurt/New York 1985; United Nations, Comprehensive Study on the Question of Nuclear-Weapon-Free Zones in all its Aspects. Special Report of the Conference of the Committee on Disarmament, New York 1976; Krohn, Axel, Nuklearwaffenfreie Zone: Regionales Disengagement unter den Rahmenbedingungen globaler Großmachtinteressen, Baden-Baden 1989; Nielebock, Thomas, Freiheit für Atomwaffen oder Atomwaffenfreiheit?, Baden-Baden 1989.

Schaubild Nr. 19: Zonen im Rahmen der VKSE

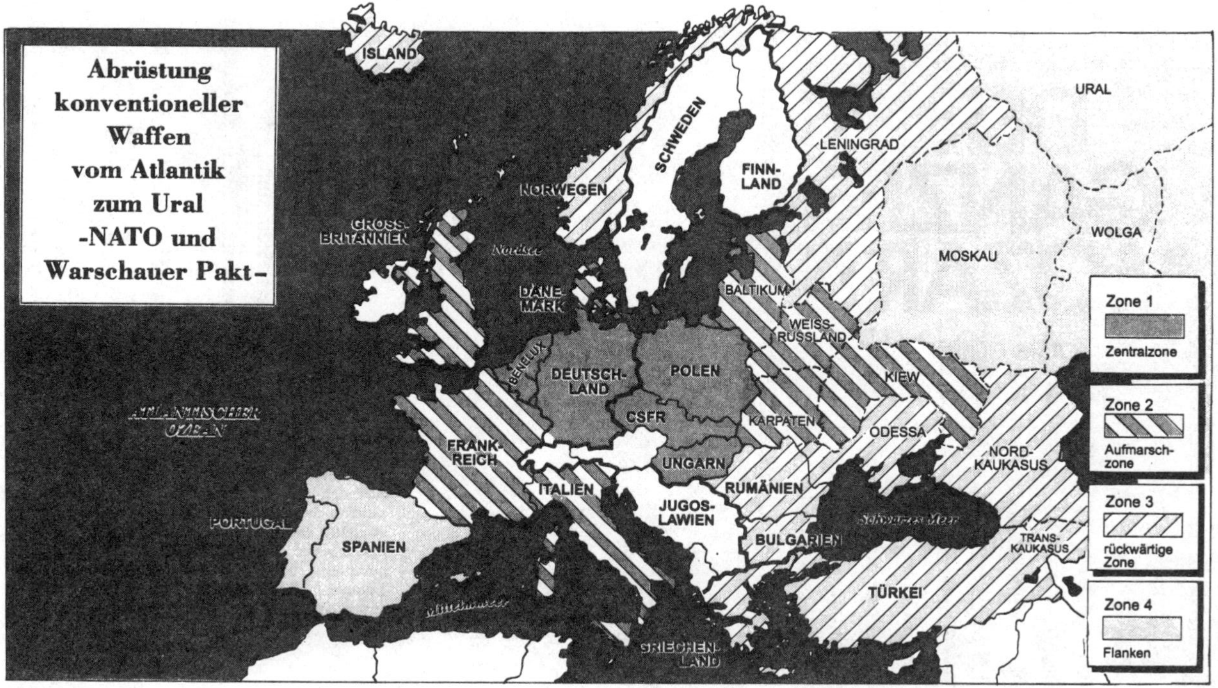

Quelle: Die Zeit Nr. 48 vom 23. November 1990, S. 11.

der Schadensminimierungs- und Schutzfunktion Struktureller Angriffsunfähigkeit. Nach Unterzeichnung des INF-Abkommens zwischen den USA und der UdSSR vom 8. Dezember 1987[105] ist deshalb so rasch als möglich eine Dritte Null-Lösung anzustreben, d.h. ein Abkommen über die Verschrottung auch derjenigen Nuklearwaffen, die eine Reichweite unterhalb 500 km besitzen und für den Einsatz in Mitteleuropa, insbesondere in den beiden deutschen Staaten, vorgesehen sind.

Ist eine Dritte Null-Lösung, d.h. eine Nuklearwaffenfreie Zone von Nord- über Mittel- bis Südeuropa, auf dem direkten und schnellen Wege nicht möglich, so gilt es - als Zwischenschritt -, den Vorschlag einer Atomwaffenfreien Zone in Mitteleuropa zu realisieren. Dieser Vorschlag wurde als Idee eines Atomwaffenfreien Korridors 1982 ebenfalls von der "Unabhängigen Kommission für Abrüstung und Sicherheit", der sog. Palme-Kommission[106], unterbreitet und noch im selben Jahr von der schwedischen Regierung allen NATO- und WVO-Staaten zugeleitet. Während ihres Treffens am 19. September 1985 in Berlin griffen der damalige Vorsitzende der SPD, Willy Brandt, und der damalige Generalsekretär des ZK der SED und Staatsratsvorsitzende der DDR, Erich Honnecker, den Vorschlag der Palme-Kommission auf und vereinbarten die Bildung einer gemeinsamen Arbeitsgruppe zum Thema. Im Oktober 1986 veröffentlichten dann - nach sechs Gesprächsrunden - die Bundestagsfraktion der SPD und die SED eine gemeinsame Erklärung über die "Grundsätze eines atomwaffenfreien Korridors in Mitteleuropa".[107] Im April 1987 schloß sich die Regierung der CSSR der Erklärung an und schlug gemeinsam mit der DDR der Bundesregierung offizielle Verhandlungen vor[108].

Überträgt man die Aussagen der gemeinsamen Erklärung auf die veränderten Rahmenbedingungen zu Beginn der 90er Jahre, so könnte der Vorschlag eines Atomwaffenfreien Korridors - jetzt als Atomwaffenfreie Zone - wie folgt aussehen (vgl. auch Schaubild Nr. 20):

- *In Mitteleuropa soll eine Zone geschaffen werden, deren Territorium von allen Atomwaffen befreit wird. Diese Zone soll mindestens das Territorium der Bundesrepublik Deutschland, der BeNeLux-Staaten, Polens und der CSFR umfassen. Die Zone ist für den Beitritt weiterer Staaten offen.*

---

105 Das Abkommen über die Intermediate Nuclear Forces (INF) beinhaltet die sog. "Doppelte Null-Lösung", d.h. die weltweite Verschrottung aller landgestützten (nuklear bestückten) Raketen und Marschflugkörper mit einer Reichweite von 1000 km bis 5500 km (Null-Lösung) und von 500 bis 1000 km (Doppelte Null-Lösung).
106 A.a.O. (Anm. 25), S. 163 ff. sowie die Anmerkungen von Egon Bahr, S. 199 f.
107 Vgl.: Politik. Informationsdienst der SPD Nr. 19, November 1986.
108 Vgl. u.a.: Bonn skeptisch über atomwaffenfreie Zone, in: Süddeutsche Zeitung vom 6. April 1987.

Schaubild Nr. 20: Atom- und Chemiewaffenfreie Zone Mitteleuropa

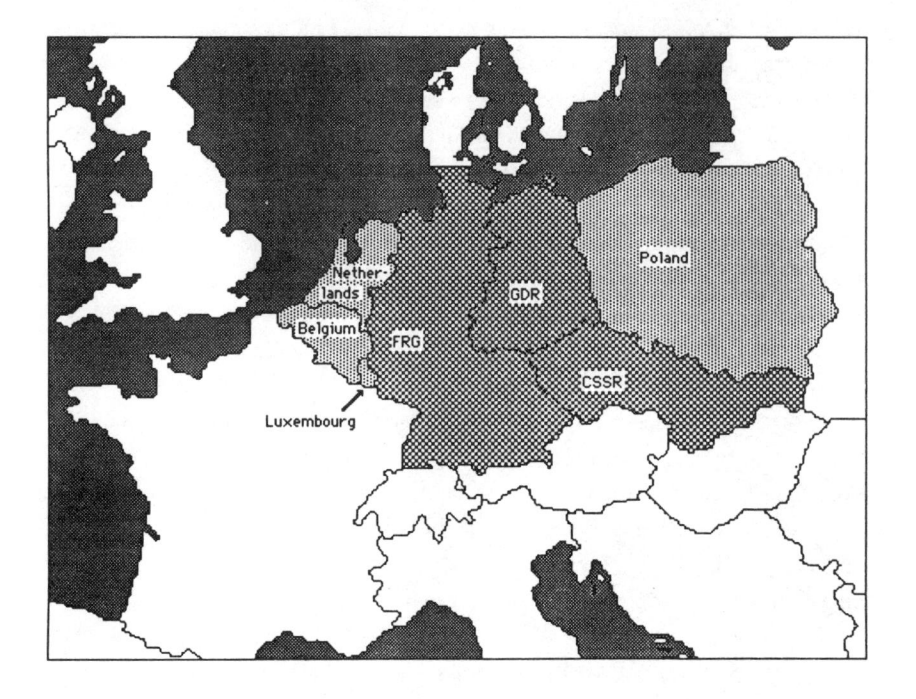

- Zu den Atomwaffen im Sinne der vereinbarten Grundsätze gehören alle Trägersysteme, die zum Einsatz von Kernmunition fähig sind, sowie die Kernmunition selbst (einschließlich Kernminen). Alle doppelt (atomar wie konventionell) verwendbaren Waffensysteme fallen unter die Kategorie der Atomwaffen, müssen aus der Zone entfernt werden und dürfen auch modernisiert nicht wieder eingeführt werden. Das bedeutet neben der Entfernung der Munition:
  a) für die Artillerie den Abzug aller nuklearfähigen Trägersysteme
  b) für die Luftstreitkräfte den Abzug aller nuklearfähigen fliegenden Systeme und der dazugehörigen entsprechenden Nuklearwaffendepots;
  c) für Raketen den Abzug aller nuklearfähigen Raketensysteme.
- Zur Gewährleistung der Atomwaffenfreiheit enthält der Vertrag ein Verbot des Besitzes, der Lagerung, der Stationierung von Atomwaffen in der Zone und ihres Transits. Manöver mit Waffen, die in der Zone verboten sind, dürfen in der Zone nicht stattfinden. Staaten, die Atomwaffen im Sinne der Definition auf dem Territorium der Zone stationiert haben, werden aufgefordert, die völkerrechtlich verbindliche Verpflichtung zu übernehmen, alle ihre Atomwaffen aus der Zone dauerhaft zu entfernen, ihren Status zu respektieren und nichts zu unternehmen, was ihn gefährden könnte. Ferner werden die Atomwaffenmächte aufgefordert, völkerrechtlich verbindliche Zusicherungen über die Nichtanwendung bzw. Nichtandrohung der Anwendung von Atomwaffen gegen die Zone abzugeben.
- Nationale und internationale Kontrollen werden durchgeführt. Die Vertragspartner tauschen Informationen und Erfahrungen über den Abzug der entsprechenden Waffen und die Auflösung der bisherigen Lager aus, um die erforderlichen Kontrollen mit adäquaten nationalen technischen Mitteln beiderseits zu erleichtern. Die internationale Kontrolle wird durch eine ständige internationale Kommission ausgeübt. Alle Staaten, die sich an den Verpflichtungen der atomwaffenfreien Zone beteiligen, haben das Recht, Mitglieder dieser Kommission zu werden. Wird der Anlaß eines Verdachtes auf Verletzung des Vertrages in einer festzulegenden Frist nicht behoben, werden durch die ständige internationale Kommission Inspektionen an Ort und Stelle durchgeführt.

Die Realisierung der Atomwaffenfreien Zone würde den Abzug von mehreren Tausend nuklearfähiger Waffensysteme (Artillerie, Raketen und Flugzeuge) und die Entfernung einer mindestens ebenso hohen Anzahl an Munition bedeuten. Präemptions- und Eskalationsanreize würden somit entfallen. Darüber hinaus wären die Verlängerung der Vorwarnzeit, die Erweiterung der Möglichkeiten für Maßnahmen des Krisenmanagements und eine höhere Stabilität auf niedrigerem Niveau an Streitkräften die Folge, ohne die angriffsunfähigen Abwehrkapazitäten in der Zone, z.B. in Form von Panzerabwehrwaffen, zu beeinträchtigen. Gleichwohl darf nicht vergessen werden, daß die angeführte Atomwaffenfreie Zone nur ein erster Schritt sein kann. Ihm muß in einer zweiten und dritten Phase die Ausdehnung über Mitteleuropa hinaus und (dann) die Atomwaffenfreiheit vom Atlantik bis zum Ural folgen. Wer sich als Teil eines Europas der Gemeinsamen Sicherheit und einer Europäischen Ordnung des Gemeinsamen Friedens versteht, muß auf Atomwaffen verzichten. Dies gilt auch für Großbritannien und Frankreich.

6.2. Zu den chemischen Waffen[109]

Chemische Waffen sind - wie Atomwaffen - Massenvernichtungsmittel. Sie ziehen die ungeschützte Zivilbevölkerung in weit stärkerem Maße in Mitleidenschaft als die Streitkräfte. Ihr Einsatz in dichtbesiedelten Gebieten (wie Mitteleuropa) ist besonders verheerend. Mit Gemeinsamer Sicherheit und Struktureller Angriffsunfähigkeit sind sie nicht vereinbar. Ein weltweites Verbot von C-Waffen, wie es im Genfer Abrüstungsausschuß verhandelt wird, ist deshalb nachdrücklich anzustreben. Zugleich können regionale Schritte auf dem Weg zu diesem Endziel ergriffen werden. Zu solchen regionalen Maßnahmen gehört auch die Möglichkeit der Schaffung einer von chemischen Waffen freien Zone in Europa - eine Möglichkeit, die nach Abzug der chemischen Waffen der USA aus der Bundesrepublik Deutschland im Sommer 1990 erstmals auch Realisierungschancen besitzt.

Wie eine Chemiewaffenfreien Zone in Europa aussehen könnte, wurde der Öffentlichkeit als "Rahmen für ein Abkommen"[110] von einer aus Mitgliedern der SPD-Bundestagsfraktion und der SED gebildeten Arbeitsgruppe "Chemische Abrüstung" bereits am 19. Juni 1985 vorgelegt (vgl. auch Schaubild Nr. 20). In dem Abkommen heißt es - naturgemäß noch unter Berücksichtigung der DDR - u.a.:

> - *In Europa wird eine von C-Waffen freie Zone gebildet. Die Ausdehnung dieser Zone sollte zunächst Mitteleuropa in der Region umfassen, wie sie von den Staaten der NATO und der Organisation des Warschauer Vertrages für die Wiener MBFR-Verhandlungen (Belgien, Bundesrepublik Deutschland, DDR, Luxemburg, Niederlande, Polen, Tschechoslowakei) definiert wurde. Die Zone ist für den Beitritt weiterer Staaten offen. Mindestens soll die Zone die Bundesrepublik Deutschland, die DDR und die Tschechoslowakei umfassen.*

---

109 Vgl. Lutz, Dieter S., a.a.O. (Anm. 102), S. 496-498; ferner u.a.: Roberts, Brad (Ed.), Chemical Warfare Policy: Beyond the Binary Production Decision, Washington 1987; Angerer, Jo, Chemische Waffen in Deutschland, Darmstadt/Neuwied 1985; Brauch, Hans Günter/Schrempf, Alfred, Giftgas in der Bundesrepublik Deutschland, Frankfurt a.M. 1982; Stinger, Hugh, Deterring Chemical Warfare: U.S. Policy Options for the 1990s, Washington 1986; Dosch, Werner/Herlich, Peter (Hrsg.), Ächtung der Giftwaffen, Frankfurt a.M. 1985; Trapp, Ralf (Ed.), Chemical Weapon Free Zones?, SIPRI Chemical and Biological Warfare Studies Vol. 7, Oxford 1987.
110 Vgl.: Politik. Informationsdienst der SPD Nr. 6, Juli 1985.

- *Zu den chemischen Waffen gehören diejenigen militärischen Mittel, welche giftige chemische Verbindungen als Kampfstoff benutzen, um einen Menschen zu töten oder ihn vorübergehend oder auf Dauer handlungsunfähig zu machen. Unter den derzeit bevorrateten Kampfstoffen gelten als die gefährlichsten die phosphor-organischen Ester, z.B. das SARIN, das SOMAN sowie die V- bzw. VX-Stoffe. (In den weiteren Verhandlungen muß geklärt werden, ob zu den chemischen Kampfstoffen auch solche Chemikalien gerechnet werden sollen, die vorrangig zur Zerstörung und lang andauernden Schädigung des menschlichen Lebensraumes militärisch eingesetzt werden können/Umweltkriegführung).*
- *Die Staaten, deren Territorium die Zone bildet, verpflichten sich, dieses von C-Waffen zu befreien bzw. freizuhalten. Sie verpflichten sich ferner, C-Waffen weder zu produzieren noch zu erwerben, noch durch andere Staaten auf ihrem Territorium stationieren, produzieren oder durch ihr Territorium transportieren zu lassen. Sie wenden sich darüber hinaus an jene Staaten, die Streitkräfte in dieser Region unterhalten und über C-Waffen verfügen, mit dem Ziel, die entsprechende Zone in einer festzulegenden Zeit von C-Waffen zu befreien bzw. freizuhalten und auch künftig keine solchen Waffen in dieser Zone zu stationieren, zu produzieren, sowie sie nicht der Zone angehörenden Ländern zu übergeben und dorthin einzuführen sowie die abzuziehenden chemischen Waffen nicht in Staaten zu lagern, die an die Zone angrenzen und nicht über chemische Waffen verfügen. Schließlich wenden sie sich an jene Staaten, die über C-Waffen verfügen, mit der Aufforderung, sich zu verpflichten, den Status der von C-Waffen freien Zone zu respektieren, niemals C-Waffen gegen das von C-Waffen freie Territorium einzusetzen oder mit dem Einsatz zu drohen.*
- *Kontrollen werden mit nationalen und internationalen Verfahren durchgeführt. Die Vertragspartner tauschen Informationen und Erfahrungen über ihre nationale Kontrolle aus. Die internationale Kontrolle wird durch eine ständige internationale Kommission ausgeübt. Alle Staaten, die sich an den Verpflichtungen der C-Waffen freien Zone beteiligen, erwerben das Recht, Mitglieder dieser Kommission zu werden und damit die Zone zu kontrollieren. Wird der Anlaß eines Verdachtes auf Verletzung des Vertrages in einer festzulegenden Frist nicht behoben, werden durch die ständige internationale Kommission die Inspektionen an Ort und Stelle durchgeführt.*

Regionale Maßnahmen, wie sie der angeführte "Rahmen für ein Abkommen zur Bildung einer von chemischen Waffen freien Zone in Europa" vorsieht,

- würden die Einsatzwahrscheinlichkeit von C-Waffen in Europa insgesamt bereits erheblich herabsetzen,
- wären ein Schritt der Rüstungsbegrenzung und Abrüstung und zugleich eine wesentliche vertrauensbildende Maßnahme,

- könnten die im Zusammenhang mit einem globalen Verbot erbrachten Vorarbeiten nutzen und umgekehrt die gesammelten Erfahrungen in die Verhandlungen über ein allgemeines Verbot einfließen lassen,
- könnten leichter realisiert werden, weil weniger Staaten in einem begrenzten geographischen Raum betroffen wären,
- würden es im Unterschied zum globalen Verbot gestatten, sich auf den Abzug bzw. das Fernhalten (und nicht auf den langwierigen Prozeß der Vernichtung) von C-Waffen zu konzentrieren, und
- würden es möglich machen, das Freihalten der entsprechenden Zone von C-Waffen in kürzeren Fristen zu kontrollieren[111].

Die Vorteile einer Vorgehensweise in Schritten, Phasen und Zonen sind also offensichtlich. Gleichwohl darf - insbesondere mit Blick auf neue Technologien sowie weitreichende Trägermittel - das letztendliche Ziel der weltweiten Vernichtung chemischer Waffen nicht aus den Augen verloren werden. Die regionalen Erfahrungen und Möglichkeiten sind im Gegenteil konsequent global zu nutzen.

6.3. Zum konventionellen Potential[112]

Der Verzicht auf Massenvernichtungsmittel ist vorrangiges Ziel und maßgeblicher Bestandteil Gemeinsamer Sicherheit. Defensive Abhaltung, Strukturelle Angriffsunfähigkeit und Konventionelle Stabilität in Europa sind gleichwohl mit dem "bloßen" Verzicht auf A- und C-Waffen bzw. mit der Einrichtung entsprechender Zonen allein nicht erreicht. Auch nach Abzug oder Vernichtung aller "A- und C-Waffen in und für Europa" würde sich auf dem europäischen Kontinent, insbesondere auf deutschem Boden, immer noch eine ungeheure Ansammlung von Streitkräften sowie konventionellen Bedrohungs- und Destruktionspotentialen befinden, die es abzuschaffen, zumindest aber über die Einrichtung (konventioneller) "Defensiver Zonen" zu "entzerren", zu reduzieren und ihrer besonders offensiven Spitzen zu berauben gilt.

Wie solche Defensivzonen im engeren (konventionellen) Sinne aussehen könnten, ist bislang nicht (oder kaum) diskutiert worden.[113] Entsprechend den A- und C-

---

111 Vgl. ebda, S.6 f.
112 Vgl.: Lutz, Dieter S., a.a.O. (Anm. 102), S. 499 f.
113 Vgl. als eine erste Vorstellung: Bahr, Egon/Lutz, Dieter S./ Müller, Erwin/Mutz, Reinhard, a.a.O. (Anm. 102); ferner: Voigt, Karsten D., Von einer Zone der Hochrüstung zu Schritten regionaler Abrüstung: Europa am Scheideweg, in: Vierteljahresschrift für Sicherheit und Frieden (S+F), 3/1987, S. 170-176; Boudreau, Thomas E., Der nächste Schritt nach dem INF-Abkom-

waffenfreien Zonen und mit Blick auf ein künftiges System Kollektiver Sicherheit in und für Europa wäre jedoch folgendes Modell vorstellbar:

- *Erste Phase: In Mitteleuropa werden entlang der Staatsgrenzen Panzerfreie Räume geschaffen. Diese Räume können in einem ersten Schritt eine korridorähnliche Ausdehnung von jeweils rund 50 km entlang der Grenzen, in einem zweiten Schritt jeweils 100 km usw. umfassen. Für die verbleibenden Panzerkontingente ist eine gemischt-nationale Besetzung anzustreben.*
- *Zweite Phase: In Zentraleuropa ("MBFR-Staaten" plus Dänemark und Ungarn) werden Defensive Zonen eingerichtet, aus denen - möglichst bei gleichzeitiger Aufgabe der "nationalen Triaden" - alle besonders offensivtauglichen Waffensysteme abgezogen werden. Zu diesem besonders offensivtauglichen Gerät gehören neben den Kampfpanzern in erster Linie Schützenpanzer, Artillerie, Kampfhubschrauber, Jagdbomber und sonstige weitreichende Flugkörper. Die Defensiven Zonen können in ihrer Ausdehnung - ähnlich den Panzerfreien Räumen - in einem ersten Schritt bestimmte Teile der genannten Staaten umschließen und dann schrittweise erweitert werden. Außerhalb der Defensivzonen können Reduktionszonen oder Verdünnungszonen gebildet werden, in denen (im Vorgriff auf die Erweiterung der Defensivzonen) das genannte Offensivgerät samt der entsprechenden Streitkräfte verringert bzw. gemischt-nationale Streitkräfte stationiert werden. In die Defensivzone kann - zur Optimierung der Schutz- und Abwehrfunktion Struktureller Angriffsunfähigkeit - parallel zum Abzug der offensivtauglichen Potentiale defensives Material wie moderne infanteristische Panzerabwehrwaffen oder Sperrmittel eingeführt werden.*
- *Dritte Phase: Das Modell Defensiver Zonen wird auf den Großraum Europa (vom Atlantik bis zum Ural) übertragen. Zentraleuropa wird zur Defensiven Zone erklärt und zum strikten Verzicht auf jegliches Offensivpotential verpflichtet. Östlich und westlich dieses defensiven Kernraums schließen sich Reduktionszonen mit dem Ziel der umfassenden Abrüstung an.*

---

men: Die Errichtung eines "Korridors des Vertrauens" in Europa, in: Frieden und Abrüstung, Sonderheft Februar 1988; Wilke, Peter, Disengagement, in: Lutz, Dieter S. (Hrsg.), Lexikon Rüstung, Frieden, Sicherheit, München 1987, S. 77-79; Albrecht, Ulrich, Neutralismus und Disengagement, in: Deutsche Gesellschaft für Friedens- und Konfliktforschung (Hrsg.), Zur Lage Europas im globalen Spannungsfeld, Jahrbuch 1982/83, Baden-Baden 1983, S. 475-504; Hermes, Reinhard, Demilitarisierung, in: Delbrück, Jost (Hrsg.), Friedensdokumente aus fünf Jahrhunderten. Abrüstung, Kriegsverhütung, Rüstungskontrolle, Straßburg 1984.

6.4. Exkurs: Luftstreitkräfte[114]

Strukturelle Angriffsunfähigkeit verbietet grenzüberschreitende Angriffsfähigkeiten. Nicht eingeschlossen in das Verbot der grenzüberschreitenden Angriffsfähigkeit ist allerdings die Gegenangriffsfähigkeit des Verteidigers auf *eigenem* Territorium. Aus ihr resultiert - im Idealfall - keine Bedrohung, logischerweise fällt sie somit nicht unter den Bedrohungsvermeidungsimperativ Struktureller Angriffsunfähigkeit. Fraglich allerdings ist, ob diese - theoretisch richtige - Aussage in der Realität auch auf die Luftstreitkräfte und deren Kerninstrument "das Flugzeug" zutrifft. Denn mehr als fast jedes andere Waffensystem sind Flugzeuge mobil und schnell, besitzen eine große Reichweite und haben eine hohe (Einsatz-)Flexibilität oder je nach Perspektive: eine große (Bedrohungs-)Ambivalenz.

Zwar weisen auch andere Waffensysteme ein gewisses Maß an Flexibilität auf. Zum Beispiel sind Haubitzen wie die M-109 und M-110 der NATO oder auch Raketen-Systeme wie die sowjetische FROG-Familie "*dual-einsatzfähig*", d.h. sie können sowohl taktisch-nuklear als auch konventionell verwendet werden. Ferner sind Raketen wie die LANCE oder die PLUTON und deren Nachfolgesysteme oder auf sowjetischer Seite die SS-21 "*bifunktional*", d.h. sowohl im sog. TNF-Bereich kurzer Reichweite bis 100 km (Short Range Theatre Nuclear Forces/SRTNF) einsetzbar als auch darüber hinaus im Bereich mittlerer Reichweiten (Medium Range Theatre Nuclear Forces/MRTNF). Und schließlich zeigt etwa das Beispiel der NIKE HERKULES, daß Systeme dual-einsatzfähig und bifunktional sein und zusätzlich noch eine *Doppelmission* erfüllen können, in diesem Fall vorrangig als Luftabwehrrakete, daneben aber eben auch als Boden-Boden-Rakete[115].

Die größte Einsatzbreite (flexibility) und damit auch Ambivalenz besitzt gleichwohl das System Flugzeug[116]; es ist dual-einsatzfähig und *multifunktional* zugleich: Es kann in der Regel konventionell bestückt, aber auch nuklear einsatzfähig sein, d.h. wie z.B. der britisch-französische JAGUAR oder die sowjetische SU-24 FENCER als Träger von Massenvernichtungsmitteln Verwendung finden. Es kann fer-

---

114 Vgl. zu folgendem: Lutz, Dieter S., Strukturelle Angriffsunfähigkeit und Abrüstung. Das Beispiel "Luftstreitkräfte", in: Lutz, Dieter S./Schmähling, Elmar (Hrsg.), Bd. V, a.a.O. (Anm. 29), S. 253-268; zu den methodischen Problemen vgl. bereits: Lutz, Dieter S., a.a.O. (Anm. 89), ferner: Lutz, Dieter S., Zur Methodologie militärischer Kräftevergleiche, IFSH-Forschungsberichte 24/1981.
115 Hierzu bereits: Lutz, Dieter S., a.a.O. (Anm. 78).
116 Zu den Daten im folgenden vgl. auch: International Institute for Strategic Studies (IISS), The Military Balance 1988-1989, London 1988, insbes. S. 238 ff; Krivinyi, Nikolaus, Taschenbuch der Luftflotten 1983/84, Koblenz 1983.

ner, wie die in der NATO übliche F-4 PHANTOM, je nach Ausstattung der Aufklärung, dem Luftkampf und der Erdkampf(nah)unterstützung dienen, aber auch weit im Hinterland eines Gegners, etwa gegen dessen Zweite Strategische Staffel eingesetzt werden. Mehr noch: Es kann sogar, wie z. B. der französische Bomber MIRAGE IV oder der US-Jagdbomber F-111, und noch mehr der Mittelstreckenbomber FB-111 - ähnlich Raketensystemen - sowohl strategische als auch eurostrategische Funktionen besitzen, z.B. bei der Vernichtung der Entscheidungs- und Machtzentren sowie der strategischen Arsenale eines Gegners. Schließlich können ihm auch - wiederum als *"multi-role-system"* ausgelegt - verschiedene Missionen, etwa als Seekriegsführungssystem und/oder als landzielorientierte Trägerwaffe zugesprochen werden. Wenn aber - um beim letzten Beispiel zu bleiben - zur "Seekriegsführung" bestimmte Systeme, wie ein Teil der deutsch-britisch-italienischen Jagdbomber MRCA TORNADO oder wie der sowjetischen Bomber TU-26 BACKFIRE, in der Flugzeug-Bestandsaufnahme zwar angegeben werden (müssen), im Kräftevergleich und bei Abrüstungsverhandlungen jedoch wegen mangelnder Landzielorientierung nicht oder nur teilweise berücksichtigt werden (dürfen), so kann es sich doch nur um eine definitorische Abgrenzung und fiktive Arbeitshilfe handeln. In der Realität des Ernstfalls, d.h. im Krieg, mag sie durchaus ihre Gültigkeit verlieren. Daß im übrigen neben den landgestützten Luftfahrzeugen für die Seekriegsführung auch Flugzeuge mit umgekehrtem Vorzeichen existieren, nämlich auf Flugzeugträgern dislozierte Systeme mit Landzielorientierung, macht die Problemlösung ganz sicherlich nicht einfacher.

Aber mehr noch: Handelt es sich bei den genannten Beispielen noch um funktionale Imponderabilien, die sich auch für viele andere Waffensysteme aus der alternativen Festlegung von Dislozierungsort und Einsatzziel sowie Reichweite der Waffen ergeben (können), so stellen sich für *mobile* (und transportable) Systeme großer Reichweiten die Probleme sowohl der Zuordnung als auch der Bedrohungswahrnehmung noch ausgeprägter, wenn nicht sogar gänzlich neu.

Das Problem der Mobilität ist zwar kein Problem von Flugzeugen allein. Die Bedrohung durch die sowjetischen SS-20-Rakete z.B. lag für die NATO-Staaten neben ihrer großen Reichweite und ihrer höheren Treffgenauigkeit eben auch in ihrer Mobilität und Transportfähigkeit. Mehr noch als die Ende der 70er / Anfang der 80er Jahre vieldiskutierte SS-20 oder auch die - um ein weiteres Beispiel zu nennen - auf U-Booten stationierten und damit mobilen SLBM-Raketen weisen Flugzeuge neben ihrer bereits erwähnten *Multi-Funktionalität* (zumindest theoretisch) auch eine hohe *Multi-Flexibilität* auf. Anders als die genannten Raketen können sie in relativ kurzer Zeit überführt werden und damit auch eine nicht von vornherein erkennbare Zuordnung zu einem bestimmten Schauplatz erhalten. Zwar muß die eigentliche kategoriale Einteilung der verschiedenen Flugmuster nach den Einsatzreichweiten (combat range) und nicht nach den maximalen Reichweiten erfolgen, wie sie z.B. bei einer Überführung des Flugzeugs (ohne Rückflug) und unter günstigen Flugbedingungen (Flugprofil), d.h. bei treibstoffsparender Zuladung, Höhe und Geschwindigkeit erreicht werden. Der Einsatzradius berechnet sich vielmehr - wegen der Flugabwehr des Gegners - aus einem Flugprofil mit hoher Geschwindigkeit in geringer Flughöhe und einer nicht immer geraden Fluglinie, also einem hohen Treibstoffverbrauch unter Berücksichtigung des Rückfluges. Doch relativieren die Möglichkeiten der Luftbetankung und der Installierung von zusätzlichen Innen- und Außentanks das Problem des Treibstoffverbrauchs und damit der Reichweite sehr stark. Vor allem aber können Flugzeuge in kurzer Zeit ihre Ausgangsposition durch Zwischenlandungen verändern. Eine sowjetische SU-7 FITTER A etwa, die einen Einsatzradius unterhalb 500 km hat und keine Luftbetankungsvorrichtung besitzt, aber nuklearfähig ist, hätte nach einer Zwischenlandung in der vormaligen DDR oder einem anderen nicht-sowjetischen WVO-Staat sehr wohl eine Aufgabe im Bereich des - gemessen an ihrem ursprünglichen Standort - "theatrewide use" bzw. der "deep interdiction" übernehmen. Auch "Grenzfälle" der NATO, wie die aus dem Anfang der 60er Jahre stammenden F-104 STARFIGHTER ohne Luftbetankungsvorrichtung, können bei einem (im übrigen nicht vorgesehenen) Nuklearbombentransport ihren internen Kraftstoffvorrat von ca. 6 000 lbs (ca. 3 500 l) über zwei Tip- und zwei Pylon-Tanks und durch Zusatztanks im Waffen-, Leerhülsen- und Gurtkastenraum auf insgesamt ca. 11 000 lbs (6 500 l), also fast auf das Doppelte steigern. Die Betankung selbst kann in ca. fünf Minuten durchgeführt werden. Dieser kurze Zeitraum ermöglicht es dem System, auf grenznahen Flugplätzen, u.U. sogar auf grenznahen Autobahnen relativ ungefährdet zwischenzulanden und zu tanken. Und auch NATO-Flugzeuge können schließlich im Zweifelsfalle - ähnlich den WVO-Systemen - die Alternativoption besitzen, (LRTNF-) Einsätze von Stützpunkten der Bündnispartner aus zu fliegen; im Zuge des Ost-West-Konflikts wäre dies vom Territorium Norwegens, Dänemarks, Griechenlands und der Türkei aus gegen die Sowjetunion möglich gewesen.

Ganz offensichtlich muß also - ausgerichtet auf Flugzeuge - an die Stelle einer formalen, an Reichweiten orientierten Kategorisierung von Luftfahrzeugen mit Schwellenwerten etwa bei 200 km, 500 km, 1 000 km und darüber hinaus ein funktions- und zielbezogenes Verständnis treten, das im Rahmen von Abrüstungsverhandlungen entweder die zukünftige Existenz von Luftfahrzeugen grundsätzlich in

Frage stellt (Motto: "Alles, was fliegt, muß weg") oder zumindest strenge Forderungen im Sinne von Verifikationen und Inspektionen vor Ort erhebt. Spätestens mit der Indienststellung hochmoderner luftgestützter Raketen und Marschflugkörper, die selbst wieder eine große Einsatzreichweite bis zu vielen hundert Kilometern haben können und das Eindringen des Trägerflugzeuges in den Luftraum des Gegners weitgehend überflüssig machen, werden diese Schlußfolgerungen und Forderungen zum absoluten Imperativ.

Bleibt ein Aspekt nachzutragen, der in der letzten Überlegung, aber auch in den vorangegangenen Ausführungen indirekt mehrfach angesprochen wurde: Flugzeuge sind in der Regel selbst keine Waffe; vielmehr sind sie ein Trägersystem für Waffen und Einsatzmittel. Darüber hinaus sind sie nicht - vergleichbar etwa dem Trägersystem Rakete - automatisch ein "Verbrauchs-Träger", können im Gegenteil mehrfach eingesetzt werden. Aus beidem folgt, daß beim Kräftevergleich sowohl im Ernstfall als auch auf dem Papier die Zahl der möglichen Einsätze (sortie rates) eine nicht unerhebliche Rolle spielt. Die Höhe der Einsatzrate hängt aber wiederum von einer Reihe qualitativer Parameter ab, die somit in Abrüstungsverhandlungen - soweit eine Nullösung nicht angestrebt oder erreicht wird - keinesfalls unberücksichtigt bleiben können. Zu diesen Parametern gehören die Ausbildung der Piloten sowie die jeweiligen Standards der Technologie, Avionik und Elektronik der Luftfahrzeuge, ferner Rahmenbedingungen wie Anzahl und Qualität von Basen, Schutzbauten und Startbahnen und schließlich auch (nur auf den ersten Blick numerische) Daten wie Art und Gesamtbestand der bevorrateten Munition sowie die Zahl und Zusammensetzung der von den einzelnen Flugzeugen mitgeführten Waffen.

Was bedeuten diese methodischen Überlegungen für die konkreten Ab- und Umrüstungsschritte auf dem Wege zu einem Sicherheitssystem 2 000? Zum einen sind Flugzeuge - wie gesehen - multi-flexibel, d.h. hochmobil, schnell, über weite Entfernungen und ggf. mit großer Kampfkraft in verschiedenen Missionen einsetzbar. Im Ernstfall heißt das (positiv), daß Luftstreitkräfte im Rahmen der Beistandspflicht eines Systems Kollektiver Sicherheit nach kurzer Reaktionszeit schwerpunktmäßig und effektiv überall dort ihre Kampfkraft entfalten können, wo es erforderlich scheint. Für Abrüstungs- und Umstrukturierungsprozesse und unter Bedrohungsgesichtspunkten bedeutet dies (negativ), daß Reduzierungen der derzeitigen Bestände in Ost und West, wie sie das VKSE-Abkommen vom 19. November 1990 (vgl. Abschn. 4.2.) vorsieht[117], auf keinen Fall genügen. Es bedeutet

---

117 Nach dem VKSE-Abkommen muß die WVO zwar 2 700 Flugzeuge reduzieren, die NATO dagegen kann sogar bis 6 800 Flugzeuge aufrüsten - vgl. oben Abschn. 4.2.

ferner, daß selbst ein Konzept der Rückverlegung oder der "Kampfflugzeugfreien Zone", vergleichbar etwa der Atomwaffenfreien Zone oder dem Panzerfreien Raum, allein nicht ausreichen würde.
Zum anderen sind moderne Flugzeuge multi-role-Kampfflugzeuge oder können entsprechend genutzt bzw. mißbraucht werden. Die Unterscheidung z.B. nach Jagdbombern (für deep strikes im Hinterland des Gegners), Flugzeugen für die Erdkampfunterstützung und Flugzeugen für den Luftkampf (evtl. auch in Kampfflugzeuge für die elektronische Kampfführung) kann deshalb als Arbeitshypothese hilfreich sein, ist realiter aber nicht ohne Ambivalenz. Soweit Nullösungen nicht oder derzeit noch nicht möglich sind, empfiehlt sich deshalb eine *Kombination* der folgenden vier Elemente:

- die Reduzierung/Begrenzung auf möglichst kleine Restbestände,
- die extensive Rückverlegung der (Rest-)Bestände weg von den Grenzen,
- die extensive Reduzierung der Flugplätze, Startbahnen, Schutzbauten und der sonstigen Infrastruktur sowie
- die intensive Verifikation unter Einschluß von Inspektionen vor Ort.

Konkret könnten diese und ähnliche Vorstellungen in folgende zehn Überlegungen zur Abrüstung der Luftstreitkräfte bzw. Forderungen an künftige Wiener VKSE-Gespräche einmünden[118]:

1. Da die strategischen Bomber aufgrund ihrer Reichweiten eine Bedrohung für Europa darstellen, sie aber im Rahmen von VKSE nicht behandelt werden, ist das Problem unter Wahrung der europäischen Interessen bei den START-Gesprächen oder raschen Nachfolgeverhandlungen zu berücksichtigen. Entsprechendes gilt auch für die auf Flugzeugträgern stationierten Maschinen mit Landzielorientierung. Insbes. letztere sind abzuschaffen oder aus den Rand- und Binnenmeeren Europas abzuziehen.
2. Mittelstreckenbomber und Bomber im Grenzbereich zum strategischen Bomber, z.B. die US FB-111 (in Großbritannien) oder der sowjetische TU-26 BACKFIRE, sind abzuschaffen oder aus dem gesamten Gebiet vom Atlantik bis zum Ural (ATTU-Gebiet) zu entfernen.

---

118 Vgl. "Europäische Sicherheit 2000". Überlegungen zu einem Gesamtkonzept für die Sicherheit Europas aus sozialdemokratischer Sicht. Frieden und Abrüstung Nr. 30 (2/1989), Bonn 1989; Teicht, Arnold Peter, VKSE/Luft-Streitkräfte, SISTRA 3 - 4/1989; Unterseher, Lutz, Umrisse einer stabilen Luftverteidigung, in: Studiengruppe Alternative Sicherheitspolitik (Hrsg.), Vertrauensbildende Verteidigung - Reform Deutscher Sicherheitspolitik, Gerlingen 1989, S. 188 ff.

3. Im gesamten ATTU-Gebiet werden ferner (schrittweise) alle Jagdbomber verschrottet. Soweit insbes. mit Blick auf ein zukünftiges System Kollektiver Sicherheit in und für Europa (SKSE) ein Restbestand an Jagdbombern (und evtl. auch Mittelstreckenbombern - s.o.) erforderlich scheint, ist dieser Restbestand unter internationale Verfügungshoheit zu stellen.
4. In den Grenzstaaten der (bisherigen) beiden Pakte ist ein Korridor bzw. ein Grenzsicherheitsbereich einzurichten, in dem keine Luftstreitkräfte stationiert werden dürfen. Betroffen sind die Länder Norwegen, Sowjetunion, Bundesrepublik Deutschland, CSFR, Griechenland, Türkei, Bulgarien.
5. In der Zentralregion des Gebietes vom Atlantik bis zum Ural, d.h. in der Bundesrepublik Deutschland, den Benelux-Staaten sowie in Polen und der CSFR, ist auf die Dislozierung von Flugzeugen für den Erdkampf zu verzichten.
6. Die Gesamtzahl der Kampfflugzeuge im gesamten ATTU-Bereich wird auf eine möglichst niedrige (z.B. 20% des derzeitigen Bestandes der NATO) und gleiche Obergrenze festgelegt. In dieser Gesamtzahl ist auch der ggf. erforderliche Bestand an Aufklärungsflugzeugen enthalten.
7. Die jeweiligen Luftwaffenbasen, Startbahnen, Schutzbauten und sonstigen Infrastrukturen werden entsprechend den durchzuführenden Maßnahmen und Schritten aufgelöst bzw. vernichtet. Dies gilt insbes. für den Grenzsicherungsbereich und die Zentralregion.
8. Die Umgehung der Abrüstungsmaßnahmen durch Modernisierungen, insbes. durch die Beschaffung von Kampfdrohnen, Marschflugkörpern etc. ist strikt untersagt.
9. Die Luftverteidigung kann mit Schwergewicht auf bodengestützten Luftabwehrsystemen verstärkt werden. Soweit die Beschaffung sog. leichter "Heimatschutzjäger" erforderlich scheint, ist deren Zahl Teil des Gesamtbestandes der im ATTU-Bereich zulässigen Kampfflugzeuge.
10. Abrüstung, Obergrenzen, Dislozierung und Modernisierungsverbot sind durch intensive Verifikationsmaßnahmen unter Einschluß von Inspektionen vor Ort zu gewährleisten.

III. AUSBLICK: ZUR ÜBERTRAGBARKEIT GEMEINSAMER SICHERHEIT

7. Zum "Konfliktfall Golf"[119]

Dem Ost-West-Gegensatz wurde und wird die Idee der Gemeinsamen Sicherheit gegenübergestellt. Kann diese europäische Idee und Konzeption über den vormaligen Ost-West-Konflikt hinaus auch zur Bewältigung anderer Krisen und Konflikte, z.B. der aktuellen Golfkrise, herangezogen werden? Die vorliegende Arbeit soll nicht abgeschlossen werden, ohne nicht wenigstens den Versuch zu unternehmen, an einem aktuellen Beispiel über den "europäischen Tellerrand" zu schauen.

7.1. Zur Golfkrise[120]

Am 2. August 1990 besetzten irakische Truppen Kuwait. Am 8. August annektierte der Irak das bis dahin souveräne Nachbarland. Noch am 3. August verurteilte der Sicherheitsrat der Vereinten Nationen die Invasion Kuwaits und forderte den Irak auf, seine Streitkräfte sofort und bedingungslos abzuziehen. Am 6. August verhängte der Sicherheitsrat ein umfassendes Handels-, Wirtschafts-, Finanz- und Waffenembargo. Weitere UN-Resolutionen folgten, darunter am 25. August der Beschluß, gegenüber dem Irak Wirtschaftssanktionen auch mit militärischen Mitteln durchzusetzen. Am 29. November schließlich forderte der UN-Sicherheitsrat den Irak ultimativ auf, sich bis zum 15. Januar 1991 aus Kuwait zurückzuziehen, die "Anwendung aller notwendigen Mittel" - also auch militärischer - sei sonst nicht mehr auszuschließen.

Während der ersten Tage nach der Invasion fuhr der Irak mit dem Aufbau seiner Streitkräfte durch Mobilmachung fort. Zugleich verstärkte er seine Truppen im Grenzgebiet zu Saudi-Arabien. Die Vereinigten Staaten von Amerika reagierten zunächst mit Manövern der im Golf präsenten Kriegsschiffe. Ab 5. August setzten sie weitere Schiffe in Marsch. Am 6. August stimmte König Fahd der Stationierung ausländischer, insbesondere nordamerikanischer Streitkräfte auf dem Territorium Saudi-Arabiens zu. Bereits am 7. August brachten die USA erste Teile der 82.

---

119 Vgl. zum folgenden bereits: Lutz, Dieter S., Der Golfkrieg - das Grundgesetz - die Gemeinsame Sicherheit, in: Frankfurter Rundschau Nr. 289 vom 12. Dezember 1990, S. 18
120 Vgl. zu den Daten und Fakten u.a. die Berichterstattung in der Tagespresse seit Anfang August 1990; ferner: The International Institute for Strategic Studies (IISS), The Military Balance 1990-1991, London 1990, S: 97 ff; Krieg am Golf, in: ÖMZ 5/1990, S. 421-426; Kalinowski, Martin/Liebert, Wolfgang/Neuneck, Götz, Ist der Irak nuklearwaffenfähig?, in: Vierteljahresschrift für Sicherheit und Frieden (S + F) 3/1990, S. 176-183; IFSH, Krieg oder Frieden am Golf? Hamburger Informationen zur Friedensforschung und Sicherheitspolitik 10/1990; Roland Kaestner und seinen Detailkenntnissen schulde ich Dank.

Luftlandedivision aus Fort Bragg per Lufttransport auf den Weg. Über 20 weitere Nationen folgten dem amerikanischen Beispiel, u.a. NATO-Verbündete wie Frankreich und Großbritannien, aber auch arabische Staaten wie Ägypten und Syrien.

Wie die Aktivitäten der Staaten in den vergangenen Monaten seit der Invasion Kuwaits zeigen, reagierte die internationale Gemeinschaft bislang einmütig wie nie zuvor auf die Völkerrechtsverletzungen des Irak. Zum ersten Male seit ihrer Schaffung vor 45 Jahren haben sogar die Vereinten Nationen gemeinsame Aktionen gegen den Aggressor beschlossen, darunter notfalls auch den Einsatz von Waffengewalt. Fraglich aber ist, ob der Einsatz von Waffen und Streitkräften angesichts der im Golfgebiet versammelten Destruktionspotentiale tatsächlich eine rationale Option zur Lösung der Krise ist.

Der Irak besitzt ca. 1 Million Soldaten, 5 500 Panzer und 700 Kampfflugzeuge. Er verfügt ferner über chemische Kampfmittel und über eine Reihe von Boden-Boden-Raketen mit unterschiedlichen Reichweiten. Ob der Irak Atomwaffen besitzt, ist mit Gewißheit nicht zu verneinen.

Im Oktober 1990 sind ca. 430 000 irakische Soldaten und ca. 3 500 Panzer an der Grenze zu Saudi-Arabien stationiert. Ihnen gegenüber stehen ca. 340 000 Soldaten aus mehr als 20 Nationen. Das größte Kontingent stellen mit ca. 210 000 Soldaten und ca. 1 400 Panzern die USA. Im November 1990 soll diese Zahl sogar noch um weitere 100 000 bis 200 000 Soldaten erhöht werden. Neben konventionellen Waffen verfügen zumindest drei der Verbündeten - USA, Frankreich, Großbritannien - über chemische und/oder atomare Waffen sowie über weitreichende Trägermittel. Die konventionelle Ausstattung der multinationalen Verbündeten kann qualitativ - wenn auch nicht immer quantitativ - als überlegen gelten: Die Vorherrschaft zur See ist eindeutig. Die Luftüberlegenheit wird angenommen (vgl. auch Schaubild Nr. 21).

Welche der Seiten aber auch immer im militärischen Sinne als überlegen angesehen werden kann, Umfang und Qualität der Potentiale sowie die spezifische Verwundbarkeit der Region zeigen, daß die Konsequenzen eines Krieges möglicherweise in keinem rationalen Verhältnis zu den angestrebten Zielen stehen würde. Die Ziele eines militärischen Einsatzes der Verbündeten gegen den Irak wären:

- die Wiederherstellung der Souveränität Kuwaits,
- die Sicherung der Erdölquellen,
- die Stabilisierung der Region.

Schaubild Nr. 21: Militärische Optionen am Golf

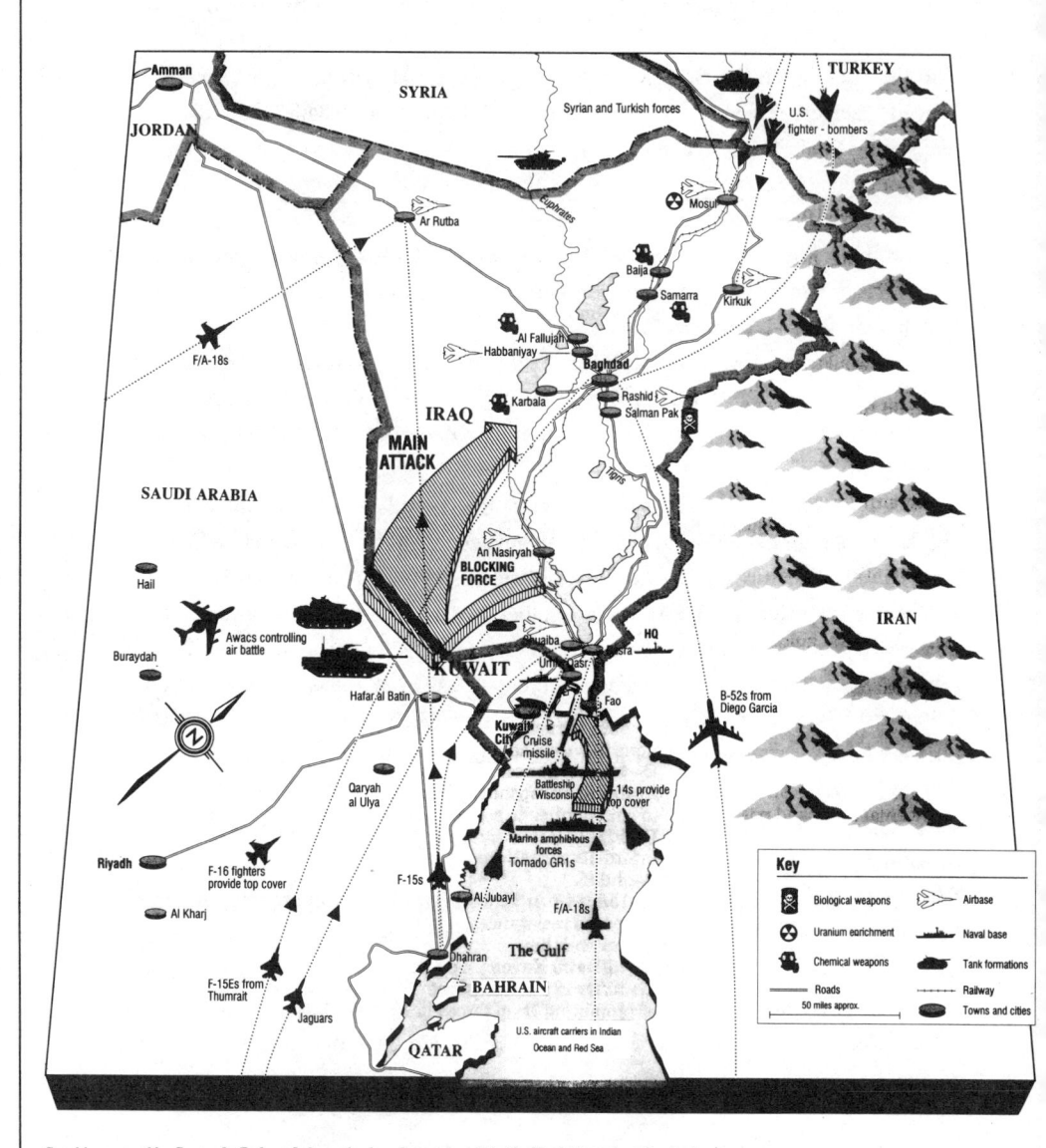

Quelle: The Defense Monitor, Vol. XIX, No. 8 (1990), S. 5.

Als Konsequenzen des Einsatzes militärischer Mittel sind aber gerade nicht auszuschließen:

- die Verwüstung Kuwaits und die Vernichtung seiner Bevölkerung (sowie die Vernichtung der Bewohner weiterer Bevölkerungszentren, insbesondere im Irak und in Saudi-Arabien),
- die Zerstörung der Erdölfelder und der entsprechenden Anlagen und Infrastrukturen, insbesondere in Kuwait, aber auch in allen anderen Staaten der Region,
- die Eskalation des militärischen Geschehens, sei es als Ausdehnung des Krieges auf Staaten wie Jordanien oder Israel, sei es in Form des Einsatzes von chemischen und/oder atomaren Massenvernichtungsmitteln (mit im übrigen grenzüberschreitender Wirkung), sei es als Terror und Sabotage auch außerhalb der Region, insbesondere in den USA und in Europa.

Zusammenfassend muß also betont werden, daß der kriegerische Einsatz militärischer Mittel voraussichtlich gerade das zerstören würde, was geschützt werden soll und gerade das provoziert, was verhütet werden soll. Die Funktion der verbündeten Streitkräfte in der Golf-Region kann deshalb nur die Abhaltung des Iraks von einem Angriff auf ein weiteres Nachbarland sowie die Durchsetzung und Einhaltung des von der UNO beschlossenes Embargos sein. Die Bundesrepublik sollte ausschließlich in diesem Sinne ihren Einfluß auf die Konfliktkontrahenten, insbesondere die westlichen Bündnispartner geltend machen.

7.2. Zur Gemeinsamen Sicherheit am Golf?[121]

Kurzfristig haben die Entschärfung des akuten Konfliktes und die Kriegsverhütung am Golf absoluten Vorrang. Gleichwohl darf schon heute das mittel- und langfristige Ziel der regionalen Friedenssicherung, d.h. die Schaffung einer stabilen Friedens- und Sicherheitsordnung auf Dauer, nicht völlig aus den Augen verloren werden. Sind erst einmal die Weichen in Richtung auf ein militärisches Abschrek-

---

[121] Vgl. zum folgenden u.a.: Tibi, Bassam, Konfliktregion Naher Osten, München 1989; Büren, Rainer, Befriedung im Vorderen Orient: eine "verlorene Kunst"?, in: Senghaas, Dieter (Hrsg.), Regionalkonflikte in der Dritten Welt, Baden-Baden, 1989, S. 167-180; für Anregungen und Hinweise bin ich in besonderer Weise Claudia Schmid dankbar.

kungssystem gestellt bzw. entsprechende Strukturen verfestigt, so ist nicht auszuschließen, daß (auch weiterhin und) über Jahre hinweg eine manifeste Hochrüstung und latente Kriegsgefahr die Region überschatten. Der Ost-West-Konflikt der vergangenen Jahrzehnte ist ein Beispiel, das sich nicht wiederholen sollte. Was aber ist die Alternative ?

Fraglich ist, ob die für Europa vorgesehene und zur Überwindung des Ost-West-Konfliktes entwickelte Alternative der Gemeinsamen Sicherheit auch auf andere Regionen und Konflikte - im vorliegenden Fall auf die Nah- und Mittelost-Region und auf die aktuelle Golfkrise - übertragen werden kann. Mindestens drei Gründe scheinen dagegen zu sprechen:

1. Die Komplexität der Konfliktkonfiguration: Der Ost-West-Konflikt besaß hegemonialpolitische (USA/UdSSR), machtpolitische (NATO/WVO), ordnungspolitische (Liberalismus, Rechtsstaatlichkeit, Demokratie/ Einparteiendiktatur, Kommandostrukturen) und ideologische (Kapitalismus/Kommunismus) Elemente sowie eine auf der Eigendynamik der Rüstungswettläufe beruhende Komponente. Der Nah- und Mittelost-Konflikt weist zwar ebenfalls hegemonialpolitische (Ägypten/Syrien/Irak/Iran), machtpolitische (Israel/arabische Staaten), ordnungspolitische (Diktaturen/Feudalstaaten/Republiken/Demokratien) und ideologisch/religiöse (Zionismus/Fundamentalismus/Säkularisierung) Züge auf sowie eine durch Exporte gerade auch der Staaten des ehemaligen Ost-West-Konfliktes geförderte Komponente der Hochrüstung und der Kriegsführungsfähigkeit. Darüber hinaus besitzt er aber auch ökonomische Gründe (Industriestaaten/Erdölproduzenten/"have nots"), ethnische Ursachen (Juden/Araber/Kurden), territoriale und kolonialpolitische Aspekte (Israel/ Palästina, Irak/Iran/Kuwait) und manifestiert sich immer wieder in gewaltsamen Handlungen, sei es als Umsturz (Iran), sei es als Bürger- und Bandenkrieg (Libanon), sei es als Invasion (Irak/Kuwait, Israel, Syrien/Libanon) oder sei es als opferreicher Krieg (Israel/arabische Staaten, Iran/Irak).

2. Die polyzentristische Struktur der Konfliktregion und ihrer Akteure: Der Ost-West-Konflikt war im wesentlichen ein bilateraler Konflikt zwischen NATO und Warschauer Vertragsorganisation (WVO) bzw. deren dominanten Mächten USA und UdSSR. Im Vorderen Orient kann allenfalls mit Blick auf Israel einerseits und die arabischen Staaten andererseits von einer bilateralen Konfrontation gesprochen werden. Die Konfliktkonfiguration insgesamt weist dagegen polyzentristische Strukturen, eine Vielzahl von Akteuren und wechselnden Allianzen auf.

3. *Der Totalitätsanspruch des Islam:* Der Ost-West-Konflikt schloß Kriege zwar nie völlig aus, sah sie aber als vermeidbar an. Spätestens seit dem XX. Parteitag der KPdSU galt diese Auffassung auch für die kommunistische Ideologie. Vorrangige Aufgabe von Militärallianzen wie der NATO und der WVO war es entsprechend, vom Krieg abzuschrecken, d.h. ihn zu verhüten. Der Totalitätsanspruch des Islam ist dagegen nach innen und außen nahezu ungebrochen. Die modernistische Schule des Islam sieht zwar innergesellschaftlich Elemente einer Säkularisierung vor; auch interpretiert sie außenpolitisch den "heiligen Krieg" (gihad) als lediglich moralisch-geistige Kraft. Gegen die kämpferisch-offensive Grundhaltung der Fundamentalisten, die nach wie vor mit "gihad" auch und gerade den bewaffneten Kampf rechtfertigen, konnte sie sich allerdings nicht durchsetzen. Ebensowenig konnte sie bislang den Mißbrauch des "heiligen Krieges" für politische Zwecke verhindern.

Sieht man die beiden erstgenannten Gründe vor dem *konflikttheoretische Ansatz* Gemeinsamer Sicherheit, so ist eine grundsätzliche Unvereinbarkeit, die eine Übertragung des Konzeptes auf den Vorderen Orient nicht zuließe, allerdings nicht festzustellen. Im Gegenteil: Gemeinsame Sicherheit leugnet weder die mögliche Existenz noch den möglichen Fortbestand politischer, ideologischer, religiöser oder systembedingter Interessengegensätze und Konflikte; sie will lediglich die Rahmenbedingungen so gestalten, daß die Auseinandersetzungen als friedlicher Wettbewerb unter Ausschluß militärischer Mittel geführt werden. Trotz der Komplexität der Konfliktkonfiguration und trotz der Vielfalt ihrer Akteure sind kooperative und wechselseitige Handlungsformen, aber auch einseitige Vorleistungen und vertrauensbildende Maßnahmen und schließlich ein allseitiger Verzicht auf militärische Präemption, Vergeltung und Angriffsfähigkeit bei Fortführung lediglich defensiver Streitkräfte also nicht ausgeschlossen, allerdings auch nur langfristig und in einem evolutionären Sinne zu erreichen.

Der dritte der genannten Gründe, der Totalitätsanspruch der fundamentalistischen Schule des Islam, läßt gleichwohl Zweifel offen: Der konflikttheoretische Ansatz Gemeinsamer Sicherheit leugnet zwar nicht den möglichen Gegensatz von Sicherheitskontrahenten; der *sicherheitsphilosophische Ansatz* Gemeinsamer Sicherheit baut aber auf deren vernunftorientiertes Miteinander im Interesse der Kriegsverhütung. M.a.W.: Nur wer mit dem "heiligen Krieg" als außenpolitisches Instrument von Religion und Politik bricht, ist zur Gemeinsamen Sicherheit fähig. Ob dieser "Bruch" aus Überzeugung oder aus Gründen der Vernunft (angesichts der gemeinsamen Betroffenheit durch Unsicherheit) vorgenommen wird, kann als Voraussetzung Gemeinsamer Sicherheit gleichgültig sein. Die Bereitschaft zur Einhegung organisierter militärischer Gewaltanwendung und zur Tolerierung von Nicht-Muslimen, wie sie auch der Islam kennt und praktiziert, genügt völlig. Die Anerkennung der Legitimation des Sicherheitskontrahenten, dessen Religion oder politischen Systems ist dagegen nicht erforderlich. Eine "verborgene Grenze" materieller Art, wie sie z.B. Rainer Büren für das Verhältnis von Muslimen und Nicht-Muslimen, einschließlich der Verträge zwischen ihnen, feststellt, ist für die Realisierung Gemeinsamer Sicherheit von nachgeordneter Bedeutung. Diese Grenze hin zu einem "positiven Frieden" hat es zweifelsohne auch zwischen den Sicherheitspartnern im Rahmen des Ost-West-Konfliktes gegeben.

Gemeinsame Sicherheit ist in erster Linie ein Kriegsverhütungskonzept. Der Friedensbegriff, der den Konzepten der Gemeinsamen Sicherheit und der Kollektiven Sicherheit zugrundeliegt, ist eindeutig ein negativer im Sinne der Abwesenheit von Krieg. Gemeinsame und Kollektive Sicherheit sollen - je nach Perspektive - "lediglich" oder "ausschließlich" Krieg verhüten bzw. Krieg beenden. Die Herstellung eines "positiven Friedens" - sei es im Sinne des Suprematieanspruches des Islam, sei es im westlich verstandenen Sinne der Abwesenheit struktureller Gewalt bzw. der Schaffung sozialer Gerechtigkeit - bleibt somit dem langfristigen und übergreifenden Konzept eines Gemeinsamen Friedens vorbehalten. Gerade in dieser Beschränkung auf ein "negatives" Verständnis vom Frieden liegt aber die Stärke der Gemeinsamen (und auch der Kollektiven) Sicherheit: Unbeschadet aller Gegensätze und Konflikte soll Krieg als Mittel der Politik gemeinsam geächtet, verhütet und - im Rahmen Kollektiver Sicherheit - gegebenenfalls auch aktiv durch kollektive Maßnahmen beendet werden.

Als ein weiteres Zwischenergebnis kann also festgehalten werden, daß das Kriegsverhütungskonzept Gemeinsame Sicherheit "lediglich ein vernunftorientiertes Miteinander" verlangt. Daß ein solches Miteinander auch im Vorderen Orient möglich ist, zeigt der ägyptisch-israelische Friedensvertrag von 1979, kommt aber auch in der UN-Mitgliedschaft aller Staaten der Region zum Ausdruck. Theorie und Konzeption der Gemeinsamen Sicherheit können, ja sollten deshalb auch Grundlage der Bewältigung des Nah- und Mittelost-Konfliktes und des Aufbaus einer stabilen Regionalordnung bilden.

Die Umsetzung dieser theoretischen Aussage in die Praxis darf allerdings einen Unterschied zwischen dem Ost-West-Konflikt und dem Nah- und Mittelost-Konflikt nicht aus den Augen verlieren: Im Ost-West-Rahmen war und ist Gemeinsame Sicherheit der Versuch, das Ost-West-Abschreckungssystem zu verändern, zu überwölben und schließlich abzuschaffen bzw. durch ein System Kollektiver Sicherheit zu ersetzen. Im Vorderen Orient besteht ein vergleichbares Abschreckungssystem nicht, herrscht vielmehr immer wieder "heißer Krieg". Die Versuchung, zunächst ein System des Kalten Krieges auf der Basis hochgerüsteter Abschreckungsstrukturen im Vorderen Orient zu etablieren, ist deshalb groß. Die USA scheint derzeit mit ihren Aktivitäten in der Golfregion dieser Versuchung zu unterliegen. Warum aber den Fehler wiederholen, den Europa und mit ihm die USA und die UdSSR in den vergangenen Jahrzehnten gemacht haben? An die Stelle von Abschreckungsallianzen kann im Nahen und Mittleren Osten auch die Abhaltefunktion von Streitkräften der Vereinten Nationen, also des universellen Systems Kollektiver Sicherheit, treten. Möglicherweise genügt sogar die bloße Sicherheitsgarantie der UNO auch ohne präsente Truppen.

Neben den von der UNO sanktionierten Aktivitäten, die der Wiederherstellung Kuwaits dienen, sind deshalb kurz- und mittelfristig folgende Maßnahmen vorstellbar:

- der Beschluß einer Sicherheits- und Beistandsgarantie des UN-Sicherheitsrates für die vom Irak bedrohten Staaten;
- die sofortige Reduzierung der US-Streitkräfte in Saudi-Arabien auf ein Maß mit Abhaltefunktion;
- der Ersatz der gegen den Irak verbündeten multinationalen Streitkräfte durch UN-Truppen unter UN-Oberkommando.

Mittel- und langfristig sind - möglicherweise unter Beteiligung des UN-Sicherheitsrates - auf den Weg zu bringen:

- Verhandlungen aller Staaten der Region - ähnlich der VKSE - über Rüstungskontrolle, Abrüstung und gegebenenfalls Umrüstung hin zur Strukturellen Angriffsunfähigkeit;
- Verhandlungen - gegebenenfalls orientiert am KSZE-Prozeß und unter Nutzung von regionalen Institutionen wie der Arabischen Liga - über die Stabilisierung der Region und die Bildung eines Systems der Sicherheit und der Zusammenarbeit im Vorderen Orient.

Diese oder ähnliche Vorstellungen mögen heute noch wie Utopien klingen. Daß aber auch Utopien machbar sind, beweisen Tag für Tag die sich derzeit revolutionär verändernden Ost-West-Beziehungen.

IV. ANHANG

- Gemeinsame Sicherheit - das neue Konzept, entnommen aus: Bahr, Egon/Lutz, Dieter S. (Hrsg.), Gemeinsame Sicherheit Band I: Idee und Konzept, Baden-Baden 1986, S. 45-81.
- Zu den verfassungsrechtlichen Rahmenbedingungen Gemeinsamer Sicherheit nach dem Grundgesetz der Bundesrepublik Deutschland, entnommen aus: Bahr, Egon/Lutz, Dieter S. (Hrsg.), Gemeinsame Sicherheit Band II: Dimensionen und Disziplinen, Baden-Baden 1987, S. 85-104.
- Strukturelle Angriffsunfähigkeit (hier: Kriterien und Konsequenzen), entnommen aus: Lutz, Dieter S., Gemeinsame Sicherheit Band IV: Defensive Abhaltung und Strukturelle Angriffsunfähigkeit, Baden-Baden 1989, S. 45-97.

Gemeinsame Sicherheit – das neue Konzept

Definitionsmerkmale und Strukturelemente Gemeinsamer Sicherheit im Vergleich mit anderen sicherheitspolitischen Modellen und Strategien

1. *Von der Sicherheit zur Gemeinsamen Sicherheit*

Unter *Sicherheit* wird in der Regel die Abwesenheit von Gefahren und Bedrohungen bzw. der Schutz vor Gefahren und Bedrohungen verstanden. *Äußere* Sicherheit definiert sich entsprechend aus der Abwesenheit von Eingriffen bzw. aus der Vorsorge gegen diejenigen Eingriffe von außerhalb der Staatsgrenzen, die mit Androhung oder Anwendung insbesondere militärischer Gewalt die Entschlußfähigkeit der Regierung, die Entscheidungsfreiheit des Parlaments, die eigenständige Entwicklung der Gesellschaft oder die Existenz des Staates und der ihm angehörenden Menschen gefährden. Gewahrt werden sollen u. a. die politische Unabhängigkeit, die territoriale Integrität sowie die Lebensfähigkeit eines Landes und die Existenzerhaltung sowie ggf. auch die Existenzentfaltung seiner Bürger.

Die Mittel, die der äußeren Sicherheit dienen (sollen), sind vorrangig militärischer Natur. Auch in der Realität der internationalen Beziehungen des zu Ende gehenden 20. Jahrhunderts haben Streitkräfte und Rüstungen als *offizielle* Mittel der äußeren Sicherheitspolitik nichts von ihrer Bedeutung eingebüßt. Die Rahmenbedingungen allerdings haben sich in den letzten Jahren und Jahrzehnten verändert: In einer Zeit, in der nicht nur die ökonomischen, politischen, kulturellen und militärischen Verflechtungen und Abhängigkeiten ständig zunehmen, sondern auch Gefahren und Krisen – gewollt oder ungewollt – grenzüberschreitend wirken (Wirtschaftskrise, Umweltverschmutzung, radioaktive Folgen eines Atomkrieges etc.), kann Sicherheit nicht länger nur militärisch[1] und vor allen Dingen nicht länger einseitig bzw. autonom

---

1 Im folgenden werden wir uns nur auf die militärischen Komponenten »Gemeinsamer Sicherheit« beschränken. Auf andere Ebenen des Konzepts wird zu einem späteren Zeitpunkt eingegangen.

erlangt werden. Eigene Sicherheit muß vielmehr stets auch die Sicherheit des Nachbarn und des Gegenübers berücksichtigen. Kurz: Sicherheit ist nicht mehr gegen-, sondern nur noch miteinander zu haben.

Auf Kernelementen dieser Einsicht ruhte bereits die Ost- und Entspannungspolitik der 60er und 70er Jahre. Einzelne Politiker und Wissenschaftler haben sie zu Ende der 70er/Anfang der 80er Jahre auf den Schlüsselbegriff der »Sicherheitspartnerschaft« gebracht bzw. in der »Doktrin der gemeinsamen Sicherheit« zusammengeführt.[2] Gleichwohl ist »Gemeinsame Sicherheit« (GS) als geschlossene und eigenständige politische Konzeption bislang noch nicht ausformuliert. Was also beinhaltet und bedeutet Gemeinsame Sicherheit? Was sind ihre Ziele, Definitionsmerkmale und Strukturelemente? Was sind die Konsequenzen aus der Logik Gemeinsamer Sicherheit? Erste Antworten auf diese Fragen kann ein Vergleich von Gemeinsamer Sicherheit mit anderen sicherheitspolitischen Konzeptionen, Strategien und alternativen Vorstellungen geben.

2. Sicherheit durch Militärpakte und/oder Gemeinsame Sicherheit

Sicherheit und Sicherheitspolitik in und für Europa werden heute im wesentlichen durch die beiden Militärpakte NATO (Nordatlantikvertragsorganisation)[3] und WVO (Warschauer Vertragsorganisation)[4] bestimmt.

Was sind Militärpakte?

Militärpakte, Bündnisse oder Allianzen ruhen auf vertraglichen Vereinbarungen zwischen zwei oder mehreren Staaten. Traditionell richten sie sich gegen einen Feind oder Gegner von außen. Definitorisch zielen sie auf die gegenseitige militärische Verteidigung bei einem Angriff von außen und/oder bezwecken selbst die Durchführung eines Angriffs gegen (einen) Dritte(n).

---

2 Stellvertretend: Der Palme-Bericht. Bericht der unabhängigen Kommission für Abrüstung und Sicherheit »Common Security«, Berlin 1982.
3 Die NATO wurde am 4. April 1949 durch Belgien, Dänemark, Frankreich, Großbritannien, Island, Italien, Kanada, Luxemburg, die Niederlande, Norwegen, Portugal und die USA zur Wahrung der Sicherheit im nordatlantischen Raum gegründet. Griechenland und die Türkei tragen 1952 bei, die Bundesrepublik Deutschland 1955 und Spanien im Jahr 1982.
4 Die WVO wurde am 14. Mai 1955 von Albanien, Bulgarien, der DDR, Ungarn, Polen, Rumänien, der UdSSR und der CSSR in Warschau gegründet. Der Vertrag trat am 4. Juni 1955 in Kraft. Albanien kündigte den Vertrag im September 1968 einseitig und trat aus der Organisation aus.

Was sind die Überschneidungen mit GS, was die Unterschiede?

Die entscheidende Differenz zwischen Gemeinsamer Sicherheit und paktgestützter Sicherheit ergibt sich aus der Frage der Gegnerschaft. In der Logik Gemeinsamer Sicherheit liegt die Betonung des »Miteinanders«; in der Bildung von Militärpakten eingeschlossen ist die Hervorhebung des »Gegensatzes«. Beides ist auf Dauer nicht zu vereinbaren. D. h., langfristig will und muß Gemeinsame Sicherheit die Auf- und Ablösung der derzeitigen Militärpakte NATO und WVO anstreben.

Das langfristige Ziel der Auflösung der Militärpakte bedeutet allerdings nicht, daß die schrittweise Realisierung Gemeinsamer Sicherheit nicht bereits kurz- und mittelfristig auf der heutigen Basis paktorientierter Politik möglich wäre. Nicht geleugnet werden kann nämlich, daß bereits die derzeitigen Pakte und Bündnisse sich in mindestens zwei Aspekten von früheren Allianzen strikt unterscheiden:

- Zum einen sind die derzeitigen Bündnisse völkerrechtlich nur noch als Defensivsysteme im Sinne der kollektiven Verteidigung zulässig.[5]
- Zum anderen ist der militärische Zweck der heutigen Bündnisse nachdrücklicher denn je dem Primat der (friedens-)politischen Zielsetzung unterworfen. M. a. W.: Ziel der Militärallianzen ist nicht länger die Vorbereitung eines Krieges, um ihn zu führen – und sei es auch »nur« ein Verteidigungskrieg –, sondern der Versuch, eben diesen Krieg zu verhüten.

Ob die beiden Allianzen, NATO und WVO, ihren rechtlichen und politischen Ansprüchen in der Realität tatsächlich auch genügen, wird im folgenden insbes. mit Blick auf Strategie und militärische Mittel zu prüfen sein. Für den Vergleich von GS und paktgestützter Politik mag vorerst die Feststellung ausreichen, daß Elemente wie die *defensive* Ausrichtung des sicherheitspolitischen Systems oder wie die Forderung nach einer *kollektiven,* sprich: gemeinsamen Verteidigung oder wie der Primat der *Kriegsverhütung* Strukturmerkmale nicht nur der heutigen Allianzen, sondern auch der Gemeinsamen

---

5 Das Verbot von Offensivpakten folgte bereits aus Art. 20 der Satzung des nach dem Weltkrieg I geschaffenen Völkerbundes. Die Charta der Vereinten Nationen vom 26. Juni 1945 bestätigte diese Regelung über das grundsätzliche Friedensgebot in Art. 1 UNCh. Das Selbstverteidigungsrecht – auch mit Hilfe von Militärbündnissen – schloß die Satzung der Vereinten Nationen gleichwohl nicht aus. In Art. 51 UNCh heißt es dazu: »Diese Charta beeinträchtigt im Falle eines bewaffneten Angriffs gegen ein Mitglied der Vereinten Nationen keineswegs das naturgegebene Recht zur individuellen oder kollektiven Selbstverteidigung, bis der Sicherheitsrat die zur Wahrung des Weltfriedens und der internationalen Sicherheit erforderlichen Maßnahmen getroffen hat«.

Sicherheit sind. Die Voraussetzungen für einen *evolutionären* Übergang von der derzeitigen Sicherheitspolitik zur Gemeinsamen Sicherheit sind somit (zumindest theoretisch) gegeben.

Welche kurz- und mittelfristigen Veränderungen sind erforderlich?

Aber auch ein evolutionärer Prozeß der Realisierung Gemeinsamer Sicherheit verlangt bereits kurzfristig die Veränderung zumindest zweier Merkmale, welche die heutigen Pakte noch grundlegend prägen. Das eine ist das Merkmal der »Friedenssicherung untereinander«, betrifft also ein fehlendes Definitionselement von Militärpakten. Das andere ist die ideologische Ausrichtung der Pakte, bezieht sich also »lediglich« auf ein historisch-aktuelles Charaktermerkmal der derzeitigen Bündnisse, nicht aber auf ein Definitionselement. Was heißt das?

Die Bündnispartner einer Militärallianz verpflichten sich *nicht* zur Friedenssicherung *untereinander,* ferner tritt die Schutzwirkung des Paktes *nicht* automatisch auch gegen einen Aggressor ein, der *Mitgliedstaat* ist. Der Zypern-Krieg zwischen Türken und Griechen ist hierfür illustrativ. Die Gründe, die für Gemeinsame Sicherheit sprechen, gelten aber unabhängig davon, ob die (Anfangs-) Aggression von innen oder außen erfolgt. Hinzu kommt, daß ein (neues) Konzept, wenn es nach außen erfolgreich wirken soll, den Erfolg im Inneren nachweisen können muß. Ein System, das die Verpflichtung auf Gemeinsame Sicherheit von außen verlangt, kann Vertrauen auf die Einhaltung der eigenen Verpflichtung nur erreichen, wenn es Gemeinsame Sicherheit auch im Inneren praktiziert. In der Logik Gemeinsamer Sicherheit liegt nicht zuletzt deshalb langfristig das System Kollektiver Sicherheit (vgl. dazu noch im folgenden Abschn. 9). Kurzfristig verlangt dieser Gedankengang zumindest die Aufhebung bzw. die Verhinderung der Ausbildung unterschiedlicher Risikozonen innerhalb eines Paktes, wie sie z. B. durch die Nuklearstrategie Frankreichs schon heute für die Bundesrepublik oder durch die Strategische Verteidigungsinitiative (SDI) in naher Zukunft für Europa gelten.

Wird Gemeinsame Sicherheit von Bündnispartnern auch nach innen praktiziert, so verändert sich der Allianzcharakter radikal; es wird sich bei der jeweiligen Organisation – zumindest im engeren definitorischen Sinne – nicht länger um einen Militärpakt handeln. Ähnlich tiefgreifende Folgen werden Veränderungen der zweiten der genannten Komponenten, der ideologischen Ausrichtung, dagegen nicht nach sich ziehen. Für die Realisierung Gemeinsamer Sicherheit ist nicht eine Rücknahme oder gar Aufhebung der ideologischen Ausrichtung erforderlich, sondern lediglich ein Zurückdrängen des ideologischen Faktors. Daß dies trotz oder gerade wegen der Existenz von

Pakten möglich ist, zeigt ein Blick in die Geschichte: Heute ist die ideologische Komponente mitentscheidend für die Gründung und den Zusammenhalt von Allianzen geworden. Bis in das 20. Jahrhundert hinein war es dagegen für Staaten meist nahezu selbstverständlich, Allianzen und Pakte zu wechseln – sei es, um ein Gegengewicht gegenüber einer anderen Militärmacht oder Mächtekoalition zu bilden, sei es, um sich selbst Vorteile, z. B. einen Gebietszuwachs, zu verschaffen, gegebenenfalls sogar auf Kosten vormaliger Verbündeter. Die Berücksichtigung gemeinsamer Ideologien oder politischer und gesellschaftlicher Strukturen spielte hierbei keine oder nur eine untergeordnete Rolle.

Militärpakte waren also bis in die Neuzeit hinein oft »Koalitionen der Vernunft« unter Hintanstellung der Ideologie. Auch Gemeinsame Sicherheit will gerade die »Koalition der Vernunft« unter Gegnern. M. a. W.: Kurz- und mittelfristiges Ziel Gemeinsamer Sicherheit ist die Bildung einer Koalition der Vernunft zwischen den Koalitionen der Vernunft.

Zusammenfassung

Fassen wir zusammen, so können wir für die Gegenüberstellung von Gemeinsamer Sicherheit einerseits und Militärpakten andererseits dreierlei festhalten:
1. Die Existenz von Militärpakten ist auf Dauer mit Gemeinsamer Sicherheit nicht vereinbar. Kurz- und mittelfristig können jedoch die defensiven Definitionsmerkmale der heutigen Pakte für einen evolutionären Prozeß des Übergangs zur Gemeinsamen Sicherheit genutzt werden.
2. Gemeinsame Sicherheit darf nicht nur als »Außenproblem« im extra-systemaren Sinne (zwischen den beiden Allianzen) verstanden werden, sondern muß auch als intra-systemare Frage innerhalb des jeweiligen militärischen und politischen Systems gelöst werden. (Mehr noch: Gemeinsame Sicherheit ist methodisch-logisch betrachtet ein »Welt-Innenproblem«.)
3. Gemeinsame Sicherheit fordert kurz- und mittelfristig die »Koalition der Vernunft« von Gegnern unter Hintanstellung der Ideologie. Der Paktcharakter der Koalitionsparteien bleibt von dieser Forderung unberührt.

3. Sicherheit durch Abschreckung und/oder Gemeinsame Sicherheit

Eng verbunden mit der heutigen, paktgestützten Sicherheitspolitik ist die Abschreckungsdoktrin. Militärpakte und Abschreckung sind zwar weder definitorisch noch zwingend logisch Kehrseiten einer Medaille, in der Realität der Sicherheitspolitik in Ost und West tauchen sie gleichwohl als Zwillinge auf.

Was ist Abschreckung?

Unter Abschreckung (deterrence) ist das Bemühen zu verstehen, den Willen eines potentiellen Gegners dahingehend zu beeinflussen, daß er auf eine mögliche oder bereits begonnene Aggression verzichtet, weil das militärische Risiko unkalkulierbar, oder besser ausgedrückt: kalkuliert untragbar ist. Als Varianten der Abschreckung sind denkbar – und in der Realität des Ost-West-Konfliktes auch vorfindbar – die Abschreckung durch Vergeltung und Bestrafung (retaliation/punishment) sowie die Abschreckung durch Zunichtemachen und Verweigerung (annihilation/denial). Die Mittel der Abschreckung sind sowohl konventionelle als auch taktisch-nukleare als auch strategische Streitkräfte und Rüstungen.

Was sind die Überschneidungen mit GS, was die Unterschiede?

Abschreckung und Gemeinsame Sicherheit sind Kriegsverhütungsdoktrinen.[6] Ziel der militärischen Vorbereitungen auf den Ernstfall soll es nicht sein, Krieg zu führen, sondern ihn zu verhindern bzw. ihn auf einer möglichst

---

6 Die These, daß die Strategie der Abschreckung in den vergangenen Jahrzehnten ihre Aufgabe auch tatsächlich erfüllt, d. h. kriegsverhütend gewirkt habe und insbesondere die Nuklearwaffen Garanten des Friedens in Europa gewesen seien, besitzt zwar ein gewisses Maß an Plausibilität, ist aber nicht unbestritten:
Empirisch, d. h. aus der Beobachtung der Realität ist sie weder belegbar noch widerlegbar. Voraussetzung wäre das Eingeständnis eines der Kontrahenten, »aggressiv« und nicht »friedlich« zu sein; gerade ein solches Eingeständnis wird aber kaum zu erhalten sein.
Logisch kann sie auch ein Trugschluß mit der lateinischen Bezeichnung »post-hoc-ergo-propter-hoc« sein – vergleichbar etwa mit der Feststellung: Seit sich die Zahl der Störche in der Bundesrepublik verringert, ist auch ein Geburtenrückgang festzustellen. Also müssen Störche doch etwas mit dem Vorgang der Kinderzeugung zu tun haben.
In der *Konsequenz* schließlich wirft sie die provozierende Frage auf, warum das nukleare Hilfsmittel (wenn es doch der Friedenssicherung dient) ein Privileg insbesondere der Supermächte und Europas bleiben soll – eine Frage, die von Politikern und Militärs und selbst von Friedensforschern in der Dritten Welt stets aufs neue gestellt wird.

niedrigen Eskalations- und Schadensstufe wieder »einzufangen«. Trotz dieser Gemeinsamkeit sind Abschreckung und Gemeinsame Sicherheit nicht vereinbar. Zwar will GS wie die Abschreckung die Vermeidung von Kriegen – nicht jedoch im Gegeneinander, sondern im Miteinander. Was resultiert aus diesem Unterschied?

Zum einen ist Gemeinsame Sicherheit ein Konzept *gemeinsamer* Verhütung von Kriegen *durch* alle Betroffenen *für* alle Betroffenen. Mit diesem Verständnis von Sicherheit vereinbar sind alle Maßnahmen der *Abhaltung* im Sinne der Verweigerung und des Zunichtemachens der Kriegsziele möglicher Aggressoren; mit der diesem Verständnis zugrundeliegenden Identifikation mit dem Gegenüber keinesfalls vereinbar aber sind Maßnahmen der Vergeltung mit Massenvernichtungsmitteln gegen Bevölkerungszentren und Industrieansiedlungen. Vergeltungsmaßnahmen im Rahmen eines Systems Gemeinsamer Sicherheit wären – denkt man logisch stringent – nichts anderes als die Vernichtung bzw. die Drohung mit der Vernichtung eines Teils des eigenen GS-Systems, also Zerstörung und Selbstzerstörung sowie Mord und Selbstmord zugleich. Auf den unter *moralischen* Aspekten höheren Stellenwert der Abhaltestrategie von GS, der sich quasi als »Nebeneffekt« aus der Logik Gemeinsamer Sicherheit ergibt, sei an dieser Stelle nur hingewiesen.

Zum anderen kann ein Konzept, das nicht auf dem Gegensatz, sondern auf dem Miteinander am und im Interesse der Kriegsverhütung aufbaut, die Drohelemente und Charaktermerkmale heutiger Abschreckung, oder besser ausgedrückt: die destabilisierenden Dilemmata und Mechanismen des derzeitigen Ost-West-Abschreckungssystems, nicht akzeptieren, will sie gerade im Gegenteil beheben. Darunter sind:
- die Identifizierung des potentiellen Gegners als tatsächlichen Feind,
- die ständige Vorbereitung auf den schlimmsten Fall (worst-case),
- die irrationale Drohung mit der Vernichtung des Gegners unter Inkaufnahme der letztendlichen Selbstvernichtung,
- die Schaffung von (vermeintlicher) Sicherheit unter Inkaufnahme von Unsicherheitsgefühlen und Bedrohungswahrnehmungen auf der gegnerischen Seite,
- die Reproduktion von Instabilitäten durch die Versuche der Bewältigung eben dieser Instabilitäten über die laufende numerische Erweiterung und qualitative Perfektionierung bzw. Modernisierung der militärischen (Droh-)Mittel.[7]

---

7 In der Konsequenz dieser Eigenschaften und Merkmale liegt es, daß schon bislang die Versuchung, in irgendeiner Phase der ständigen Auf-und Umrüstung sowie der wechselnden

Positiv formuliert heißt das: Gemeinsame Sicherheit will Kriegsverhütung auf der Basis effizienter Streitkräfte. Die Abhaltestrategie Gemeinsamer Sicherheit beschränkt sich jedoch (anders als die Abschreckungsstrategie) auf den hohen finanziellen, aber auch nicht-materiellen »Eintritts«-und/oder »Aufenthaltspreis«, den der Gegner im Falle eines Angriffs zu zahlen bereit sein müßte. Maßnahmen der Vergeltung oder der Präemption, insbesondere mit nuklearen Massenvernichtungsmitteln, sind dagegen – zumindest langfristig – nicht vorgesehen.

Welche Veränderungen sind erforderlich?

Der bloße deklaratorische Verzicht auf bestimmte Maßnahmen bzw. die bloße Propagierung einer Abhaltestrategie an Stelle der Abschreckungsstrategie kann für die Realisierung Gemeinsamer Sicherheit allerdings nicht genügen. Ein militärisches Sicherheitssystem, das frei sein will von den Irrationalitäten und Instabilitäten des heutigen Abschreckungssystems, muß Fakten und Strukturen verändern. M. a. W.: Da und solange auf effiziente Streitkräfte nicht verzichtet werden kann, müssen die Strukturen Gemeinsamer Sicherheit selbst so gestaltet werden, daß sie zwar Effizienz, aber nicht Angriffsfähigkeit signalisieren. Was heißt Nichtangriffsfähigkeit? Nichtangriffsfähigkeit, oder besser ausgedrückt: »Strukturelle Nichtangriffsfähigkeit« erstreckt sich auf zwei Ebenen. In einem *engeren Sinne* bezieht sie sich auf die Streitkräftestruktur und ihre Ausrüstung, will eine strikt defensive Organisation und Bewaffnung. Dies umschließt im Rahmen paktgestützter Gemeinsamer Sicherheit auch die zielgerichtete Spezialisierung und Arbeitsteilung der nationalen Streitkräfte derart, daß einzelstaatliche Aggressionen nach innen oder außen unmöglich oder zumindest unkalkulierbar werden.[8]

Kräfteverhältnisse und -vorteile zum präemptiven bzw. präventiven Krieg zu schreiten, sowohl für den stärkeren (und in Zukunft vielleicht wieder schwächeren) der Kontrahenten ein ernstes Problem war und ist. Beide Gegner sehen die zielstrebigen Aufrüstungsbemühungen des anderen, beide wissen nicht, ob die Bemühungen nicht bereits als konkrete Kriegsvorbereitungsmaßnahmen gedacht sind bzw. zu einem Kräfteverhältnis führen, das die andere Seite zum indirekten Einsatz ihrer Streitkräfte anreizt. Auch ohne eigene Absichten werden beide Parteien also permanent glauben, vom »worst case« ausgehen zu müssen, und ständig mit dem Gedanken des vorbeugenden Krieges spielen.

8   Geht man davon aus, daß das Strukturgerüst eines Systems Gemeinsamer Sicherheit neben dem Verzicht auf Atomwaffen geprägt wird von
  – der vollständigen oder teilweisen Supranationalität der Streitkräfte,
  – der Abhalteorientierung des Systems nach innen und außen sowie
  – der Defensivorientierung seiner Streitkräfte und seiner Ausrüstung,

Strukturelle Nichtangriffsfähigkeit *im weiteren Sinne* geht darüber hinaus davon aus, daß Voraussetzung und Teil Gemeinsamer Sicherheit auf zwischenstaatlicher Ebene eine friedens- und ggf. abrüstungsfreundliche innenpolitische Struktur und eine entsprechend engagierte und politischen Druck ausübende Öffentlichkeit ist, kurz: daß eine innergesellschaftliche Organisation von Frieden erforderlich ist, die eine Strukturelle Nichtangriffsfähigkeit nach außen auf Dauer garantiert. Im Interesse der Realisierung und der Aufrechterhaltung Gemeinsamer Sicherheit sind deshalb Maßnahmen und Initiativen zu unterstützen wie die innergesellschaftliche Einschränkung und Kontrolle des militärisch-industriellen Komplexes, der Abbau von Feindbildern, die Stärkung der politisch-administrativen Abrüstungsplanung, der Ausbau von Friedensforschung und Friedenserziehung, die Durchführung von Rüstungskonversionsmaßnahmen und die Suche nach zivilen Alternativprodukten.[9]

so sind folgende Schritte und Maßnahmen schon heute nicht nur vorstellbar, sondern auch realisierbar:
- die Bildung gemischt-nationaler Kontingente in den derzeitigen Militärpakten und die Gewährung der Wahlfreiheit zur Ableistung des Wehrdienstes auch in ausländischen Allianz-Streitkräften;
- die Aufgabe des nationalen Triade-Konzepts unter Beibehaltung der Effektivität des Gesamtsystems, d. h. die zielgerichtete Spezialisierung und Arbeitsteilung der nationalen Streitkräfte derart, daß einzelstaatliche Aggressionen nach innen oder außen unmöglich oder zumindest unkalkulierbar werden;
- die Umrüstung der Streitkräfte unter Nutzung modernster Technologien auf ein effektives, aber defensiv-orientiertes Wehrpotential.

Wenn diese und ähnliche Maßnahmen als nicht nur vorstellbar, sondern auch als realisierbar im Sinne von »realistisch« zu bezeichnen sind, so aus zwei Gründen: Zum einen könnte ihre Durchführung gleichzeitig ohnehin anstehende oder sich noch verschärfende Fragen mitlösen – von demographischen Problemen (Wehrpflichtigenmangel) über Aspekte der Demokratisierung bewaffneter Streitkräfte bis hin zu den finanziellen Belastungen aus bislang stetig steigenden Wehretats. Zum anderen berücksichtigen diese Maßnahmen zwar die langfristigen Ziele Gemeinsamer Sicherheit, können aber (noch immer) systemimmanent, d. h. ohne Auflösung der derzeitigen Pakte verwirklicht werden.

9 Hierzu gehören u. a.:
- die Unterstützung einer breiten, öffentlich geführten und bewußtseinsbildenden Diskussion in friedens- und sicherheitspolitischen Fragen (unter besonderer Berücksichtigung des Konzeptes Gemeinsamer Sicherheit in Völkerrecht und Grundgesetz) sowie die grundsätzliche Förderung von Friedensbewegungen;
- der gezielte und umfassende Abbau von Feindbildern, sei es in den Medien, sei es in der schulischen und außerschulischen Bildungsarbeit, oder sei es als Grundelement der Ausbildung und Bildung in den bewaffneten Streitkräften (Bundeswehr);
- die Realisierung des Zivildienstes als Friedensdienst unter Einschluß von Friedenserziehung und u. U. auch von Aspekten der sozialen Verteidigung;
- der nachdrückliche Ausbau der friedens- und abrüstungsbezogenen Wissenschaftsressourcen, insbesondere der Friedensforschung, die sich als der methodisch-wissenschaft-

Zusammenfassung

Fassen wir zusammen, so können wir aus der Gegenüberstellung von GS einerseits und Abschreckungsdoktrin andererseits drei weitere Punkte zur Verdeutlichung Gemeinsamer Sicherheit festhalten:
4. Abschreckung und Gemeinsame Sicherheit sind nicht vereinbar.
5. Gemeinsame Sicherheit verlangt die Ersetzung der Abschreckungsstrategie durch eine Abhaltestrategie unter Verzicht auf Maßnahmen der Präemption und der Vergeltung (insbesondere mit Massenvernichtungsmitteln).
6. Gemeinsame Sicherheit strebt nach Struktureller Nichtangriffsfähigkeit. Im engeren Sinne erfordert dies Streitkräfte, deren Organisation und Bewaffnung eine militärische Aggression nicht zulassen. Im weiteren Sinne bedeutet das die innergesellschaftliche Organisation von Frieden, die Kriege als Mittel der Politik nach außen auf Dauer ausschließt.

4. *Sicherheit durch Rüstungskontrolle und/oder Gemeinsame Sicherheit*

Folgen wir Abschn. 3, so sind Abschreckung und Gemeinsame Sicherheit nicht miteinander vereinbar. Um Mißverständnisse zu vermeiden, muß gleichwohl nochmals betont werden, daß auch bislang schon einzelne Schritte hin zu Gemeinsamer Sicherheit in der Abschreckungs- und Drohrealität der Ost-West-Beziehungen unternommen wurden. Bezeichnenderweise haben sie jedoch bislang zu keinem wirklichen Erfolg oder Durchbruch geführt. Der Versuch, mehr Sicherheit durch Rüstungskontrolle zu erlangen, ist hierfür ein illustratives Beispiel.

---

liche Versuch versteht, Ursachen von Gewalt (inkl. Kriege) aufzudecken und nach Wegen zu deren Überwindung zu suchen;
- die Stärkung der politisch-administrativen Planungs- und Entscheidungskapazitäten unter Verbesserung der Mitwirkungs- und Kontrollmöglichkeiten der Öffentlichkeit;
- die Unterstützung von Rüstungskonversionsmaßnahmen und die Suche nach zivilen Alternativprodukten.

Was ist Rüstungskontrolle?

Als Konzept wurde Rüstungskontrolle (arms control) zu Beginn der 60er Jahre entwickelt.[10] Historisch lassen sich ihre Wurzeln bis zu den Abrüstungsbemühungen der Industrienationen des 19. Jahrhunderts zurückverfolgen. Anders als die Vorschläge für eine allgemeine und vollständige Abrüstung will die Rüstungskontrollkonzeption (im deutschen Sprachgebrauch insbes. von Graf Baudissin auch als »Kooperative Rüstungssteuerung/KRSt« bezeichnet) allerdings keine Utopie bleiben bzw. nicht erfüllbare Erwartungen wecken, sondern pragmatisch die Existenz von Waffen und insbes. die sich aus der Existenz nuklearer Vernichtungspotentiale ergebenden politischen und militärischen Folgen verarbeiten. Sie beläßt deshalb u. a. die Abschreckungsstrategie in ihrer zentralen Rolle als Mittel der Kriegsverhütung und zielt darauf ab, über Verhandlungen und Abkommen strategische Stabilität zu erreichen, zu erhalten bzw. zu optimieren. Zwar ist auch in der Rüstungskontroll- und Rüstungssteuerungskonzeption das langfristige Ziel der Abrüstung noch enthalten, kurz- und mittelfristig dominiert jedoch die Frage, durch welche Prozesse und Maßnahmen das Abschreckungssystem zu stabilisieren, d. h. zu perfektionieren ist. Eine solche Perfektionierung kann in der Theorie der Rüstungskontrolle und Rüstungssteuerung durch Reduzierungsmaßnahmen, aber eben auch durch Aufrüstung erreicht werden.

Was sind die Überschneidungen mit GS, was die Unterschiede?

Das Adjektiv »gemeinsam« im Konzept Gemeinsamer Sicherheit hat drei Bedeutungen:
- zum einen die Gemeinsamkeit der Betroffenheit durch Unsicherheit (Auf diesen Aspekt werden wir noch in Abschn. 4 eingehen);
- zum anderen die Gemeinsamkeit des Zieles Sicherheit;
- und zum dritten die prozessuale Gemeinsamkeit im Bemühen um Mittel und Wege zur Realisierung des Ziels Sicherheit.

---

10 Wegweisend: *Brennan, Donald G.* (Hrsg.), Strategie der Abrüstung, Deutsche Ausgabe, hrsg. von Uwe Nerlich in Verbindung mit dem Forschungsinstitut der Deutschen Gesellschaft für Auswärtige Politik, Gütersloh 1962.

Was also liegt näher als einen Weg zu beschreiten, der wie »arms control« bereits in seinem Namen, zumindest in der deutschen Übersetzung »Kooperative Rüstungssteuerung«, Zusammenarbeit und Gemeinsamkeit betont? Anders als GS begreift sich das herkömmliche Konzept der Rüstungskontrolle allerdings stets auch als Strategie zur Aufrechterhaltung der Abschreckung. Gemeinsame Sicherheit dagegen will und soll das System gegenseitiger Abschreckung und Drohung gerade überwinden (s. o.). Sind GS und »arms control« also doch Gegensätze?

Wäre das »Ziel« von Rüstungskontrolle die Abschreckung, so müßte diese Frage eindeutig bejaht werden. Ziel von Rüstungskontrolle ist aber – ähnlich der Gemeinsamen Sicherheit – die Optimierung Strategischer Stabilität. Abschreckung dagegen ist auch im Rüstungskontrollkonzept nur ein »Mittel« – wenn auch bislang eines, das sich verselbständigt hat. Will Gemeinsame Sicherheit Rüstungskontrolle fruchtbar nutzen, so muß sie zum eigentlichen Ziel-Mittel-Verhältnis zurückfinden. D. h. zum einen, das Konzept vom Kopf wieder auf die Füße zu stellen; das verlangt nach den Ausführungen in Abschn. 3 zum anderen aber auch, das Mittel Abschreckung durch die Methode der »Abhaltung« (s. o.) zu ersetzen.

Aber nicht nur das »Ziel-Mittel-Verhältnis« einerseits und das »Mittel« andererseits, sondern auch das – auf den ersten Blick – übereinstimmende Ziel der Strategischen Stabilität selbst bedarf einer Klärung: Sowohl im System gegenseitiger Abschreckung als auch im Rahmen Gemeinsamer Sicherheit definiert sich Strategische Stabilität aus dem kalkuliert untragbaren Risiko eines Angriffskrieges. Mit dem im Rahmen der herkömmlichen Rüstungskontrollverhandlungen noch immer üblichen Streben nach »Parität« im Sinne eines zahlenmäßigen Gleichstandes von Soldaten und bestimmten Waffen hat diese Definition allerdings wenig gemein: Entscheidend für das Ziel Stabilität ist die generelle Ausgewogenheit der tatsächlichen Kräfte bzw. der Einsatzoptionen; weniger wichtig dagegen sind Umfang und Art einzelner Teilstreitkräfte, Waffengattungen oder Systeme – generell oder in bestimmten Regionen.[11]

---

11 Rüstungskontrollverhandlungen ebenso wie Kräftevergleiche, die auf ausschließlich numerische Größenordnungen verengt sind, müssen als unzureichend und irreführend angesehen werden. Denn im Zeichen qualitativer Rüstungsdynamiken und Rüstungsdiversifikationen gehen simple numerische Berechnungen zwangsläufig an der komplexen Wirklichkeit vorbei: Die üblichen Bestandsvergleiche an Panzern oder Divisionen z. B. lassen Unterschiede in den Qualitätsmerkmalen der Waffen (Alter, Beweglichkeit, Feuerkraft, Treffgenauigkeit etc.), die Verschiedenartigkeit der Potentiale (Panzer gegen Panzerabwehrraketen), die Widersprüchlichkeit der Strategien und Doktrinen (Vorne-Verteidigung bei der NATO, Vorwärts-Verteidigung bei der WVO), die Diskrepanz in den geo-strategischen, politischen und ökonomischen Ausgangsbedingungen (Einkreisungsmöglichkeiten, Zuverlässigkeit der Ver-

Ergibt sich systemimmanent die Ausgewogenheit der Kräfte aber aus dem kalkuliert untragbaren Risiko eines Angriffskrieges, so muß im Vordergrund der Rüstungskontrollverhandlungen – quasi als Komplementärprinzip zur Strategischen Stabilität – eine *Äquivalenz der Fähigkeiten und Optionen* stehen. M.a.W.: Arms control muß unter Berücksichtigung gegebener Disparitäten die »Äquivalenz« vorhandener oder zukünftiger Fähigkeiten und alternativer Optionen prüfen und ggf. dahingehend verändern, daß im Einzelfall (Szenario) eine benötigte Anzahl an Militär und spezifischen Waffensystemen mit der geeigneten Intensität an einem bestimmten Ort rechtzeitig eingesetzt werden kann. Das systemimmanente Ziel, die Strategische Stabilität, ist (im Rahmen der Rüstungskontrollverhandlungen am grünen Tisch wie in der Realität der Kräfteverhältnisse) dann als erreicht anzusehen, wenn – und hier schließt sich der Kreis – eine »ausgewogene Leistungsbilanz« die Führung von Kriegen als beiderseitig »kalkuliert untragbares Risiko« signalisiert.

Welche kurz- und mittelfristigen Veränderungen sind erforderlich?

Unterscheidet sich Rüstungssteuerung im Rahmen Gemeinsamer Sicherheit von herkömmlicher Rüstungskontrolle in den Fragen des Ziels, des Mittels und des Ziel-Mittel-Verhältnisses, so ergeben sich hieraus logischerweise auch Änderungen für die zu diskutierenden Themen und zu vereinbarenden Abkommen. Langfristig gesehen handelt es sich um die Bewältigung der Probleme bei der Umstellung auf »Abhaltung« und »Strukturelle Nichtangriffsfähigkeit« (s. o. Abschn. 3), also um Maßnahmen der *Optimierung* von *Stabilität*. Kurzfristig betrachtet, d. h. mit Blick auf die aktuellen Tendenzen zur Erlangung von Kriegführungsfähigkeit und der Gefahr eines »Weltkrieges wi-

---

bündeten, wirtschaftliche Ressourcen, industrielle und technologische Kapazitäten) und ähnliches mehr ebenso unbeachtet wie die hohe Mobilität, mit der mittlerweile Verbände und Systeme über weite Entfernungen verlegt und versorgt werden können.
Aber nicht nur die einfache numerische Berechnungsmethode der jeweiligen Vergleiche ist irreführend; vielmehr entspricht bereits die »Zielsetzung Gleichgewicht« bzw. »Parität« selbst nicht der Realität, noch kann sie ihr entsprechen: Rüstungstechnologische Entwicklungen verlaufen weder in Ost noch in West geradlinig und schon gar nicht in zeitlich paralleler Gleichförmigkeit zwischen den Pakten. Wie die Abfolge der wichtigsten rüstungstechnologischen Neuerungen der USA und der UdSSR seit 1945 zeigt, hat es z. B. im nuklearstrategischen Bereich nie ein wirkliches Gleichgewicht im Sinne eines Gleichstandes der Potentiale gegeben, war im Gegenteil immer eine Seite in der Entwicklung und Einführung neuer Technologien voraus. Die treffgenauen Marschflugkörper der neuen Generation sind aktuelle Beispiele für diese Dynamik.

der Willen«,[12] müssen sich dagegen alle Bemühungen auf die »bloße« *Aufrechterhaltung* und Wahrung des derzeitigen Grades an *Stabilität* konzentrieren bzw. mit dem bloßen *Destabilisierungsverzicht* begnügen (zu letzterem vgl. auch noch Abschn. 5).

Gemeinsam ist beiden Fällen, daß es nicht (wie bisher) um allein numerische Größenordnungen geht, sondern vorrangig um die Bildung von *Barrieren* gegen *Angriffs- und Kriegführungsfähigkeiten:* im ersten Fall allerdings eher durch und über die grundsätzliche Veränderung von Strukturen; im zweiten Fall eher durch gezielte Einzelmaßnahmen und kurzfristig wirkende Gegenmittel. Beispiele wären:
- der Verzicht auf die Modernisierung der taktischen Nuklearwaffen (ggf. Rücknahme entsprechender Beschlüsse);
- das Verbot der Stationierung von Neutronenwaffen;
- die Rückverlegung von Nuklearwaffen weg von den Grenzen zwischen den Militärpakten;
- die Bildung atomwaffenfreier Zonen;
- der Abzug der chemischen Massenvernichtungsmittel;
- der Verzicht auf konventionelle Systeme mit starker Bedrohungswirkung (insbesondere keine Umsetzung der FOFA-Pläne);
- die Einleitung restriktiver und stabilisierender Maßnahmen durch die Beschränkung der Reichweiten von Flugzeugen und Raketen;
- die Erhöhung der Vorwarnzeiten durch getrennte Lagerung von Raketen, Raketenmotoren und Gefechtsköpfen;

---

12 Bereits in den vergangenen Jahren hat sich die Waffentechnologie, insbesondere im Nuklear- und Raketenrüstungsbereich, ungebremst in Richtung Kriegführungsfähigkeit fortentwickelt (Erhöhung der Treffgenauigkeit, der Zuverlässigkeit, der Gefechtskopfzahl, der Reichweiten bzw. Verkürzung von Vorwarnzeiten oder Verringerung der Strahlung. Hinzukommen werden künftig noch moderne Technologien, wie sie bereits heute benannt werden oder Eingang gefunden haben in Pläne und Vorhaben, wie die Weltraumrüstungspläne des US-Präsidenten Reagan im strategischen Bereich oder in die sog. Rogers-Pläne (Follow-on Forces Attack/FOFA) auf der konventionellen Ebene.
Verändern sich aber die technischen Fähigkeiten, so müssen sich – zwangsläufig – auch die strategischen Konzeptionen wandeln. Wer sich – gewollt oder ungewollt – über die Technologie Kriegführungsoptionen eröffnet, muß schon deshalb von der bislang gültigen (Kriegsverhütungs-) Strategie abweichen, weil auch der potentielle Gegner – vom »worst case« ausgehend – seine Militärdoktrin den veränderten Gegebenheiten anpassen wird. Die Diskussionen der vergangenen Jahre um Entwaffnungs-und Teilentwaffnungsschläge liegen z. B. in dieser Logik und geben, nicht zuletzt vor dem Hintergrund der Instabilitäten des Abschreckungssystems, die Konsequenz für zukünftige Krisenzeiten wieder: Denkmöglich wird nicht nur – wie bislang schon – ein durch Computerirrtum verursachter »Weltkrieg aus Versehen«, sondern auch ein »Weltkrieg wider Willen«, der vorbeugend und ohne eigene Absichten und »nur« aus dem einen Grund geführt wird, dem möglichen Gegner mit dem Ziel der Schadensminderung zuvorzukommen (nach dem Muster 30 Millionen Tote sind weniger als 100 Millionen Tote!)

- die Erklärung von Forschungs-, Entwicklungs- und Dislozierungsmoratorien;
- die Ankündigung der übungsweisen Auslagerung von Nuklearmitteln aus ihren Depots im Manöver und insbesondere von Bewegungen der mobilen Trägersysteme vor Verlassen ihrer Hangars bzw. Stellungen;
- die Verbesserung und Multilateralisierung der Verifizierungsmaßnahmen durch die Schaffung einer internationalen Agentur für Aufklärungsraumflugkörper und Kontrollsatelliten;
- die Vereinbarung von Doktrinen, insbesondere zur Verhütung von nuklearen Präemptions- und Eskalationszwängen;
- die Verbesserung der Krisenkontrolle/Krisenstabilität, darunter der sofortige Abbruch aller Manöver mit atomaren Mitteln und der Bewegung mobiler Systeme in Spannungszeiten sowie das Zusammentreten gemeinsamer Krisenstäbe.

Entscheidend für den Erfolg dieser und ähnlicher Vorschläge wie für Rüstungskontrolle generell ist allerdings eine grundlegende *Voraussetzung:* Als konzeptioneller Ansatz und programmatischer Wegweiser muß akzeptiert sein, - und hier schließt sich der Kreis abermals - daß Sicherheit auf Dauer nur noch miteinander, nicht aber gegeneinander zu erreichen ist. M.a.W.: Die Verhandlungspartner müssen begriffen haben, daß es im *eigenen* Interesse liegt, Rüstungskontrolle als Instrument *Gemeinsamer* Sicherheit zu handhaben. Nur dann wird auch die Bereitschaft bestehen, das eigene Risiko und nicht nur das des Gegners als kalkuliert untragbar hinzunehmen. Nur dann wird das Ziel Strategische Stabilität nicht letztlich doch wieder durch Lücken, Winkelzüge und Manipulationen zur Maske für Überlegenheitsstreben und Siegoptionen degenerieren. Und nur dann werden die Verhandlungen selbst zügig und kooperativ statt wie bisher kompetitiv und konfrontativ geführt werden können (vgl. dazu auch noch Abschn. 5).

Zusammenfassung

Fassen wir zusammen, so können wir für die Gegenüberstellung von GS und Rüstungskontrolle folgende drei Ergebnisse festhalten:
7. Das Verhältnis von Gemeinsamer Sicherheit einerseits und Rüstungskontrolle (Kooperative Rüstungssteuerung) andererseits entspricht der Beziehung von »Zielkonzeption« und »Instrument«. Das Instrument Rüstungskontrolle kann erfolgreich (nur) unter der Voraussetzung genutzt werden, daß die Zielkonzeption Gemeinsame Sicherheit von den Steuerungs- und Verhandlungspartnern akzeptiert wird.

8. Langfristige Aufgabe von Rüstungskontrolle im Rahmen Gemeinsamer Sicherheit ist keinesfalls die Herstellung von Parität im Sinne numerischer Bestandsgrößen, sondern die Optimierung von Strategischer Stabilität auf der Basis von Abhaltung und Struktureller Nichtangriffsfähigkeit.
9. Kurzfristig muß sich Rüstungskontrolle im Rahmen Gemeinsamer Sicherheit auf Einzelmaßnahmen zur Bildung von Barrieren gegen die Erlangung von Angriffs- und Kriegführungsfähigkeiten mit »Sieg«-Option konzentrieren.

5. Sicherheit durch Unilateralismus und/oder Gemeinsame Sicherheit

Voraussetzung für erfolgreiche Rüstungskontrollverhandlungen ist – so Punkt 7 unserer Ergebnisse –, daß die Zielkonzeption Gemeinsame Sicherheit von *beiden* bzw. allen Steuerungs- und Verhandlungspartnern akzeptiert wird. Das Dilemma von Rüstungskontrolle, für den Erfolg bereits das anzustrebende Ergebnis im Sinne prozessualer Kooperationsbereitschaft voraussetzen zu müssen, ist also auch – oder gerade – im Rahmen Gemeinsamer Sicherheit nicht behoben. Nach Ansicht von Kritikern der Rüstungskontrolle sind nicht zuletzt wegen dieses Dilemmas »einschneidende Maßnahmen« über Verhandlungen allein – und die Erfahrungen mit den bisherigen Rüstungssteuerungsgesprächen scheinen diese Aussage zu bestätigen – *nicht* (oder kaum zeitgerecht im Rahmen der verbleibenden »Atempause«) zu erreichen. Erforderlich seien deshalb, insbes. nach Ansicht der Neuen Friedensbewegung, auch *einseitige* Schritte im Rahmen eines Konzepts des Unilateralismus bzw. Gradualismus.

Was heißt Unilateralismus/Gradualismus?

Die verschiedenen Konzepte, die »einseitige Schritte« vorschlagen, gehen davon aus, daß die Bedrohung des Weltfriedens weniger in den militärischen und politischen Absichten der Gegner begründet ist als vielmehr in den Dilemmata, Defekten und der Labilität des Systems wechselseitiger Abschreckung. Wenn aber die eigentliche Kriegsgefahr aus der Furcht vor den Droh- und Vernichtungspotentialen der jeweiligen Gegner resultiert, dann ist der Weg der einseitigen Abrüstung und damit der Bedrohungsminderung das geringere Übel bzw. Risiko. Das Konzept des *Unilateralismus*[13] schlägt deshalb radikale und durchgehend einseitige Schritte bis hin zu einer vollständigen Abrüstung vor. Das Konzept des *Gradualismus*[14] dagegen will zwar ebenfalls über einseitige, aber eben nur abgestufte und im Laufe der Zeit von der Gegenseite zu erwidernde spannungs- und rüstungsmindernde Schritte die Rüstungsdynamik umkehren: Die psychologischen Barrieren gegen Abrüstung und Entspannung sollen durch einseitige Schritte durchbrochen werden und Vertrauensbildung soll durch Taten, nicht Worte erfolgen; die Sicherheitsrisiken aus den einseitigen Vorleistungen sollen jedoch begrenzt und kalkulierbar bleiben.

Was sind die Überschneidungen mit GS, was die Unterschiede?

Gemeinsame Sicherheit will die Zusammenarbeit der Sicherheitspartner, d.h. die *gemeinsame* Bewältigung der Gefahren für Frieden und Sicherheit durch die Betroffenen. *Einseitige* Maßnahmen müssen deshalb – zumindest auf den ersten Blick – als mit Gemeinsamer Sicherheit unvereinbar, als eine contradictio in adjecto erscheinen. Tatsächlich aber unterliegt eine solche Schlußfolgerung gleich mehreren Denkfehlern.

Zum einen ist es zwar plausibel, aus dem Ziel Gemeinsamer Sicherheit auch die Methode zur Erlangung des Ziels abzuleiten. In der Mehrzahl der Fälle werden die Mittel und Wege zur Gemeinsamen Sicherheit deshalb auch gemeinsam eingesetzt bzw. beschritten werden müssen. Doch besitzt diese Ableitung – logisch gesehen – ebensowenig Ausschließlichkeitscharakter, wie umgekehrt nicht zwingend aus dem Charakter der Maßnahmen und Aktivitäten allein Rückschlüsse auf das Ziel gezogen werden können: Einseitige Maßnahmen z.B. haben nicht notwendigerweise auch die »einseitige Sicherheit« zum Ziel. Im Gegenteil ist im Rahmen des Unilateralismus und Gradualismus das Ziel gerade die Erhöhung der Gemeinsamen Sicherheit – wenn auch unter Inkaufnahme kurzfristig eigener höherer Risiken. Nebenbei bemerkt: Die eigenen Aktivitäten werden, insbes. im Rahmen des Gradualismus, als »Vor-Leistungen« angesehen, die zu »Gegen-Leistungen« der anderen Seite anreizen sollen; es handelt sich also letztlich doch wieder um ge-

---

13 Der Versuch der wissenschaftlichen Begründung des Konzeptes ist eng mit Namen wie E. Fromm, B. Russel, St. King-Hall und H.S. Hughes verbunden.
14 Begründer des Gradualismus in den 60er Jahren wie A. Etzioni und Ch. Osgood, denen weite Teile der Diskussion in der heutigen Friedensbewegung folgen, führen selbst zwei zentrale Argumente gegen Unilateralismus an: Zum einen sei er in der eigenen Bevölkerung nicht mehrheitsfähig, zum anderen sei die Gefahr, daß aus der bedingungslosen einseitigen Abrüstung der einen Seite die Weltherrschaft der anderen resultiere, zu groß.

meinsame Leistungen, die beiderseitig, wenngleich auch zeitlich verschoben, erbracht werden.

Zum anderen hatten wir bereits in Abschn. 4 betont, daß das Adjektiv »gemeinsam« mindestens drei Bedeutungen besitzen kann: die Gemeinsamkeit des Ziels, die Gemeinsamkeit der Aktivitäten, aber auch die Gemeinsamkeit der *Betroffenheit* von möglichen Gefährdungen und Destabilisierungen, d. h. von Unsicherheit. Eine Minderung der Sicherheit der anderen Seite gefährdet über ihre Rückwirkungen für die Stabilität des Gesamtsystems auch die eigene Sicherheit. Die gemeinsame Betroffenheit verlangt deshalb »Selbstbeschränkung« im eigenen Interesse. Warum also sollte diese ohnehin erforderliche Selbstbeschränkung nicht gezielt als politische Strategie, d. h. als vertrauensbildende Vorleistung im Sinne von Initialzündungen für weitere gemeinsame Aktivitäten genutzt werden?

Ein dritter Punkt schließlich ist eng mit dem vorangegangenen verwandt, geht jedoch weit über das bisherige Gedankengebäude einseitiger Maßnahmen hinaus. Er betrifft den Denkfehler, daß im Rahmen Gemeinsamer Sicherheit, oder deutlicher ausgedrückt: unter Bedingungen, die Gemeinsame Sicherheit erforderlich machen, noch über Destabilisierungen Verhandlungen geführt werden könnten.

Zur Verdeutlichung nochmals: Gemeinsame Sicherheit verlangt die Unterlassung all dessen, was die Sicherheit des anderen, und damit in seinen Rückwirkungen auf das Gesamtsystem wiederum die eigene Sicherheit beeinträchtigen würde. Gemeinsame Sicherheit verlangt deshalb vorrangig den Verzicht auf alles, was grundlegend destabilisierend wirkt. Diese Forderung nach Verzicht auf Destabilisierung bringt Gemeinsame Sicherheit aber in ein zweifaches Dilemma:

1. Der Verzicht auf Destabilisierung kann zwar vereinbart, nicht aber (im Rahmen von Rüstungssteuerungsgesprächen) verhandelt werden. Denn Rüstungskontrollverhandlungen unterliegen der Gefahr des Scheiterns. In der Logik des Scheiterns der Verhandlungen liegt aber die Durchführung der Destabilisierung, also eine Selbstgefährdung. D. h., auf Destabilisierungen muß *einseitig* verzichtet werden.
2. Destabilisierungen einer Seite können (logisch betrachtet) nicht durch destabilisierende Reaktionen der anderen Seite aufgehoben werden. Zur Illustration: Gemeinsame Sicherheit entspricht – bildhaft gesehen – einem Boot, in dem sich die Sicherheitspartner gemeinsam befinden. Schlägt eine Seite – aus welchen Gründen auch immer – ein Leck in dieses Boot, so kann es nicht durch ein zweites Leck kompensiert werden. Vielmehr ist es logisch und rational, wenn die andere Seite zumindest auf ein »eigenes Leck« *einseitig* verzichtet. (Das Boot sinkt zwar immer noch,

aber langsamer. Die Chance, den letztendlichen Untergang zu verhindern, ist vergleichsweise höher).

Welche Maßnahmen sind erforderlich?

Stehen unilaterale (Verzichts-) Maßnahmen also nicht notwendigerweise im Gegensatz zur Gemeinsamen Sicherheit, so stellt sich die Frage, welche konkreten einseitigen Schritte denkbar und möglich, gegebenenfalls sogar geboten sein könnten. Die Antwort ist zweigeteilt:
1. *Umfang und Charakter einseitiger Vorleistungen* im Rahmen einer gradualistischen Strategie hängen von der jeweiligen *Risikoanalyse* ab. Angesichts des breiten Spektrums an offensichtlicher Überrüstung in Ost und West sei hier nur vermerkt, daß einschneidende Vorleistungen auf nahezu allen Feldern realisierbar sind, ohne daß es sofort zu völlig unkalkulierbaren und untragbaren Risiken und Gefährdungen kommt. Die in Abschn. 4 vorgestellten Rüstungskontrollvorschläge z. B. sind in der Mehrheit auch als Vorleistungen, die Gegenleistungen der anderen Seite nach sich ziehen, denkbar. Konsens über diese Feststellung sollte zumindest insoweit erzielt werden können, als es sich bei einem Teil der Vorschläge eher um »bloße« Vertrauensbildende Maßnahmen denn um wirklich einschneidende Rüstungsbegrenzungen handelt.
2. Der *einseitige Verzicht* auf Destabilisierung ist dann zwingend, wenn die Fundamente des jeweiligen Sicherheitssystems (d. h. bislang des Abschreckungssystems), erschüttert werden. Einige Beispiele zur Illustration: Waffensysteme, die wie das sog. Nachrüstungspotential die Vorwarnzeit verkürzen, schrecken nicht ab, sondern erzeugen im Gegenteil Präemptionszwänge; Nuklearraketen mit hoher Treffgenauigkeit sind kein Zweitschlagspotential mehr, sondern reizen zum Ersteinsatz bis hin zum Erstschlag; die Fähigkeit zur Ortung von U-Booten zerstört die Basis der Unverwundbarkeit des bisherigen Zweitschlagspotentials. Und zur Gegenkontrolle nochmals: Die Destabilisierung aus der Verkürzung der Vorwarnzeit auf der einen Seite kann nicht durch die Verkürzung der Vorwarnzeit auf der Gegenseite kompensiert werden. Die Destabilisierung aus der Erstschlagsfähigkeit eines der Kontrahenten kann durch die Erstschlagsfähigkeit auf der anderen Seite nicht aufgehoben werden, usw. Im Gegenteil stellen jeweils beide Fähigkeiten – jede einzeln für sich – das Sicherheitssystem insgesamt in Frage.
Was heißt das für die Bundesrepublik? Zu den Waffensystemen, die destabilisierend wirken, gehören auf westlicher Seite die sog. Nachrüstungspotentiale, insbesondere die PERSHING II, aber auch die vor kurzem

von US-Präsident Reagan benannten Weltraum- und Anti-Raketen-Waffen sowie die im sog. Rogers-Plan (FOFA) und in der Konzeption »air-land-battle« enthaltenen konventionellen Potentiale. Auf sie gilt es – auch einseitig – zu verzichten.

Zusammenfassung

Zusammenfassend können wir für die Gegenüberstellung von Gemeinsamer Sicherheit und Unilateralismus/Gradualismus wiederum dreierlei festhalten:
10. Gemeinsame Sicherheit will vorrangig die gemeinsame und kooperative Bewältigung der anstehenden Gefahren; sie schließt einseitige Maßnahmen aber nicht aus.
11. Unilaterale Vorleistungen im Rahmen einer gradualistischen Strategie können als erste Schritte auf dem Weg zur Gemeinsamen Sicherheit dienen.
12. Gemeinsame Sicherheit verlangt nachdrücklich Selbstbeschränkung bis hin zum – einseitigen – Verzicht auf Destabilisierung.

6. *Sicherheit durch Neutralität und/oder Gemeinsame Sicherheit*

Die vorangegangenen Abschn. 1 bis 5 stehen in einem engen inhaltlichen Zusammenhang. Gleichwohl handelt es sich lediglich bei der in Abschn. 1 diskutierten »paktgestützten Sicherheit« um ein der »Gemeinsamen Sicherheit« methodisch vergleichbares Modell. Bei den in Abschn. 2 bis 5 angeführten Alternativen geht es dagegen nicht um geschlossene sicherheitspolitische Konzepte im eigentlichen Sinne, sondern um Instrumente und Mittel zur Verwirklichung übergeordneter Zielsetzungen (z. B. Rüstungsbegrenzung, Strategische Stabilität etc). Mit der nachfolgenden Diskussion der »Neutralität« kehren wir zur Gegenüberstellung von Gemeinsamer Sicherheit und anderen vergleichbaren Modellen der Sicherheit im engeren Sinne zurück.

Was heißt Neutralität?

Nach allgemeinem Völkerrecht besitzt jeder Staat grundsätzlich das Recht, sich für neutral zu erklären (ius ad neutralitatem). Die wichtigsten Rechts- und Definitionsquellen des allgemeinen Neutralitätsrechtes (ius in neutralitate) selbst sind das (V. Haager) »Abkommen, betreffend die Rechte und Pflichten der neutralen Mächte und Personen im Falle eines Landkrieges« und das (XII. Haager) »Abkommen, betreffend die Rechte und Pflichten des Neutralen im Falle eines Seekrieges« – beide vom 18. Oktober 1907. Sie werden ergänzt durch Normen des Völkergewohnheitsrechts, z. B. in bezug auf den Luftkrieg und den Wirtschaftskrieg sowie in bezug auf humanitäre Belange durch die Genfer Abkommen von 1949 zum Schutze der Kriegsopfer. In der einfachsten Definition bedeutet Neutralität »die Nichtbeteiligung eines Staates an einem Krieg anderer Staaten«. Ihre Konkretisierung findet diese Definition der Neutralität in den völkerrechtlichen Neutralitätspflichten.

Diese Pflichten des Neutralen sind im Kriegsfall:

1. die *Enthaltungspflicht*, d. h. der neutrale Staat ist verpflichtet, nicht nur selbst keinen Krieg zu beginnen, sondern sich auch der Unterstützung Kriegführender durch Streitkräfte, staatliche Kriegsmateriallieferungen, staatliche Kredite für Kriegszwecke und durch Übermittlung militärischer Nachrichten zu enthalten;
2. die *Verhinderungspflicht*, d. h. der neutrale Staat ist verpflichtet, nicht nur selbst die eigene Neutralität und Unabhängigkeit zu verteidigen, sondern jede neutralitätswidrige Handlung Kriegführender auf seinem Territorium und in seinem Luftraum zu verhindern;
3. die *Duldungspflicht*, d. h. der neutrale Staat muß bestimmte Handlungen der Kriegführenden, z. B. die Kontrolle neutraler Schiffe auf hoher See, dulden;
4. die *Unparteilichkeitspflicht*, d. h. der neutrale Staat ist verpflichtet, die Kriegführenden in bezug auf staatliche Regelungen der privaten Ausfuhr und Durchfuhr von Kriegsmaterial gleich zu behandeln.

Neben die Pflichten des Neutralen im Kriegsfall treten die Pflichten des dauernd Neutralen im Frieden. Diese Vorwirkungen oder sekundären Pflichten sind:
1. das Aggressionsverbot,
2. das Bündnisverbot,
3. das Stützpunktverbot,
4. das Rüstungsgebot.

Diese vier Vorwirkungen lassen sich in der allgemeinen Form zusammenfassen, daß ein dauernd neutraler Staat bereits im Frieden alles zu tun hat, um bei Ausbruch eines Krieges die skizzierten primären Neutralitätspflichten erfüllen zu können, und alles unterlassen muß, was ihm deren Einhaltung unmöglich machen oder wesentlich erschweren würde.

Was sind die Überschneidungen mit GS, was die Unterschiede?

Wie die vorangegangene knappe Skizze zeigt, ist kein anderes Sicherheits-Modell so weitgehend politisch durchdacht und rechtlich ausformuliert wie die Neutralität. Kein anderes Modell steht aber auch so nachdrücklich im Gegensatz zur Gemeinsamen Sicherheit. Gleichwohl und auf den ersten Blick erstaunlich: Kaum ein anderes Modell hat zugleich so viele Gemeinsamkeiten und Überschneidungen mit GS wie die Neutralität. Was heißt das im einzelnen?

Gemeinsame Sicherheit besitzt – wie bereits hervorgehoben – mindestens drei Ebenen der Gemeinsamkeit: Ausgehend von der gemeinsamen Betroffenheit (Kriegsgefahr/Kriegsfolgen) will GS das gemeinsame Ziel (Kriegsverhütung) über gemeinsame Aktivitäten (Kooperation) erreichen. Neutralität dagegen will die Nichtbeteiligung an einem Krieg anderer. Das Ziel der Neutralität ist also nicht die Vermeidung von Kriegen als solche, sondern lediglich das *einseitige Heraushalten* aus Kriegen (anderer). Die Mittel und Wege – zumindest die militärischen – sind nicht die der Unterstützung und Kooperation, sondern der *Enthaltung* und Nicht-Einmischung (Unter einem engen militärischen Blickwinkel kann Neutralität damit sogar als ein Rückfall hinter den Charakter von Militärpakten angesehen werden). Die Ausgangsbasis der Neutralität schließlich ist nicht die Einsicht in die Betroffenheit aller, sondern der Versuch der *Absonderung* und der Glaube an die *Nicht-Betroffenheit Unbeteiligter.*

Fassen wir die Gegenüberstellung der drei Ebenen zusammen, so müssen Gemeinsame Sicherheit und Neutralität als miteinander nicht vereinbar bezeichnet werden. Mehr noch: In dem Maße, in dem die Grundannahme Gemeinsamer Sicherheit stimmt, daß von den Gefahren und Folge eines Krieges im zum Ende gehenden 20. Jahrhundert alle, d. h. auch Unbeteiligte, betroffen sind, in dem Maße muß Neutralität als funktionslos und obsolet bezeichnet werden. Wenn der nukleare Fallout keine Staatsgrenzen mehr kennt – sei es die deutsch/deutsche oder die deutsch/österreichische usw. –, dann degeneriert Neutralität zwangsläufig zur realitätsfernen Ideologie.

So eindeutig und vernichtend diese Kritik klingt, so wenig darf sie doch davon abhalten, auch die rechtlichen und politischen Gemeinsamkeiten von GS und Neutralität zu sehen. Dies gilt für die in der politischen Praxis typischen Funktionen neutraler Staaten wie »Vertrauensbildung« und »Gute Dienste« ebenso wie für die mit der GS-Konzeption weitgehend identischen »Abhaltestrategie« unter Verzicht auf Bedrohungs- und Vergeltungspotentiale. Dies gilt insbesondere aber auch für die rechtlich verankerten Pflichten der Neutralen. Nehmen wir sie als Denkmodell, so läßt sich parallel für die

Gemeinsame Sicherheit folgende, nicht abschließende Auflistung festhalten:
1. die *Enthaltungspflicht,* d. h. die Pflicht der Staaten im System Gemeinsamer Sicherheit zur Selbstbeschränkung und zum Verzicht auf Destabilisierung nach innen (s. o.), aber auch – insbes. mit Blick auf die Dritte Welt – nach außen;
2. die *Verhinderungspflicht,* d. h. die Pflicht der paktgebundenen Staaten im System Gemeinsamer Sicherheit, Kriege innerhalb der jeweiligen Militärpakte, aber auch aus ihnen heraus, zu verhindern;
3. die *Duldungspflicht,* d. h. die Pflicht der Staaten im System Gemeinsamer Sicherheit zur Duldung von Kontrollen, Verifikationen und Überprüfungen.

Welche Maßnahmen sind erforderlich?

Auch wenn also Neutralität und Gemeinsame Sicherheit als unvereinbare Gegensätze begriffen werden müssen, so gibt es neben dem sicherheitsphilosophischen Grundpfeiler doch auch eine Reihe von Strukturelementen, die in beiden Modellen identisch oder zumindest ähnlich sind. Hieraus resultiert mindestens zweierlei:
1. Aufgabe von Wissenschaft und Politik ist es, die langjährigen Erfahrungen neutraler Länder auf den entsprechenden Ebenen und Gebieten für das GS-Konzept zu nutzen, evtl. sogar in ein ähnliches völkerrechtliches Rahmenvertragswerk zu gießen.
2. Im wohlverstandenen Interesse der Neutralen – aber auch der paktgebundenen Staaten – liegt es, die neutralen Länder in den Prozeß der Bildung eines Systems Gemeinsamer Sicherheit a priori zu integrieren. Angesichts der gemeinsamen Strukturelemente beider Modelle sollten sich Übergangslösungen, etwa im Sinne des »Neutralismus« oder der »Blockfreiheit«, finden lassen.[15]

---

15 Der *Neutralismus* oder die *Blockfreiheit* (non-alignment) beziehen sich als besondere Form der Bündnisfreiheit, insbesondere von Entwicklungsländern, in erster Linie auf den Ost-West-Konflikt und den damit verbundenen (ideologischen und) militärischen Gegensatz: Anders als die Neutralität definiert sich Neutralismus also lediglich aus einer politischen Kostellation und nicht aus dem klassischen Neutralitätsrecht. Die Neutralisten oder Blockfreien halten sich deshalb auch, insbesondere für den Kriegsfall, alle Optionen offen.

Zusammenfassung

Fassen wir zusammen, so können wir nach der Gegenüberstellung von GS und Neutralität wiederum drei Ergebnisse festhalten:
13. Gemeinsame Sicherheit und Neutralität sind auf Dauer unvereinbare Gegensätze. In dem Maße, in dem GS erforderlich ist, muß Neutralität als realitätsferne Ideologie bezeichnet werden.
14. Die politischen Erfahrungen und rechtlichen Ausformulierungen der Neutralität sind für die GS-Konzeption strukturell nutzbar.
15. Die (bislang) neutralen Staaten sind a priori in den Prozeß der Schaffung eines Systems Gemeinsamer Sicherheit zu integrieren.

7. *Sicherheit durch Soziale Verteidigung und/oder Gemeinsame Sicherheit*

Grundsätzlich anders als die in den Abschn. 1 bis 6 angeführten Modelle, Strategien und Alternativen der Sicherheit spricht sich das Konzept der Sozialen Verteidigung gegen alles Militärische aus und geht einher mit der gleichzeitigen Forderung nach Streitkräfteverzicht und einseitiger Abrüstung. Soziale Verteidigung kann somit als »das« Gegenkonzept (besser: als ein Sammelbegriff für Gegenkonzepte) zur militärischen Verteidigung bezeichnet werden.

Was heißt Soziale Verteidigung?

Nach den Vorstellungen der Sozialen Verteidigung soll an die Stelle militärischer Verteidigung der gewaltlose Widerstand treten. Verteidigt werden soll die Souveränität eines Volkes nicht durch den bewaffneten Kampf um Grenzen und Territorien, sondern dadurch, daß Zivilisten mit gewaltfreien Widerstandsmethoden die Selbstbestimmung in den sozialen Institutionen eines demokratischen Staatswesens zu erhalten suchen. Als Methoden der Sozialen Verteidigung werden theoretisch diskutiert und (zum Teil) auch erprobt: Protestmärsche, Demonstrationen, Streiks, sozialer Boykott von Kollaborateuren, Nicht-Zusammenarbeit mit Okkupanten, Blockade, Sabotage, Mobilisierung internationalen Drucks etc.[16]

---

16 Der Begriff der Sozialen Verteidigung ist eng verbunden mit den Namen von Theoretikern und Praktikern des gewaltfreien Widerstandes wie Henri D. Thoreau, Mohandas K. Gandhi oder Martin Luther King. Erste umfassende Konzepte stammen aus der Zeit vor und nach

Als historische Beispiele Sozialer Verteidigung können Aktionen genannt werden, wie sie gegen den Kapp-Putsch 1920, gegen die Besetzung Norwegens im Weltkrieg II oder gegen die CSSR-Invasion 1968 gerichtet waren.[17] In der Vergangenheit wurde der Widerstand allerdings ohne ein entwickeltes theoretisches Konzept improvisiert, die heutige soziale Verteidigung dagegen sieht eine bewußte Vorbereitung auf den Widerstand vor. In der Realität verlangt dies, eine »allgemeine Kultur der Widerstandsbereitschaft« zu schaffen. Entsprechend ist nach Ansicht der Vertreter des Konzepts die Demokratisierung aller gesellschaftlichen Institutionen die beste Vorbereitung auf eine erfolgreiche Soziale Verteidigung.

Was sind die Überschneidungen mit GS, was die Unterschiede?

Nach dem Vorangegangenen ist offensichtlich, daß Gemeinsame Sicherheit und Soziale Verteidigung Gegensätze sind: Das erste ist eine militärische Kriegsverhütungskonzeption – zwar auf der Basis von Abhaltung und Struktureller Nichtangriffsfähigkeit, aber eben doch eindeutig auf Streitkräfte und Rüstung bezogen. Das zweite dagegen ist eine soziale Verteidigungsmethode – zwar auf der Basis von entschiedenem Widerstand gegen jegliche Aggression, aber eben doch strikt in Form ziviler (deutlicher: nicht-militärischer) Aktivitäten.

Über diesen Gegensatz kann auch nicht hinwegtäuschen, daß beiden Konzeptionen Erkenntnisse zugrundeliegen, die identisch oder ähnlich sind. Hierzu gehören unter anderem die Aussagen:
- daß in einem (Atom-) Krieg gerade die Güter, die geschützt werden sollen, zerstört würden;
- daß es zwar einen risikofreien Königsweg nicht gibt, die bisherige Risikobereitschaft zum Krieg aber in Zukunft durch die Risikobereitschaft zum Frieden ersetzt werden muß;

---

dem Weltkrieg I. Sie waren geprägt von den Diskussionen in den Niederlanden, die insbesondere von Bart de Ligt und Henriette Holst geführt wurden. In die angelsächsische Diskussion der 60er Jahre wurde das Konzept insbes. von Gene Sharp und Adam Roberts eingeführt. Für den deutschsprachigen Raum steht insbesondere Theodor Ebert.

17 Der Kapp-Putsch zeigte, daß ein Generalstreik zusammen mit der Gehorsamsverweigerung von Beamten auch zunächst militärisch erfolgreiche Putschisten nach wenigen Tagen zum Abdanken zwingen kann. Der Widerstand der norwegischen Lehrer während des Weltkriegs II gegen das Quisling-Regime und die deutsche Besatzungsmacht war vor dem kulturellen Hintergrund Norwegens selbst gegen ein ansonsten totalitäres Herrschaftssystem erfolgreich. Und der Fall CSSR 1968 illustrierte augenfällig eine Situation, in der, wenn Verteidigung überhaupt, dann nur noch Soziale Verteidigung möglich ist.

- daß angesichts der Dynamiken bestimmter Militärtechnologien der Satz, ein Mehr an Rüstung würde auch in jedem Fall ein Mehr an Sicherheit mit sich bringen, keine Gültigkeit mehr besitzt;
- daß durch die Verminderung der Bedrohungswahrnehmung auf der gegnerischen Seite bzw. über eine Politik der Vertrauensbildung ein insgesamt höheres Maß an Stabilität und Sicherheit erzielt werden kann;
- daß die Gemeinsamkeit der Betroffenen auch die Empathie und Solidarität mit dem Gegenüber und dessen Unverletzbarkeit umfaßt;
- daß Selbstbeschränkung und Rüstungsminderung nicht zwangsläufig zur Wehrlosigkeit und Unsicherheit führen.

Trotz dieser identischen Elemente auf der Ausgangsebene sind Gemeinsame Sicherheit und Soziale Verteidigung konzeptionelle Gegensätze. Sind sie aber auch unvereinbar? Vertreter der Sozialen Verteidigung würden diese Frage wohl eher mit »ja« beantworten: zum einen, weil (bereits im Frieden) die durch die Existenz von Streitkräften bedingte – vermeintliche oder tatsächliche – Aufrechterhaltung von Feindbildern im Widerspruch zur Sozialen Verteidigung stünde; zum anderen, weil die Vermischung der militärischen und der zivilen Methoden (im Ernstfall) nicht nur eine gezielte Einflußnahme auf den Willen des einzelnen Besatzungssoldaten unmöglich machen, sondern sogar dem Aggressorregime die Rechtfertigung für lebensvernichtende Terror- und Vergeltungsmaßnahmen liefern könnte.[18]

Aus der Perspektive Gemeinsamer Sicherheit kann die Antwort dagegen weniger strikt und keineswegs nur ablehnend ausfallen:

- Gemeinsame Sicherheit will die Optimierung der Abhaltung und die Minimierung der Bedrohung. Ob Soziale Verteidigung *allein* für sich funktioniert, d. h. effektiv Aggressionen *abhält* bzw. zurückweist, mag strittig sein. Sicher aber ist, daß sie keine Bedrohungswirkung nach außen zeigt. Und als sicher kann auch gelten, daß für einen Aggressor der Überfall auf eine demokratische Gesellschaft, die neben einer effektiven militärischen Abhaltestrategie *zusätzlich* noch zivile Widerstandsformen (für den Besatzungsfall) kennt, an Attraktivität verliert.
- Gemeinsame Sicherheit will eine friedens- und gegebenenfalls abrüstungsfreundliche innenpolitische Struktur und eine entsprechend engagierte, soziale Kontrolle und politischen Druck ausübende Öffentlichkeit (Strukturelle Nichtangriffsfähigkeit in weiterem Sinne – vgl. Abschn. 3). Soziale Verteidigung wiederum versteht sich selbst als Strategie gesellschaftlicher Demokratisierung und als Kultur der Widerstandsbereitschaft gegen ungerechtfertigte Gewalt von innen und außen. In diesem Sinne kann sie als integraler Bestandteil der innergesellschaftlichen Organisation

von Gemeinsamer Sicherheit genutzt werden, die eine strukturelle Nichtangriffsfähigkeit nach außen garantiert.
- Gemeinsame Sicherheit will – wie bereits mehrfach betont – die gemeinsamen Akivitäten aller Betroffenen. Dies gilt auch für nicht-beteiligte Staaten wie die Neutralen. Dies muß erst recht für den nicht-beteiligten (weil im militärischen Sinne nicht wehrfähigen oder nicht wehrbereiten) einzelnen Menschen gelten, d. h. auch für Kriegsdienstverweigerer, Frauen, Behinderte, Kinder und Ältere, also für die Mehrheit der Zivilbevölkerung und damit – anders als in früheren Kriegen – für die Mehrheit der möglichen Opfer. Warum sollten gerade sie – die Opfer und Betroffenen – nicht zur Gemeinsamen Sicherheit (in Form der Einübung ziviler Widerstandsformen) beitragen dürfen und können?

Welche kurzfristigen Veränderungen?

Trotz der Eindringlichkeit der zuletzt angeführten Frage darf nicht verkannt werden, daß Gemeinsame Sicherheit in erster Linie eine *militärische* Kriegsverhütungskonzeption ist. Soziale Verteidigung kann deshalb stets nur *ergänzende* Funktionen erfüllen: nach außen im Sinne der Effektivitätsoptimierung von Abhaltung; nach innen im Zuge der Schaffung gesellschaftlicher Voraussetzungen von Struktureller Nichtangriffsfähigkeit (i.w.S.). Kurzfristig, d. h. im Rahmen der gegebenen Strukturen, ließen sich beide Funktionen nicht nur in der schulischen und außerschulischen Bildungsarbeit (Friedenserziehung in Ost und West) zusammenführen, sondern bereits in ersten Ansätzen auch organisatorisch umsetzen, z. B. in Form der Einbeziehung der Sozialen Verteidigung in die Grundausbildung von Zivildienstleistenden.

Zusammenfassung

Zusammenfassend lauten die Ergebnisse aus der Gegenüberstellung von GS und Sozialer Verteidigung:
16. Gemeinsame Sicherheit und Soziale Verteidigung sind konzeptionelle Gegensätze.

---

18 Vgl. aber auch *Theodor Ebert* während der Anhörung »Alternative Strategien«, der mittlerweile von einer »Übergangszeit« ausgeht, in der es »ein konkurrierendes Nebeneinander von militärischer Defensivkonzeption und sozialer Verteidigung gibt« – in: S + F 3/1984, S. 60; vgl. auch: *Nolte, Hans-Heinrich/Nolte, Wilhelm,* Ziviler Widerstand und Autonome Abwehr, Baden-Baden 1984.

17. Aus dem Blickwinkel der Sozialen Verteidigung lassen sich die Gegensätze auf Dauer nicht vereinbaren.
18. Aus der Sicht der Gemeinsamen Sicherheit kann Soziale Verteidigung zwei ergänzende Funktionen erfüllen: nach außen im Sinne der zusätzlichen Effektivitätsoptimierung von Abhaltung; nach innen im Rahmen der innergesellschaftlichen Organisation von Frieden, die Kriege als Mittel der Politik nicht zuläßt (Strukturelle Nichtangriffsfähigkeit im weiteren Sinne).

8. *Sicherheit durch Friedliche Koexistenz und/oder Gemeinsame Sicherheit*

Anders als die in den vorangegangenen Kapiteln betrachteten Alternativen stellt die »Friedliche Koexistenz« nicht »nur« ein Modell oder eine Strategie im engeren sicherheitspolitischen Sinne dar. Vielmehr ist sie als ein übergreifendes außen- und friedenspolitisches Konzept anzusehen, das auch elementare sicherheitspolitische Grundgedanken enthält.

Was ist Friedliche Koexistenz?

Unter Friedlicher Koexistenz ist das friedliche Nebeneinander von Staaten mit unterschiedlicher gesellschaftlicher Ordnung zu verstehen. Aus sowjetischer Sicht sind Prinzip und Politik der Friedlichen Koexistenz »Ergebnis der Existenz und des wachsenden internationalen Einflusses der sozialistischen Staaten«. Entsprechend wird Friedliche Koexistenz ihrem Wesen nach als eine spezifische Form des Klassenkampfes zwischen Sozialismus und Kapitalismus verstanden, die letztlich günstige internationale Bedingungen für den Aufbau des Sozialismus und Kommunismus sowie den Kampf des internationalen Proletariats um die Beseitigung des Imperialismus und für die revolutionäre Umgestaltung der Gesellschaften schaffen soll.
Ihren Eingang in das Völkerrecht fand die Friedliche Koexistenz spätestens mit der Diskussion einer (von der Sowjetunion) in die UNO eingebrachten Resolution über »Prinzipien der freundschaftlichen Beziehungen unter den Staaten« im Jahre 1961 und schließlich der Annahme einer »Deklaration über die Prinzipien des Völkerrechts betreffend die freundschaftlichen Beziehungen und die Zusammenarbeit zwischen den Staaten in Übereinstimmung mit der Charta der Vereinten Nationen« im Jahre 1970. Die sieben von der UNO ausgearbeiteten Prinzipien umfassen:

- den Gewaltverzicht,
- die Pflicht zur friedlichen Streitbeilegung,
- die Nichteinmischung,
- die Pflicht zur Zusammenarbeit,
- das Selbstbestimmungsrecht der Völker,
- die souveräne Gleichheit,
- den Grundsatz der Vertragstreue.

Was sind die Überschneidungen mit GS, was die Unterschiede?

Aus der Sicht der Theorie der Friedlichen Koexistenz basieren Sicherheitspartnerschaft und Koexistenz auf den »gleichen Grundgedanken«. Mehr noch: »Gemeinsame Sicherheit ist eine Grundlinie der Idee und Politik friedlicher Koexistenz«.[19]
Gilt diese völlige Übereinstimmung aber auch aus der Perspektive der Gemeinsamen Sicherheit? Zweifel sind mehr als angebracht: Anders als die Theorie der Friedlichen Koexistenz ist Gemeinsame Sicherheit »lediglich« ein Kriegsverhütungskonzept, das von einem »negativen« Friedensbegriff ausgeht. Die Herstellung eines »positiven Friedens« im Sinne der Abwesenheit struktureller Gewalt bzw. der Schaffung sozialer Gerechtigkeit innerhalb und zwischen den Staaten bleibt somit einem übergreifenden Konzept des »peaceful change«, konkret: der Schaffung einer Neuen (Europäischen) Friedensordnung (NEFO) vorbehalten. Gerade in dieser Beschränkung auf ein »negatives« Verständnis von Frieden liegt aber die Stärke der Gemeinsamen Sicherheit: Unbeschadet aller politischen Gegensätze zwischen Ost- und Westeuropa sollen Kriege als Mittel der Politik gemeinsam geächtet und verhütet werden.
Die Theorie der Friedlichen Koexistenz dagegen läßt – in der Interpretation der WVO-Staaten – die Fragen der gesellschaftlichen Entwicklung und der ideologischen Systemkonkurrenz (Konvergenz, Kommutation etc) nicht offen, sondern geht stets auch vom Ziel der Überwindung des gegnerischen Systems aus. Nicht zufällig ist deshalb auch – zumindest mit Blick auf die Dritte Welt – die Frage der Führung »Gerechter Kriege« noch immer nicht abschließend geklärt (vgl. aber zur neueren Entwicklung die Aufsätze von Lutz und Theilmann in Kap. III nachfolgend).

---

19 So: *Schmidt, Max,* Bedingungen und Erfordernisse friedlicher Koexistenzpolitik in Europa und einer dementsprechenden Koalition der Vernunft, hektogr. Manuskript, Berlin/DDR 1985, S. 15; vgl. ebenso den Aufsatz von Schmidt nachfolgend.

Trotz dieser – allerdings nicht unwesentlichen – Differenz lassen sich die Übereinstimmungen zwischen Friedlicher Koexistenz und Gemeinsamer Sicherheit nicht bestreiten. Sie kommen in den sieben von der UNO ausgearbeiteten Prinzipien zum Ausdruck, aber auch in der Realitätsbezogenheit des Konzepts. Daß es sich nämlich auch bei der Friedlichen Koexistenz nicht so sehr – oder nicht nur – um eine abstrakte »Theorie« handelt als vielmehr um ein Zugeständnis an die Realität, läßt sich bereits seit Gründung des Sowjetstaates feststellen und ist spätestens seit dem Rechenschaftsbericht Chruschtschows vor dem XX. Parteitag der KPdSU im Jahre 1956 offensichtlich. Im Rahmen dieses Parteitages gab der Generalsekretär nicht nur die These von der schicksalhaften Unvermeidbarkeit von Kriegen zwischen Kapitalismus und Sozialismus (mit Blick auf die Existenz von Nuklearwaffen) auf, sondern gestand auch angesichts der »chinesischen Realität« unterschiedliche Formen und Wege des Übergangs zum Sozialismus ein.

Welche kurzfristigen Maßnahmen?

Sollen die Konzepte Gemeinsame Sicherheit und Friedliche Koexistenz in eine gemeinsame Friedens- und Sicherheitspolitik zwischen Ost und West einmünden, so gilt es vor allen Dingen das Ziel der Systemüberwindung (in gesellschaftlichem und ideologischen Sinne) aufzugeben und die Frage der Führung »Gerechter Kriege« (in der Dritten Welt) zu klären. Angesichts der Realitätsbezogenheit beider Konzepte und der offensichtlichen Rückwirkungen beider Fragen auf den Kriegsschauplatz Europa sollte ein Konsens, zumindest im Sinne von gemeinsamen Verhaltensweisen, erreichbar sein. Die genannten, von der UNO ausgearbeiteten, sieben Prinzipien könnten hierbei Hilfestellung bieten und zugleich – ähnlich den in Abschn. 6 genannten rechtlichen Regelungen – Grundelemente und Wegweiser für ein völkerrechtliches Vertragswerk zur Realisierung Gemeinsamer Sicherheit sein.

Zusammenfassung

Aus der Zusammenschau von GS und Friedlicher Koexistenz lassen sich folgende drei Schlußfolgerungen ziehen:
19. Gemeinsame Sicherheit und Friedliche Koexistenz basieren – aus der Sicht der letzteren – auf den gleichen Grundgedanken.
20. Aus der Perspektive Gemeinsamer Sicherheit sind beide Konzepte (nur) vereinbar, soweit sie auf Kriegsverhütung zielen.

21. Die im Rahmen der Theorie der Friedlichen Koexistenz erarbeiteten Prinzipien können mit als Bestandteile eines völkerrechtlichen Vertragswerkes Gemeinsamer Sicherheit dienen.

9. *Sicherheit durch ein (regionales) System Kollektiver Sicherheit und/oder Gemeinsame Sicherheit*

Ähnlich der Friedlichen Koexistenz oder Neutralität ist das letzte noch zu diskutierende Modell, die Kollektive Sicherheit, bereits weitgehend rechtlich verankert. Unter sicherheitspolitischen und militärischen Gesichtspunkten geht sie allerdings weit über diese beiden und andere Konzepte hinaus, steht teilweise in striktem Gegensatz zu ihnen.

Was heißt Kollektive Sicherheit?

Ein System Kollektiver Sicherheit (SKS), wie es zum Beispiel in Art. 52 ff der Charta der Vereinten Nationen oder in Art. 11 der Organisation des Warschauer Vertrages oder in Art. 24 des Grundgesetzes der Bundesrepublik Deutschland vorgesehen wird, ist im weiteren Sinn ein militärisches Bündnissystem. Gleichwohl darf es keinesfalls mit den Militärallianzen herkömmlicher Art verwechselt werden. Denn anders als bei einem »Pakt« traditionellen Musters richtet sich das System Kollektiver Sicherheit niemals nur gegen einen oder gegen bestimmte potentielle Angreifer, verpflichten sich die Mitglieder des Sicherheitssystems ferner auch zur Friedenssicherung untereinander und tritt schließlich die Schutzwirkung unabhängig davon ein, ob ein Nicht-Mitglied der Aggressor ist oder ein Mitgliedstaat.
Das Spektrum der gemeinsamen Aktivitäten und Sanktionen im Rahmen Kollektiver Sicherheit reicht von diplomatischen über finanzielle und wirtschaftliche bis hin zu militärischen Maßnahmen. Das hinter diesen Maßnahmen stehende Prinzip kann mit dem Satz: »Einer für alle, alle für einen« umschrieben werden. M.a.W.: Die Sicherheit im SKS-System ruht auf der *Überlegenheit* der friedliebenden Mehrheit des Systems.[20]

---

20 Zum Pro und Contra vgl.: *Lutz, Dieter S.* (Hrsg.), Kollektive Sicherheit in und für Europa – Eine Alternative?, Baden-Baden 1985.

Was sind die Überschneidungen mit GS, was die Unterschiede?

Der Friedensgedanke, der dem Konzept Kollektiver Sicherheit zugrunde liegt, ist wie derjenige der Gemeinsamen Sicherheit eindeutig ein *negativer* im Sinne der Abwesenheit von Krieg: Vergleichbar der Gemeinsamen Sicherheit soll auch das Instrument Kollektive Sicherheit »lediglich« Krieg verhüten, sind beide Modelle Kriegsverhütungskonzeptionen.

Gemeinsame Sicherheit und Kollektive Sicherheit stimmen jedoch nicht nur in ihrem Charakter als Kriegsverhütungskonzeptionen überein. Auch ihre jeweiligen Abhaltestrategien entsprechen einander - zumindest langfristig: Wie im Konzept Gemeinsamer Sicherheit beschränkt sich die Abhaltestrategie eines SKS auf den hohen »Eintritts«- und/oder »Aufenthaltspreis«, den der Gegner im Falle eines Angriffes zu zahlen bereit sein müßte. Maßnahmen der Vergeltung oder der Präemption, insbesondere mit nuklearen Massenvernichtungsmitteln gegen Industrieansiedlungen und Bevölkerungszentren des Angreifers (wie sie die Doktrin der Gemeinsamen Sicherheit - wenn auch nur kurzfristig - noch kennt), sind dagegen nicht vorgesehen. Mehr noch als der Logik Gemeinsamer Sicherheit würden sie dem kollektiven Charakter des SKS deutlich widersprechen und hätten bei Anwendung nach innen nichts anderes als die Selbstvernichtung eines Teils der eigenen Bevölkerung sowie die Selbstzerstörung eines Teils des eigenen Territoriums zur Folge.

Neben diesen weitgehenden Übereinstimmungen im Charakter der Konzeption und ihrer Strategie unterscheiden sich beide Modelle allerdings auch in zwei entscheidenden Punkten: Zum einen strebt zwar auch das SKS-Konzept Sicherheit durch Stabilität an. Doch während im gegenwärtigen System des »balance of power« Strategische Stabilität durch Gleichgewicht erreicht werden soll (ja sogar in der Regel mit einem militärisch wie wissenschaftlich völlig unhaltbaren Gleichstand bloßer numerischer Größenordnungen verwechselt wird) und auch Gemeinsame Sicherheit noch nach einer Äquivalenz von Fähigkeiten und Optionen sucht, folgt das System Kollektiver Sicherheit radikal dem umgekehrten Prinzip: Sicherheit soll nicht auf der labilen Grundlage eines - wie auch immer definierten - Gleichgewichts ruhen, sondern durch die *Übermacht* und überwältigende *Überlegenheit* der friedliebenden Mitglieder des Systems garantiert werden.

Zum anderen verfolgt zwar auch das SKS-Konzept als vorrangiges Ziel die Kriegsverhütung durch Abhaltung: Jedem potentiellen Friedensbrecher soll vorab glaubhaft signalisiert werden, daß das Risiko einer Aggression kalkuliert untragbar ist. Anders als die Gemeinsame Sicherheit zerbricht Kollektive Sicherheit jedoch nicht im Ernstfall. Die SKS-Mitglieder müssen vielmehr (nach wie vor oder wieder) bereit sein – allerdings: kollektiv –, in letzter Konsequenz auch »Krieg für den Frieden« zu führen.

Welche Maßnahmen sind geeignet?

Sieht man die Gemeinsamkeiten und Unterschiede der beiden Konzeptionen in der Zusammenschau, so ist für das innere Verhältnis beider Modelle zueinander und der daraus resultierenden konkreten Schritte und Maßnahmen insbes. der letztgenannte Aspekt des »Beistandes im Krieg« von Bedeutung: Gemeinsame Sicherheit und Kollektive Sicherheit gehen beide von der Einsicht aus, daß im Nuklearzeitalter Sicherheit nicht mehr gegeneinander, sondern nur noch miteinander zu haben ist. Während »Gemeinsame Sicherheit« aber allein auf die Bewältigung der Bedrohung und Gefährdung des Friedens *im Frieden* abzielt, geht Kollektive Sicherheit noch einen – entscheidenden – Schritt weiter: Kollektive Sicherheit begreift auch die Friedenserhaltung und -wiederherstellung *im Konflikt- und Kriegsfalle* (unter Einschluß kollektiver militärischer Sanktionen gegen jeden Friedensbrecher) als gemeinsames Problem.

Muß aber, was als Überlegung für den Normalfall, sprich: Frieden gilt, nicht erst recht für den Ernstfall, d. h. Krisen- und Kriegsfall, Gültigkeit besitzen? Nuklearer Fallout kennt – wie bereits betont – weder staatliche noch zeitliche Grenzen. Die Rationalität, die in der »gemeinsamen« Bewältigung von Gefahren liegt, endet deshalb nicht, wenn der Ernstfall eintritt. Im Gegenteil: Als Ansatz zur Bewältigung von Konflikten muß sich die Idee der »Gemeinsamen Sicherheit« gerade im Konfliktfall bewähren. Konsequent und logisch zu Ende gedacht, führt »Gemeinsame Sicherheit« somit langfristig zu einem System Kollektiver Sicherheit. M.a.W.: In der Logik von Gemeinsamer Sicherheit liegt Kollektive Sicherheit, oder umgekehrt: Kollektive Sicherheit hat Gemeinsame Sicherheit zur Voraussetzung.

Ist es aber richtig, daß Gemeinsame Sicherheit langfristig zu einem System Kollektiver Sicherheit führt, so kann Gemeinsame Sicherheit nur aus der *kurz- und mittelfristigen* Perspektive als ein eigenständiges Zielkonzept angesehen werden. Methodisch korrekter ist es, den Zusammenhang von SKS und GS als ein Ziel-Mittel-Verhältnis zu betrachten: Das langfristige Ziel SKS soll mit Hilfe und auf dem Wege der Gemeinsamen Sicherheit erreicht werden. Oder anders formuliert: Mit Blick auf die Überwindung und Ablösung der derzeitigen pakt- und abschreckungsorientierten Sicherheitspolitik ist Gemeinsame Sicherheit ein Zielkonzept; mit Blick auf die Errichtung eines Systems Kollektiver Sicherheit ist sie »bloße« Methode bzw. Übergangs-Strategie.

Wenn aber die Logik Gemeinsamer Sicherheit langfristig zu einem System Kollektiver Sicherheit führt, so ist bereits kurzfristig alles zu unterlassen, was die Institutionalisierung des langfristigen Ziels stört. Im Gegenteil sollten bereits die kurz-und mittelfristigen Maßnahmen und Regelungen mit dem letztendlichen Ziel kompatibel sein. Was aber sind geeignete und kompatible Maßnahmen der Institutionalisierung?
Zwei Orientierungspunkte bieten sich an: zum einen die rechtlichen Normierungen und Regelungen in der Charta der Vereinten Nationen (insbes. Art. 7 ff., 47 ff, 52 – 54 UNCh), zum anderen die politischen Vorwürfe gerade gegen die UNO und deren relative Funktionslosigkeit bei der Verhinderung bzw. Beilegung bisheriger Streitigkeiten und Kriege, also Fragen wie die nach der Handlungsfähigkeit des Sicherheitsrates, nach der Effektivität der Streitkräfte, nach der Unzweideutigkeit der Aggressionsfeststellungsmöglichkeiten usw. Gelingt es, diese und ähnliche Fragen nicht erst an den letzten Schritt der Institutionalisierung von Kollektiver Sicherheit zu stellen, sondern bereits weit im Vorfeld zu berücksichtigen, d. h. schon als Problem der Umstrukturierung der Blöcke zu begreifen und im Prozeß der Realisierung von Gemeinsamer Sicherheit Schritt für Schritt der Lösung näher zu bringen, so hat Gemeinsame Sicherheit als Konzept und Methode ihre Aufgabe erfüllt.

Zusammenfassung

Fassen wir als letztes die Gegenüberstellung von GS und Kollektiver Sicherheit zusammen, so können wir folgende drei Ergebnisse festhalten:
22. In der Logik Gemeinsamer Sicherheit liegt langfristig das System Kollektiver Sicherheit.
23. Gemeinsame Sicherheit ist mit Blick auf Kollektive Sicherheit ein Methodenkonzept.
24. Die Strukturelemente Kollektiver Sicherheit sind bereits im Prozeß der Ablösung der pakt- und abschreckungsorientierten Sicherheit und der Realisierung Gemeinsamer Sicherheit mit zu berücksichtigen.

10. *Was ist Gemeinsame Sicherheit?*

Versuch einer ersten Definition des Konzepts in 10 Thesen

Was also ist Gemeinsame Sicherheit? Die vorangegangenen Abschnitte gehen dieser Frage unter dem methodischen Blickwinkel des Vergleichs mit anderen sicherheitspolitischen Modellen und Strategien nach. Die Ergebnisse des Vergleichs finden sich in den zusammenfassenden Schlußfolgerungen 1 bis 24 (vgl. zur Veranschaulichung auch die beigefügte Graphik). Aus diesen Schlußfolgerungen und den ihnen zugrunde liegenden Ausführungen gilt es nunmehr die Definitionsmerkmale des Konzepts Gemeinsamer Sicherheit herauszufiltern. Ein erster Versuch könnte wie folgt aussehen:

1. *Der Konzeptcharakter:*

Gemeinsame Sicherheit ist ein Kriegsverhütungskonzept.

2. *Der sicherheitsphilosophische Ansatz:*

Gemeinsame Sicherheit leugnet nicht den Gegensatz der Sicherheitskontrahenten, sie baut aber auf ihr vernunftorientiertes Miteinander am und im Interesse der Kriegsverhütung.

3. *Der strukturelle Ansatz:*

Gemeinsame Sicherheit besitzt in der »Gemeinsamkeit« ihr Strukturmerkmal; sie hat mindestens drei strukturelle Elemente: die Gemeinsamkeit der Betroffenheit durch Unsicherheit, die Gemeinsamkeit des Ziels Sicherheit und die prozessuale Gemeinsamkeit im Bemühen um Sicherheit.

4. *Der konflikttheoretische Ansatz:*

Gemeinsame Sicherheit leugnet weder die Existenz noch den künftigen Fortbestand politischer, ideologischer oder systembedingter Interessengegensätze und Konflikte; sie will aber die Rahmenbedingungen so gestalten, daß die Auseinandersetzungen als friedlicher Wettbewerb unter Ausschluß militärischer Mittel geführt werden.

5. *Der evolutionäre Ansatz:*

Gemeinsame Sicherheit verlangt als Alternativkonzept nach sofortigen und raschen Veränderungen, gleichwohl ist sie als evolutionärer Prozeß zu verstehen, der Destabilisierungen vermeidet, Übergänge sucht und bestehende Strukturen nutzt.

6. *Die konzeptionellen Ziele:*

Gemeinsame Sicherheit zielt auf die konzeptionelle Überwindung des Abschreckungssystems und die Ablösung paktgestützter, neutralitätsorientierter oder nationaler Sicherheitsregime.

7. *Die politischen Mittel:*

Gemeinsame Sicherheit baut auf kooperative und wechselseitige Handlungs- und Verhaltensformen (Diplomatie, Rüstungskontrollgespräche, Abrüstungsverträge usw.), schließt aber einseitige Maßnahmen im Sinne von Selbstbeschränkung und Destabilisierungsverzicht bis hin zu unilateralen (autonomen) Vorleistungen keineswegs aus.

8. *Die militärischen Instrumente:*

Gemeinsame Sicherheit kann auf die kriegsverhütende Wirkung militärischer Mittel nicht verzichten, strebt aber nach einer Begrenzung von Rüstung und Streitkräften auf einem möglichst niedrigen Niveau, verlangt ferner eine Abhaltestrategie unter Verzicht auf Maßnahmen der Präemption und der Vergeltung und fordert nachdrücklich Strukturelle Nichtangriffsfähigkeit (i.e.S.), d. h. Streitkräfte, deren defensive Organisation, Bewaffnung und Strategie auf beiden Seiten keine militärische Aggression zulassen.

9. *Die Träger und Adressaten:*

Gemeinsame Sicherheit richtet sich vorrangig an die (außen-)politischen Entscheidungsträger und Handlungsakteure, will zugleich aber auch Strukturelle Nichtangriffsfähigkeit (i.w.S.), d. h. die (inner)gesellschaftliche Organisation von Sicherheit, die Kriege als Mittel der Politik nach außen auf Dauer und erkennbar ausschließt.

10. *Die langfristige Perspektive:*

In der Logik Gemeinsamer Sicherheit liegt langfristig das System Kollektiver Sicherheit und die Suche nach einer Neuen (Europäischen) Friedensordnung.

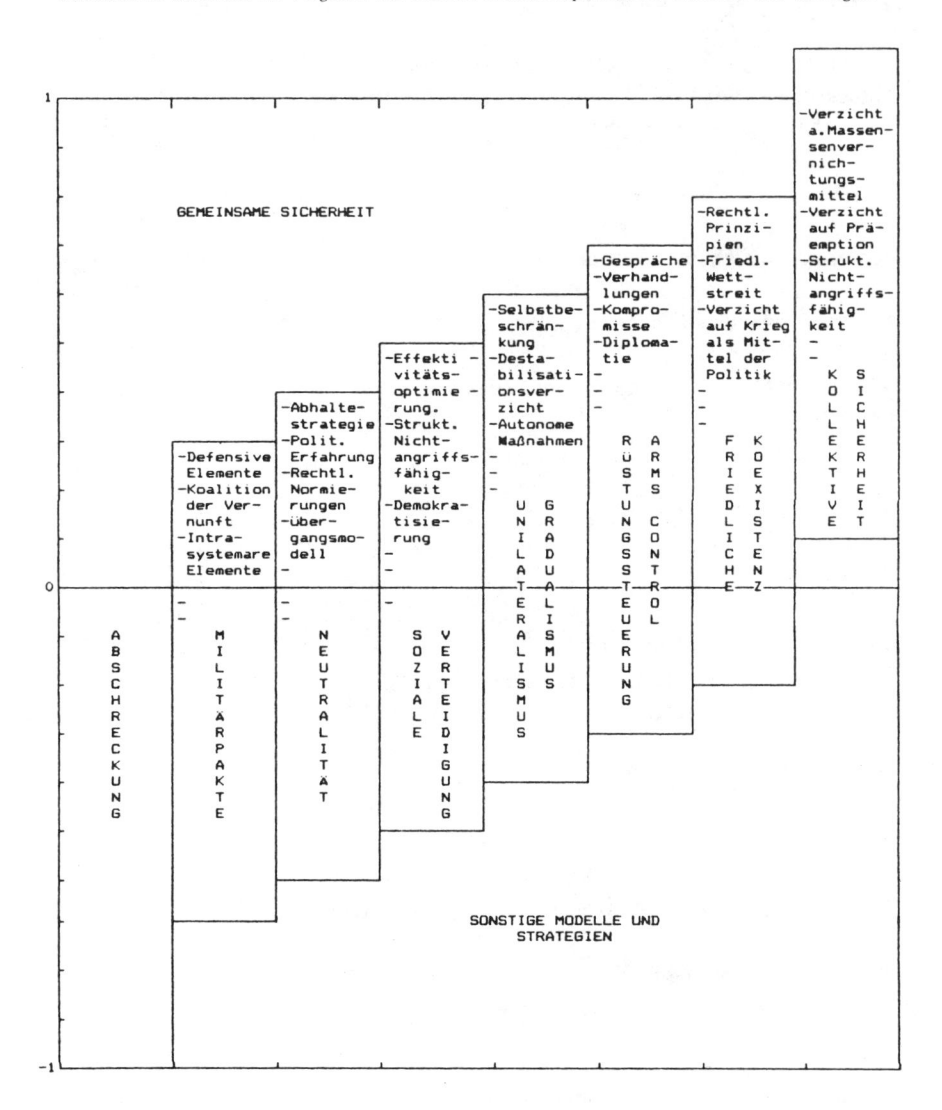

Gemeinsame Sicherheit im Vergleich mit anderen sicherheitspolitischen Modellen und Strategien

							-Verzicht a. Massenvernichtungsmittel
						-Rechtl. Prinzipien	-Verzicht auf Präemption
GEMEINSAME SICHERHEIT					-Gespräche -Verhandlungen	-Friedl. Wettstreit	-Strukt. Nichtangriffsfähigkeit
				-Selbstbeschränkung	-Kompromisse	-Verzicht auf Krieg als Mittel der Politik	-
			-Effektivitätsoptimierung. -Strukt. Nichtangriffsfähigkeit -Demokratisierung -	-Destabilisationsverzicht -Autonome Maßnahmen - - - - - - - -	-Diplomatie - - - - - - - - - -	- - - - - - - - - -	K S O I L C E E K R T H I E V I E T
		-Abhaltestrategie -Polit. Erfahrung -Rechtl. Normierungen -Übergangsmodell - - - - - - -			R A Ü R S M T S U N R N C G O S N S T E O U L	F K R O I E E X D I L S I T C E H N E Z
-Defensive Elemente -Koalition der Vernunft -Intrasystemare Elemente - -							
A B S C H R E C K U N G	M I L I T Ä R P A K T E	N E U T R A L I T Ä T	S O Z I A L E V E R T E I D I G U N G	V E R T E I D I G U N G	A S L I M U S	E U R U N G	

SONSTIGE MODELLE UND STRATEGIEN

Anm.: Die Graphik dient nur der Veranschaulichung. Sie erhebt keinerlei Anspruch auf Vollständigkeit oder Proportionalität.

Zu den verfassungsrechtlichen Rahmenbedingungen Gemeinsamer Sicherheit nach dem Grundgesetz der Bundesrepublik Deutschland

1. Einleitung

Die verfassungsrechtlichen und verfassungspolitischen Auseinandersetzungen der letzten Jahre und die hierzu ergangenen Urteile insbes. des Bundesverfassungsgerichts, z. B. zum Grundlagenvertrag zwischen den beiden deutschen Staaten,[1] zur Neuordnung des Rechts der Kriegsdienstverweigerung und des Zivildienstes,[2] zum NATO-Doppelbeschluß bzw. zur Blockade militärischer Einrichtungen[3] usw., zeigen, wie wichtig es ist, nicht nur den politischen, sondern auch den verfassungsrechtlichen Rahmenbedingungen bundesdeutscher Außen- und Sicherheitspolitik gebührende Beachtung zu schenken. Dies gilt insbes. für politische Konzepte und Forderungen wie die der Gemeinsamen Sicherheit (GS), die sich nicht lediglich als Variante des sicherheits- und rüstungspolitischen status quo verstehen, sondern als grundlegende Alternative. Die nachfolgende Untersuchung zielt deshalb darauf ab, Antworten auf die Fragen zu finden
- ob und ggfalls welche Schranken das Grundgesetz der Realisierung einer Politik Gemeinsamer Sicherheit entgegenstellt, oder aber
- ob nicht im Gegenteil das Grundgesetz sogar als Auftrag zur Verwirklichung Gemeinsamer Sicherheit zu verstehen ist.[4]

---

1 Vgl. BVerfGE 36, 1 ff.
2 Vgl. Entscheidung des Bundesverfassungsgerichts vom 24. April 1985 (2 BvF 2/83 u.a.) - BVerfGE 69, 1 ff.
3 Vgl. Entscheidung des Bundesverfassungsgerichts vom 11. November 1986 (1 BvR 713/83 u. a.).
4 Die nachfolgenden Antworten bauen insbes. auf die Ergebnisse zweier Studien auf: *Lutz, Dieter S./Rittberger, Volker*, Abrüstungspolitik und Grundgesetz, Baden-Baden 1976; *Bahr, Egon/Lutz, Dieter S.* (Hrsg.), Gemeinsame Sicherheit Bd. I: Idee und Konzept, Baden-Baden 1986; siehe auch dort weitere Quellen- und Literaturhinweise.

Um Mißverständnisse und mögliche »Nebenkriegsschauplätze« zu vermeiden, eine Bemerkung vorweg: Gemeinsame Sicherheit verlangt aus *politischen* und *militärischen Gründen* die Ablösung der derzeitigen Abschreckungsstrategie nebst ihrer sicherheits- und rüstungspolitischen Implikationen. Verfassungsrechtliche Gründe können hinzukommen. Im Mittelpunkt der nachfolgenden Überlegungen steht jedoch nicht die Frage, ob die derzeitige Militär- und Sicherheitspolitik (noch) verfassungsgemäß oder (schon ganz oder in Teilen) verfassungswidrig ist.[5] Für die Frage der verfassungsrechtlichen Zulässigkeit Gemeinsamer Sicherheit spielt die sicherlich kontroverse Beurteilung der Verfassungsmäßigkeit der Abschreckungsstrategie nur eine sekundäre Rolle: Zum einen ist Gemeinsame Sicherheit nicht die einzig denkbare politische und verfassungsrechtliche Alternative; zum anderen setzt die Realisierung politischer Alternativen nicht notwendigerweise die Verfassungswidrigkeit des status quo voraus. Im grundsätzlich breiten Ermessensspielraum der Regierung und bei der demokratischen Mehrheit im Parlament liegt es, für welche verfassungsrechtlich zulässige Alternative sie sich entscheiden.

2. *Was heißt Gemeinsame Sicherheit?*

Gemeinsame Sicherheit geht von der Erkenntnis aus, daß in einer Zeit, in der nicht nur die ökonomischen, politischen, kulturellen und militärischen Verflechtungen und Abhängigkeiten ständig zunehmen, sondern auch Gefahren und Krisen – gewollt oder ungewollt – grenzüberschreitend wirken (Wirtschaftskrise, Umweltverschmutzung, radioaktive Folgen eines zivilen Reaktorunglückes ebenso wie eines Atomkrieges etc.), Sicherheit nicht länger einseitig erlangt werden kann. Eigene Sicherheit muß vielmehr stets auch die Sicherheit des Nachbarn und des Gegenübers berücksichtigen. Kurz: Sicherheit ist nicht mehr gegen-, sondern nur noch miteinander zu haben.
Die konzeptionellen Schlußfolgerungen aus dieser Erkenntnis sind zwar noch nicht bis in das letzte Detail und abschließend geklärt, doch ist ihre programmatische Richtung soweit konturiert, daß sie verfassungsrechtlich bewertet werden kann. Kurz- und mittelfristig will Gemeinsame Sicherheit

---

5 Ich neige insbes. mit Blick auf die Vorstellungen des Parlamentarischen Rates der letztgenannten Alternative zu – vgl.: *Lutz, Dieter S.*, Krieg und Frieden als Rechtsfrage im Parlamentarischen Rat 1948/49, Baden-Baden 1982.

- die Ablösung der Abschreckung durch eine Abhaltestrategie,
- die Realisierung Struktureller Nichtangriffsfähigkeit unter Einschluß effizienter Verteidigung,
- die Rüstungsbegrenzung und Abrüstung durch Verhandlungen und Vereinbarungen unter Berücksichtigung auch einseitiger Maßnahmen

und langfristig:
- die Auflösung der Militärpakte und Blöcke,
- die Schaffung einer Neuen Europäischen Friedensordnung.

3. Die Grundlagen von Frieden und Sicherheit

Der *konflikttheoretische* Ansatz Gemeinsamer Sicherheit leugnet weder die Existenz noch den künftigen Fortbestand politischer, ideologischer oder systembedingter Interessengegensätze und Konflikte. Der *sicherheitsphilosophische* Ansatz Gemeinsamer Sicherheit geht gleichwohl nicht vom Gegensatz der Sicherheitskontrahenten aus, sondern baut auf ihr vernunftorientiertes Miteinander am und im Interesse des Friedens und der Kriegsverhütung: Sicherheit kann nicht länger einseitig oder gegeneinander, sondern nur noch *gemeinsam* erlangt werden. Die Alternativen sind im Extremfall das gemeinsame Überleben oder der gemeinsame Untergang. Radioaktiver Niederschlag kennt weder Staatsgrenzen noch die Unterscheidung zwischen Staatsbürgern und ggfalls Verbündeten einerseits sowie Gegner oder Neutralen andererseits.

Der *strukturelle* Ansatz Gemeinsamer Sicherheit – die »Gemeinsamkeit« – bezieht sich also nicht nur auf die prozessuale Gemeinsamkeit im Bemühen um Sicherheit, sondern hat auf einer zweiten und dritten Ebene auch die Gemeinsamkeit des Ziels Sicherheit und vor allen Dingen die Gemeinsamkeit der Betroffenheit durch Unsicherheit im Auge. Letzteres ist insbes. deshalb zu betonen, weil auch im Mittelpunkt des Grundgesetzes und seines Friedensgebotes nicht (nur) der Deutsche, sondern der Mensch und damit jeder »Betroffene« steht. Die Verfassung fordert ausdrücklich zur Erhaltung von Frieden und Sicherheit nicht nur der Bürger oder Bewohner der Bundesrepublik auf: In der Präambel des Grundgesetzes[6] verpflichtet sich vielmehr das

---

6 Laut Präambel des Grundgesetzes hat das Deutsche Volk in den Bundesländern »auch für jene Deutsche gehandelt, denen mitzuwirken versagt war«. Das Nachfolgende gilt deshalb m.E. umsomehr mit Blick auf die DDR und ihre Bürger.

»Deutsche Volk« . . . »dem Frieden der *Welt*« - und nicht nur dem Frieden Deutschlands - »zu dienen«. Art. 9 Abs. 2 und Art. 26 Abs. 1 GG verbieten nicht Vereinigungen bzw. Handlungen, die gegen den Frieden nur der Bundesrepublik gerichtet sind, sondern gegen den »Gedanken der Völkerverständigung« und das »friedliche Zusammenleben der Völker«. Art. 24 Abs. 2 GG strebt ebenfalls nicht nur einen Frieden für die Bundesrepublik an, sondern will ausdrücklich »eine friedliche und dauerhafte Ordnung in Europa und zwischen den Völkern der Welt« herbeiführen und sichern. Nicht zuletzt spricht Art. 1 Abs. 2 GG von Frieden und Gerechtigkeit in der *Welt,* als deren Grundlage die *Menschen-* und nicht etwa Deutschenrechte realisiert werden müssen. Kurz: Das Grundgesetz will Frieden niemals nur für die eigenen Bürger, sondern grundsätzlich für alle Menschen.
Stehen im Mittelpunkt der Friedensüberlegungen des Grundgesetzes nicht nur die Deutschen und deren Rechte, sondern (je)der Mensch, so hat in einem solchen Konzept die außenpolitische Unterscheidung nach Gegnern oder Verbündeten als sicherheitspolitischer Grundsatz (der Streibarkeit) und zumindest langfristig betrachtet (als Bestandsgarantie von Streitkräften) keinen Platz. Mit dieser Behebung einer bislang zu wenig beachteten Unschärfe in der Bezugsgruppe des verfassungsrechtlichen Friedensbegriffes beseitigt das Grundgesetz ein bislang gültiges (militär-)politisches Prinzip, das *Freund-Feind-Schema,* und öffnet zugleich den Weg zu einem sicherheitspolitischen Strukturbegriff, nämlich zur *Gleichheit* und zum Miteinander all derer, die von friedensstörenden, insbesondere kriegerischen Handlungen betroffen werden könnten - gleichgültig welcher Nation. Sicherheit definiert sich nach dem Grundgesetz als Gemeinsame Sicherheit. Mehr noch: Frieden will Gemeinsamen Frieden.[7]

---

7 Auf die weiterführende Frage, was »Gemeinsamer Frieden« heißt, muß an anderer Stelle eingegangen werden. Einen ersten Hinweis gibt das Grundgesetz selbst: Frieden und Gerechtigkeit besitzen nach Art. 1 Abs. 2 GG dieselben Grundlagen. Damit bedeutet Frieden Gerechtigkeit - eine Erkenntnis, die für den abendländischen Kulturkreis nicht völlig neu ist - vgl. die Nachweise bei Zsifkovits, Valentin, Der Friede als Wert, München/Wien 1973, S. 87.

4. Die Strategie der Abhaltung

Angesichts des im vorangegangenen Abschnitt herausgearbeiteten verfassungsrechtlichen Friedens- und Sicherheitsverständnisses und der vom Grundgesetz den Staatsorganen (und Bewohnern) der Bundesrepublik auferlegten Verantwortung für Frieden und Unversehrtheit der Menschen, gleich welcher Nation, drängt sich sofort die Frage auf, ob die geltende Abschreckungsstrategie der NATO, einschließlich der Bundeswehr, und ihre möglichen Konsequenzen noch mit dem Grundgesetz vereinbar sind. Da es uns um die Verfassungsmäßigkeit Gemeinsamer Sicherheit, nicht aber um die Verfassungswidrigkeit der derzeitigen Sicherheitspolitik geht, kann diese Frage unbeantwortet bleiben. Festzuhalten ist allerdings, daß Gemeinsame Sicherheit gerade die Ablösung der Abschreckungsstrategie will. An die Stelle der Abschreckung soll eine Strategie der Abhaltung im Sinne der Verweigerung (denial) des Erreichens der Kriegsziele und des Zunichtemachens (annihilation) des militärischen Erfolges möglicher Aggressoren treten, die eben
- nicht grundsätzlich zwischen Staatsbürgern und Verbündeten einerseits und »anderen« andererseits unterscheidet,
- nicht den potentiellen Gegner vorab als tatsächlichen Feind identifiziert,
- nicht (vermeintliche) Sicherheit unter Inkaufnahme destabilisierender Unsicherheitsgefühle und Bedrohungswahrnehmungen auf der gegnerischen Seite zu schaffen versucht, und insbes.
- nicht mit der Massenvernichtung als Mittel von Rache und Vergeltung droht sowie
- nicht die letztendliche Selbstvernichtung und die Massenvernichtung Unbeteiligter, aber Betroffener vorsätzlich (dolus eventualis) in Kauf nimmt.

Zwar wollen und können weder konzeptionelle Vorstellungen, wie die der Gemeinsamen Sicherheit, noch grundrechtliche Bestimmungen, wie die des Art. 2 Abs. 2 GG (Grundrecht auf Leben) lebensgefährliche Risiken auch militärischer Art aus dem zwischenmenschlichen und zwischenstaatlichen Zusammenleben völlig hinwegwischen. Im Gegenteil: Gemeinsame Sicherheit ist auch und gerade ein Kriegsverhütungskonzept auf der Basis militärischer Mittel. Und auch das Grundgesetz sieht nach Art. 87a Abs. 1 GG die Aufstellung von Streitkräften zur Verteidigung und nach Art. 12a Abs. 1 GG die Wehrpflicht vor. Gleichwohl sind Rache und Vergeltung mit dem Verteidigungsbegriff ebensowenig vereinbar wie Maßnahmen der Massenvernichtung mit dem Friedensverständnis des Grundgesetzes und dem Menschenbild insbes. des Art. 1 GG. Auch das Grundgesetz leugnet nicht, daß Kriegsverhütung auf der Basis militärischer Mittel einen Preis verlangt, der für den Aggressor kalkuliert untragbar hoch sein muß. Doch darf er – wie in der Abhaltestrategie der Gemeinsamen Sicherheit vorgesehen – »lediglich« als Eintritts- und Aufenthaltspreis auf dem Boden des Verteidigers selbst abgefordert werden.

5. Strukturelle Nichtangriffsfähigkeit (StruNA)

Gemeinsame Sicherheit kann und will auf die kriegsverhütende Wirkung militärischer Mittel nicht verzichten, verlangt aber – wie bereits erwähnt – eine Abhaltestrategie, ferner die Begrenzung von Rüstung und Streitkräften (dazu noch im folgenden Abschn. 6) sowie Strukturelle Nichtangriffsfähigkeit. Kerngedanke Struktureller Nichtangriffsfähigkeit ist die Bedrohungsminderung auf beiden Seiten für beide Seiten. Organisation, Struktur, Bewaffnung und Strategie (s. o.) der Streitkräfte sollen so beschaffen sein, daß sie eine militärische Aggression erkennbar nicht zulassen. Dies beinhaltet den Verzicht auf die Fähigkeit, grenzüberschreitende Kampfhandlungen größeren Umfangs vornehmen zu können, ebenso wie den nachdrücklichen Abbau von Anreizen für präventives oder präemptives Handeln im Krisenfall oder wie die Vermeidung jeglicher Eskalationsautomatismen im Ernstfall.

Neben der Abhaltestrategie kommt Gemeinsame Sicherheit mit diesen Vorstellungen Struktureller Nichtangriffsfähigkeit Überlegungen nahe, wie sie sich (in einer der wichtigsten Normen des Grundgesetzes) im Art. 26 Abs. 1 GG finden. Durch diese Grundgesetznorm sind alle Handlungen verboten, die objektiv »geeignet sind« und subjektiv »in der Absicht vorgenommen werden, das friedliche Zusammenleben zu stören, insbes. die Führung eines Angriffskrieges vorzubereiten«. Das Verbot richtet sich gegen jede friedensstörende Handlung, seien es Akte der Regierung oder der Gesetzgebung, sei es die private Tätigkeit von Individuen oder Vereinigungen. Insofern enthält Art. 26 GG sowohl politische Aussagen, durch die er der Außen- und Militärpolitik der Bundesrepublik bindend eine völkerfriedensfreundliche Richtung weist, als auch grundrechtsbeschränkende Aussagen, indem er den Einzelnen bestimmte Aktivitäten verbietet.

»Absicht« im Sinne des Art. 26 GG liegt auch dann vor, wenn zwar vom Standpunkt der Bundesrepublik eine »friedliche« Aktion bezweckt sein mag, aber bewußt gegen die Regeln der internationalen Ordnung gehandelt wird. *Ratio* des Art. 26 GG ist es – dies muß betont werden –, das friedliche Zusammenleben der Völker zu schützen. Deshalb kann weder die verbale Verteidigungsabsicht der zuständigen Staatsorgane noch die bloße verfassungsrechtliche Zulässigkeit der Aufstellung von Streitkräften einen Legitimationsgrund für unbeschränkte militärische Rüstung abgeben. Von Verfassungs wegen sind militärpolitische Maßnahmen stets auf ihren objektiv friedlichen Charakter hin zu überprüfen.

Daraus ergibt sich, daß nicht jede Vorbereitung eines Verteidigungskrieges generell rechtmäßig sein muß. Auch die intensive und aus der Sicht der Gegenseite bedrohliche Vorbereitung eines Verteidigungskrieges, verbunden z.B. mit der systematischen Ablehnung aller Lösungsvorschläge zur Beilegung offener Konflikte und der permanenten Weigerung, mit dem »potentiellen Gegner« zum Zweck der Rüstungssteuerung und Friedenssicherung zusammenzuarbeiten, kann eine Störungshandlung im Sinne der Verfassung darstellen. Art. 26 Abs. 1 Satz 1 GG bestätigt diese Interpretation bei exakter wörtlicher Auslegung: Verboten ist nicht nur die Vorbereitung eines Angriffskrieges, sondern jede Handlung, die auch nur *»geeignet«* ist, den Frieden zu stören, insbesondere einen Angriffskrieg *»vorzubereiten«*. Die Friedensstörung selbst braucht noch nicht eingetreten zu sein, bloße abstrakte Gefährdung genügt. Das Verbot der Friedensstörung ist also in Wahrheit ein Verbot der abstrakten Friedensgefährdung. Das subjektive Tatbestandsmerkmal »Absicht« ist dabei Voraussetzung für die strafrechtliche Verfolgung.

Nimmt man Art. 26 Abs. 1 GG ernst, so kann nicht geleugnet werden, daß das Grundgesetz eine Verpflichtung im Sinne Struktureller Nichtangriffsfähigkeit dahingehend ausspricht, alles zu unterlassen, was bei vernünftiger, die Interessen und verständlichen Reaktionen Dritter berücksichtigenden Betrachtungsweise geeignet sein könnte, als Störung des Friedens zu wirken. Die Aufstellung von Streitkräften ist zulässig, aber eindeutig nur in einem Umfang und mit einer Ausstattung, denen noch ein objektiv defensiver Charakter bescheinigt werden kann. In der Logik des verfassungsrechtlichen Vermeidungsimperatives liegt es, in dem Maße von einem durch das Grundgesetz geforderten einseitigen Rüstungsverzicht der Bundesrepublik auszugehen, in dem der Defensivcharakter der Streitkräfte bzw. bestimmter Waffensysteme nicht unzweideutig feststeht.

5.1. *Die sog. »Angriffsverteidigung«*

Das Verbot des Angriffskrieges aus Art. 26 ist – wie gezeigt – in Wahrheit der zeitlich weit vorgelagerte Versuch, bereits die bloße abstrakte Gefahr abzuwenden, daß sich geeignete Handlungen zur Vorbereitung der Führung eines Angriffskrieges verdichten könnten. Bedingter Vorsatz (dolus eventualis) muß insoweit genügen. Jede engere Interpretation des Tatbestandsmerkmals »Absicht« - etwa im Sinne eines ausschließlichen »Beweggrundes« oder »Endzweckes« (Zieles) der Handlungen - würde dagegen die Norm ihrer praktischen Bedeutung berauben: Schon aus militärtaktischen, aber auch aus psychologischen Gründen gibt kein Aggressor seine Angriffsabsichten eindeutig zu erkennen oder gesteht sie gar offen ein. Das Verbot der Angriffsvorbereitungen aus Art. 26 Abs. 1 GG ist also weit zu interpretieren, das heißt streng zu handhaben. Wo aber sind die Grenzen zwischen den gemäß Art. 26 Abs. 1 GG verfassungswidrigen Angriffsvorbereitungen einerseits und den insbesondere nach Art. 87a, 115a ff. GG in Verbindung mit Art. 51 UN Charta zulässigen Kriegs- und Verteidigungsvorbereitungen? Und vor allen Dingen: Wie steht das Grundgesetz zu Präventiv- und Präemptivkriegen, auf deren Vermeidung und Abschaffung Gemeinsame Sicherheit hinzielt?

Es liegt in der Natur des politischen Gegenstandes, wenn die Frage nach den Grenzen zwischen Verteidigungs- und Angriffsvorbereitungen nur in Form einer Tendenzaussage beantwortet werden kann: Militärische Sicherheitspolitik ist - neben historischen und geographischen Faktoren - je und je abhängig von einer ganzen Reihe (sich überdies ständig verändernder) politischer, ökonomischer, sozialer und technischer Bedingungen. Verteidigungsvorbereitungen im Frieden (sprich: Maßnahmen der militärischen Abhaltung) bedürfen deshalb eines möglichst breiten fachlichen und politischen Ermessens- und Handlungsspielraumes. Dies kann und darf allerdings nicht heißen, daß der Spielraum schrankenlos ist und daß das politische Ermessen außerhalb des Rechts steht. Im Gegenteil: Über Art. 26 Abs. 1 GG will die Verfassung die Gefahr möglicher Angriffsvorbereitungen bereits weit im Vorfeld des eigentlichen Angriffskrieges abwenden, engt somit in programmatischer Weise den Spielraum zulässiger Verteidigungsvorbereitungen auf eine in der Tendenz nicht-offensiv orientierte Gesamtkonzeption ein. Die Entscheidung des Grundgesetzes liegt - wie auch die der Gemeinsamen Sicherheit - im Zweifels- und Konfliktfalle bei derjenigen Alternative, die defensiver ist. Zu Recht ist deshalb auch die Bundesrepublik bereits heute im Rahmen ihres NATO-Auftrages auf die »Vorne-Verteidigung« und nicht auf eine »Vorwärts-Verteidigung« festgelegt.

Vorbeugende Maßnahmen gegen einen unmittelbar drohenden Angriff - und damit komme ich zur Frage nach der Rechtsqualität von Präemptiv- und Präventivkriegen - sind nach dem Grundgesetz gleichwohl nicht völlig ausgeschlossen. Art. 115a Abs. 1 GG sieht ausdrücklich den »Verteidigungsfall« nicht nur als gegeben an, wenn »das Bundesgebiet mit Waffengewalt angegriffen wird«, sondern schon dann, wenn »ein solcher Angriff unmittelbar droht«. Mit dieser Legaldefinition des »Verteidigungsfalles« ist klar, daß das Verbot aus Art. 26 Abs. 1 GG bei einer unmittelbar drohenden Aggression nicht greift. Allerdings ist zu betonen, daß »Angriff« und »Verteidigung« stets Siegerdefinitionen sind. Soll das Verbot des Angriffskrieges aus Art. 26 Abs. 1 GG also nicht seinen Sinn verlieren und soll der Rechtfertigung von Angriffskriegen als Verteidigung im Sinne angeblicher Präventiv- und Präemptivmaßnahmen nicht wieder Tür und Tor geöffnet werden, so müssen bei einem drohenden Angriff mindestens drei strenge Anforderungen an die Feststellung des Verteidigungsfalles und die daraus folgenden Maßnahmen gerichtet werden: Zum einen ist die formale Kompetenzverteilung (und damit Kontrolle) bei der Feststellung des Verteidigungsfalles strikt einzuhalten. Eingeschaltet werden müssen nach Art. 115a Abs. 1 und 3 GG in genau festgelegter qualifizierter Weise Bundesregierung, Bundestag, Bundesrat und Bundespräsident. Ein Überraschungsschlag vom Boden der Bundesrepublik aus, u.U. sogar atomar und auf Veranlassung eines ausländischen Staatsoberhauptes hin, stünde dagegen eindeutig außerhalb des Verteidigungsfalles, wäre somit verfassungswidrig.

Zum anderen muß der drohende Angriff »mit an Sicherheit grenzender Wahrscheinlichkeit« bevorstehen. Nur eine solche restriktive Interpretation der Legaldefinition wird dem Geist und dem Wortlaut des Angriffsverbotes aus Art. 26 Abs. 1 GG gerecht. (Art. 115a Abs. 1 GG bestätigt diese Auslegung übrigens selbst durch die nachträgliche Einfügung des Wortes »unmittelbar« während der Ausschußberatungen zu dieser Norm). Die Feststellung des Verteidigungsfalles darf somit nicht auf lediglich prognostischen Vermutungen beruhen, sondern verlangt als Voraussetzung »handfeste« Hinweise und Indizien für die »unmittelbare« Gefahr eines Angriffes gegen das Bundesgebiet. Solche Indizien wären zum Beispiel erst im Falle einer formalen Kriegserklärung gegeben oder nach einem bereits erfolgten Angriff auf Bündnispartner der Bundesrepublik offensichtlich. Nach dem Grundgesetz zulässig wäre somit allenfalls ein Präemptivkrieg, der in der sicheren Annahme begonnen wird, ein feindlicher Angriff stehe unmittelbar bevor oder habe bereits begonnen (und selbst dann scheinen mir nur mobilisierende Vorbereitungshandlungen und auch die nur diesseits der Grenze zulässig). Verfassungswidrig wäre dagegen ein Präventivkrieg, der in der Überzeugung begonnen wird, eine militärische Auseinandersetzung stehe zwar nicht unmittelbar bevor, sei auf Dauer aber unvermeidlich und bedeute bei Zuwarten möglicherweise ein größeres Risiko.

Drittens schließlich muß auch im Kriegs- und Verteidigungsfalle das Verhältnismäßigkeitsprinzip beachtet werden. Dieses Prinzip verlangt auch und gerade von Verteidigungsvorbereitungen und -maßnahmen

- die grundsätzliche Eignung der Mittel und Maßnahmen zur Zweckerreichung (Grundsatz der Geeignetheit),
- die Erforderlichkeit der Maßnahmen unter folgenorientierten Gesichtspunkten (Grundsatz der Wahl des mildesten Mittels),
- die Verhältnismäßigkeit von Zweck und Mittel (Grundsatz der Verhältnismäßigkeit im engeren Sinn – vgl. im folgenden Abschn. 6.1).

Zusammenfassend ist festzuhalten, daß nicht nur das Verbot der Angriffsvorbereitungen aus Art. 26 Abs. 1 GG streng zu handhaben ist, sondern auch die nach der Verfassung zulässigen Verteidigungsvorbereitungen und -maßnahmen einer ganzen Reihe rechtlicher Restriktionen unterworfen sind. Daß diese Interpretation nicht überspitzt ist oder gar fehlgeht, bestätigt die Verfassung selbst in und mit ihrem weiterführenden und umfassenden Friedensgebot einerseits, das Angriffskrieg nur als »einen« Sonderfall aus der Reihe der Friedensstörungen behandelt bzw. verbietet (s.o.), und ihren Anforderungen an die Verteidigungs- und Schutzfunktion von Streitkräften und Rüstung andererseits (dazu Abschn. 6).

6. *Die Verteidigungs- und Schutzfunktion*

Kerngedanke Struktureller Nichtangriffsfähigkeit ist – wie bereits betont – die Bedrohungsminderung. Konsequenz von Abhaltung statt Abschreckung ist ferner der Verzicht auf bestimmte Strategiekomponenten und Waffensysteme. Aus beiden Forderungen den Schluß zu ziehen, Gemeinsame Sicherheit besitze keine militärische Verteidigungs- und Schutzfunktion, wäre gleichwohl ein grundlegender Irrtum. Strukturelle Nichtangriffsfähigkeit ist (nur) sprachlich eine mißverständliche Verkürzung; bei der Organisation der Streitkräfte und ihrer Ausstattung geht es ihr keinesfalls allein um »Nichtangriffsfähigkeit«. Im Gegenteil: Strukturelle Nichtangriffsfähigkeit kann und will auf die kriegsverhütende Wirkung effizienter militärischer Verteidigungsmittel nicht verzichten. Sprachlich und konzeptionell korrekt ausgedrückt meint Strukturelle Nichtangriffsfähigkeit deshalb die »effiziente Abhaltung durch strukturell nichtangriffsfähige Verteidigung« oder etwas kürzer: »effiziente nichtangriffsfähige Verteidigungsstrukturen«.

Was »abhalten« soll, darf in Krisenzeiten keinesfalls zum Angriff reizen. Was »verteidigt« werden soll, darf im Ernstfall gerade nicht durch die Verteidigung zerstört werden. Abhaltung und Verteidigung im Rahmen Struktureller Nichtangriffsfähigkeit sind deshalb kein Selbstzweck. Im Vordergrund muß vielmehr stets ihre Schutz- und Schadensminimierungsfunktion stehen. (Im System Gemeinsamer Sicherheit gilt diese Aussage übrigens wieder für alle Betroffenen, also auch für das gegnerische Territorium und die gegnerische Zivilbevölkerung – auch aus diesem Grund sind Abschreckung und Massenvernichtungsmittel mit Struktureller Nichtangriffsfähigkeit nicht vereinbar).

Das Grundgesetz selbst kennt zwar eine Definition des Verteidigungs-»Falles«, nicht aber eine Legaldefinition von Verteidigung. Was also soll verteidigt bzw. gesichert werden: der Staat insgesamt, seine territoriale Integrität, die Handlungsfähigkeit der politischen Führung, die Gesellschaftsform, das physische Überleben der Bürger, ihr Lebensstandard etc.? Und wer oder was bestimmt, welche Werte auf Kosten anderer maximiert werden? Bedeutet das Fehlen einer inhaltlich ausreichenden Definition von »Verteidigung« etwa, daß es die im Wehretat exakt vorgegebenen Mittel sind, die den weniger exakt definierten Zweck präzisieren? Mit der Verabschiedung des Wehretats wäre dann nicht nur einer der bislang teuersten Staatszwecke, die Verteidigung, näher bestimmt, vielmehr wären auch jegliche Folgen der »effizienten« Verwendung von Waffen und Streitkräften gerechtfertigt. Im Frieden würde der Wehretat den Verteidigungsbegriff definieren – im Krieg wären es die vorgegebenen Kampfmittel. Müßten diese Mittel im Ernstfall dann auch mit Perfektion genutzt werden, d.h. durchschlagend, umfassend und rücksichtslos? Die grundsätzliche Bedeutung dieser Frage wird klar, wenn man die katastrophalen Folgen insbes. atomar geführter Kriege betrachtet.[8]

Solange der äußere Notstand noch unter dem Recht steht, kann und darf es einen solchen Einsatz bundesrepublikanischer Streitkräfte bzw. eine Beteiligung der Bundeswehr an einem solchen Einsatz und damit auch Verteidigungsvorbereitungen im Sinne einer Zielerreichungs-Durchschlagseffizienz ohne Rücksicht auf Verlust und Folgen nicht geben. Das Fehlen einer Legaldefinition von Verteidigung kann keinesfalls bedeuten, daß Institutionen wie die Bundeswehr oder die NATO über eine Zielsetzungsautonomie verfügen. Die Frage nach der Effizienz im Rechtsstaat darf grundsätzlich nicht anders verstanden werden als die Frage nach der Realisierung fundamentaler Garantien und Leitprinzipien der Verfassung.

Dies ist deshalb zu betonen, weil im Gegensatz zu den zumindest mißverständlichen Zielsetzungen etwa in den Weißbüchern der Bundesregierung

---

8 Vgl. ausführlich: *Weizsäcker, Carl Friedrich von* (Hrsg.), Kriegsfolgen und Kriegsverhütung, München 1971; OTA, Kongreß der Vereinigten Staaten, Atomkriegsfolgen, Baden-Baden 1983; *Lutz, Dieter S.* (Hrsg.), Kein Überleben ohne Frieden, Frankfurt a.M. 1982.

der Mensch im Mittelpunkt der Wertordnung des Grundgesetzes steht (s.o. Abschn. 2). Die aus Art.18 und 21 Abs. 2 GG i.V.m. Art. 87a Abs. 1GG abgeleitete »streitbare Demokratie« bezweckt niemals den Schutz des Staates als solchem, sondern die Erhaltung der den Individuen durch die demokratische Grundordnung gewährleisteten Stellung. Der Staat des Grundgesetzes besitzt nicht Eigenwert und Selbstzweck. Schutzgut der streitbaren Demokratie sind nicht »Staatsautorität« und »Staatsräson«. Gestritten werden soll nicht unbedingt für die jeweilige »politische Führung und deren Handlungsfreiheit« im Sinne der Weißbücher,[9] sondern für die Grundlagen und Kernprinzipien der Verfassung. Verteidigung darf es nicht in erster Linie und nicht nur um die »territoriale Unversehrtheit« gehen, sondern vor allem um die Wahrung der »strukturellen Kongruenz«. Die Menschen und ihre personellen Werte bestimmen und beschränken Staatszweck und Staatsaufgabe, damit auch Verteidigungszweck und Verteidigungsaufgabe.

Das bedeutet zwar nicht, daß auf Grund von Art. 2 Abs. 1 S. 1 GG in Verbindung mit Art. 1 Abs. 3, 19 Abs. 2 und 79 Abs. 3 GG der Staat von seinen Bürgern den Einsatz ihres Lebens in gar keinem Falle fordern dürfte. Wie bereits betont, kann das Grundrecht auf Leben sicherlich nicht schlechthin jedes lebensgefährliche Risiko wegleugnen. Motiv demokratischer Verteidigungsmaßnahmen kann aber - immer mit Blick auf den Menschen - nur der Schutz der Verfassungswerte insgesamt sein, und nicht etwa nur die einseitige Verfolgung einzelner bedrohter Verfassungsgarantien (z.B. »westliche Freiheit«). Schon gar nicht dürfen bloße funktionalpolitische Zielsetzungen wie die »Handlungsfähigkeit der politischen Führung« umfassend und schlagkräftig ohne Rücksicht auf Verluste für die im Grundgesetz verankerten Garantien insgesamt verfolgt werden. Zu Recht werden deshalb immer wieder Zweifel laut, ob es heute noch »lebenswichtige« Güter der staatlichen Gemeinschaft gibt, die einen Verteidigungskrieg mit den seit längerem schon auch für die Bundesrepublik nachgewiesenen Folgen[10] rechtfertigen könnten. Nach der »Vertilgung« menschlichen Lebens (in der Bundesrepublik) ist weder die Erhaltung eines »lebenswichtigen« Gemeinschaftsgutes noch die Wiederherstellung verletzter Rechtswerte denkmöglich. »Eine Rechtsgüter-

---

9 Vgl. z. B.: Weißbuch 1973/1974, Zur Sicherheit der Bundesrepublik Deutschland und zur Entwicklung der Bundeswehr, hrsg. vom Bundesminister der Verteidigung im Auftrag der Bundesregierung, Bonn 1973, S. 30; sowie Weißbuch 1971/1972, S. 24; eine falsche, zumindest aber mißverständliche Position vertritt auch Bundeskanzler Helmut Kohl, wenn er erklärt: »Das Bündnis ist der Kernpunkt deutscher Staatsräson« - vgl. z. B. Bulletin der Bundesregierung Nr. 93 vom 14. Oktober 1982, S. 860.
10 Vgl. a. a. O. (Anm. 8).

abwägung zwischen den im (atomaren) Verteidigungskrieg zu schützenden Werten und den vernichteten Werten kann nicht mehr stattfinden«.[11]
Von Verfassungs wegen ist also eine staatliche Sicherheitspolitik zu fordern, die sich einerseits strikt auf die Fälle militärischer Verteidigung beschränkt, in denen eine *rationale Rechtsgüterabwägung unter Berücksichtigung der Verfassungswerte insgesamt* noch möglich ist, und die andererseits größte Anstrengungen unternimmt, die Organisationsstruktur der internationalen Sicherheit in Europa auf nicht-militärische Grundlagen zu stellen. Gemeinsame Sicherheit selbst versucht als Konzept der militärischen Kriegsverhütung den ersten Weg zu beschreiten – ohne allerdings den zweiten zu versperren oder auch nur zu behindern. Der Wegweiser lautet »Abhaltung« und »Strukturelle Nichtangriffsfähigkeit«.

6.1. *Der Anti-Effizienz-Effekt*

Was aber heißt »rationale Rechtsgüterabwägung unter Berücksichtigung der Verfassungswerte insgesamt«? Ich möchte diese Frage nutzen, um mit dem Versuch ihrer Beantwortung zugleich auf einen politisch brisanten – vom Grundgesetz aber nicht nur gedeckten, sondern auch gewollten – Aspekt hinweisen: den Anti-Effizienz-Effekt des verfassungsrechtlichen Verhältnismäßigkeitsgrundsatzes einerseits und der Strukturellen Nichtangriffsfähigkeit andererseits. Um falsche Schlußfolgerungen erst gar nicht aufkommen zu lassen, zwei Bemerkungen vorweg: Zum einen ist schon heute erkennbar, daß Strukturelle Nichtangriffsfähigkeit durch die modernen hochqualifizierten Verteidigungstechnologien begünstigt wird, in ihrer »Abwehrfähigkeit« also mindestens ebenso effektiv, wenn nicht sogar effektiver als die derzeitige Verteidigungsstrategie ist. Die wissenschaftliche Redlichkeit verlangt gleichwohl die Offenlegung des – abstrakt-theoretischen – Anti-Effizienz-Effektes. Zum anderen gilt aus verfassungsrechtlichen Gründen der Anti-Effizienz-Effekt zwingend für jede Verteidigungsstrategie. Er darf also keineswegs als ein Minus und erst recht nicht als ein Minus allein der Gemeinsamen Sicherheit gewertet werden.[12] Doch zurück zur Rechtsgüterabwägung. Seit dem »Apothekenurteil«[13] greift das Bundesverfassungsgericht immer

---

11 *Lenz, Helmut,* Atombewaffnung als Verfassungsgebot?, in: ZfP Bd. V (1958), S. 350.
12 Gleichgültig, ob »Abschreckung«, »flexible response« oder »Strukturelle Nichtangriffsfähigkeit«, würden sie dem Anti-Effizienz-Effekt nicht gerecht, so wären sie verfassungswidrig.
13 BVerfGE 7, 377, 402 ff, 431 ff.

wieder auf den bereits in Abschnitt 5.1 genannten Grundsatz der Verhältnismäßigkeit (i.w.S.) als Maßstab zur Beurteilung der Verfassungsmäßigkeit staatlichen Handelns zurück.[14] Der hier mit Blick auf Schutz und Schadensminimierung interessierende Grundsatz der Verhältnismäßigkeit i.e.S. (auch Proportionalität genannt) besagt, daß bei einer hoheitlichen Maßnahme, welche die Rechtssphäre des einzelnen berührt, das Verhältnis von Mittel und Zweck angemessen sein muß (Übermaßverbot). Im Unterschied zum »Prinzip der praktischen Konkordanz«,[15] das versucht, zwei Rechtsgüter einander derart zuzuordnen, daß beide zu optimaler Wirksamkeit gelangen, prüft das Bundesverfassungsgericht mit Hilfe des Grundsatzes der Verhältnismäßigkeit i.e.S. nur negativ, ob eine Maßnahme unangemessen ist. Nicht die Proportion, sondern das Fehlen einer Disproportion interessiert. Auch bei der Handhabung des Verhältnismäßigkeitsgrundsatzes bleiben also der grundsätzliche Beurteilungsspielraum und das weite Ermessen der demokratischen Entscheidungsträger gewahrt (s.o. Abschn. 1).

Das heißt aber gerade nicht, daß den zuständigen Staatsorganen keine Schranken gesetzt seien oder daß im Notstand »der Zweck das Mittel heiligt«. Gerade die Ratio der Positivierung des Notstandes im Grundgesetz liegt darin, zu zeigen, daß um des angestrebten Sicherungseffektes willen eben nicht alles erlaubt sein soll.[16] Auch im Notstandsverfassungsrecht muß als Selbstverständlichkeit der Grundsatz der Verhältnismäßigkeit beachtet werden.[17] M.a.W.: Jede Maßnahme der Verteidigung, mag sie - zu welchem Zeitpunkt auch immer - noch so gewichtige Ziele verfolgen, ist unverhältnismäßig, wenn sie, insgesamt betrachtet, mehr zerstört als schützt. Was geschützt werden soll, darf also keinesfalls effizient im Sinne von durchschlagend und unter Einsatz aller (vorgegebenen) Mittel, sondern stets nur unter Berücksichtigung von Folgen und Verlusten verteidigt werden. Insoweit besitzt das Übermaßverbot einen Anti-Effizienz-Effekt.

---

14 Vgl. z. B.: BVerfGE 7, 377, 409; 19, 330, 337; 21, 130, 155; 26, 215, 228; 27, 211, 219; 27, 344, 352; 28, 264, 280; 30, 292, 316.
15 Vgl. *Hesse, Konrad*, Grundzüge des Verfassungsrechts der Bundesrepublik Deutschland, hier nach der 8. Auflage, Karlsruhe 1975, S. 28 f; vgl. dort auch Anm. 30.
16 In seiner Sitzung von 8. 3. 1968 lehnte der Rechtsausschuß des Deutschen Bundestages die Aufnahme des Verhältnismäßigkeitsprinzips in die Notstandsverfassung nur deshalb ab, um durch seine besondere Erwähnung nicht den Eindruck zu erwecken, es könnte für die Kriegszeit ein anderer (schwächerer) Verhältnismäßigkeitsgrundsatz gelten als für den Normal- und Friedensfall - vgl. Rechtsausschuß des Deutschen Bundestages, Kurzprotokoll der 74. Sitzung vom 8. 3. 1968, Protokoll Nr. 74, S. 12.
17 Nach ausdrücklicher Normierung in Art. 115c Abs. 3 GG müssen selbst rechtsstaatlich formelle Garantien wie »die Lebensfähigkeit der Länder, Gemeinden und Gemeindeverbände« trotz »Verteidigungsfall« gewahrt werden.

Der Anti-Effizienz-Effekt stellt aber nichts anderes dar als die Kehrseite der eigentlichen Garantiefunktion des Verhältnismäßigkeitsprinzips. Diese Garantiefunktion zielt ab auf die erfolgreiche Realisierung der Werte und Garantien des Grundgesetzes insgesamt, nicht jedoch auf die Erfüllung lediglich einzelner Ziele und schon gar nicht auf den rücksichtslosen Einsatz vorgegebener Mittel (s.o.). Läßt sich aber ein abgewogenes Verhältnis nicht herstellen, so verlangt einerseits die Logik des Verhältnismäßigkeitsgrundsatzes und seines Anti-Effizienz-Effektes den Verzicht auf die Verfolgung des angestrebten Zweckes – zumindest mit den gegebenen Mitteln und auf den eingeschlagenen Wegen. Andererseits gebietet der staatliche Schutzauftrag insbes. aus Art. 1 Abs. 1 Satz 2 GG, bereits im Frieden nach neuen Strategien und Konzepten zu suchen. Die Rechtsgüterabwägung darf nicht erst im Kriegsfall durchgeführt werden. »Selbstvernichtung« und »Selbstabschreckung« sind als untragbare und verfassungswidrige Alternativen nicht erst im Notstand erkennbar.

Was bedeuten diese Überlegungen zusammenfassend für Strukturelle Nichtangriffsfähigkeit? Der Begriff StruNA betont das strukturelle Element der »Nichtangriffsfähigkeit«. Das Konzept verlangt somit Anti-Effizienz in dem Sinne, daß um der Bedrohungsminderung und damit Stabilität willen auf »Angriff als die (angeblich) beste Verteidigung« verzichtet werden muß. Im Vordergrund des sprachlich verkürzten StruNA-Konzeptes stehen ferner Schutz und Schadensminderung. Strukturelle Nichtangriffsfähigkeit ist somit anti-effizient in dem Ausmaß, wie Rücksicht auf die Folgen genommen werden muß, der Zweck eben nicht jeden Mitteleinsatz »heiligt«. Die vom Grundgesetz gebotene Rechtsgüterabwägung erfolgt also nicht erst (wenn überhaupt, dann zu spät) im Notstand. Der von der Verfassung gebotene recht verstandene Anti-Effizienz-Effekt des Verhältnismäßigkeitsgrundsatzes ist vielmehr Teil des Strukturcharakters von StruNA. Ob Strukturelle Nichtangriffsfähigkeit deshalb auch die »einzige« nach der Verfassung überhaupt zulässige Verteidigungsstrategie ist, mag vorläufig dahingestellt bleiben. Ihre weitgehende Übereinstimmung mit den Forderungen des Grundgesetzes ist in jedem Fall nicht zu bestreiten.

7. *Abrüstung und Rüstungsminderung*

Neben »Abhaltung« und »Struktureller Nichtangriffsfähigkeit« zielt Gemeinsame Sicherheit kurz- und mittelfristig auf Rüstungsbegrenzung und Abrüstung. Zu den vorgesehenen und/oder diskutierten Maßnahmen gehören Vorschläge wie die einer chemiewaffenfreien Zone oder eines atomwaffenfreien Korridors ebenso wie tiefgreifende Einschnitte in das konventionelle Potential bis hin zum (auch einseitigen) Verzicht beider Seiten, d.h. in Ost und West auf besonders destabilisierende Waffensysteme.

Wie Bestand und Struktur der Streitkräfte und ihrer Ausrüstung im Rahmen Gemeinsamer Sicherheit aussehen könnten, ist sicherlich noch im Detail klärungsbedürftig. Doch schon heute läßt sich sagen, daß sich der Bestand der Streitkräfte auf dem Boden der Bundesrepublik, darunter auch der Umfang und die Ausstattung der Bundeswehr, verändern werden.

Ob und mit welcher parlamentarischen Mehrheit eine solche »Veränderung« im Sinne auch tiefgreifender Umrüstung und Abrüstung betrieben werden kann, hängt davon ab, welchen Charakter die Verfassungsgrundlage zur Aufstellung von Streitkräften besitzt. Liegt nicht nur eine bloße Ermächtigung vor, sondern handelt es sich um eine verbindliche Anweisung, d.h. wird mit der Befugnis zum aktiven Tun gleichzeitig eine Verpflichtung dazu auferlegt, so kann nur mit verfassungsändernder Zwei-Drittel-Mehrheit tiefgreifend abgerüstet werden – wenn nicht gar absolute Verfassungsfestigkeit besteht.[18] Beruht die Aufstellung der Streitkräfte dagegen nur auf einer Ermächtigung, so kann der innerstaatliche Vollzug von Rüstungskontroll- und Abrüstungspolitik auf dem Weg über die einfache Haushaltsgesetzgebung erfolgen.

Für die erstgenannte Alternative – eine »Verpflichtung« – spricht, daß das Bundesverfassungsgericht seine gelegentlich früher schon geäußerte Auffassung[19] von der »verfassungsrechtlichen Grundentscheidung für die militärische Landesverteidigung« erst jüngst wieder – im Urteil zur Kriegsdienstverweigerungsneuordnung[20] – bestätigt hat. Dieser m.E. irrigen, zumindest aber mißverständlichen Auffassung[21] des Bundesverfassungsgerichts steht gegenüber, daß es sich bei den Einzelnormen, welche die Bundeswehr im Grundgesetz verankern, lediglich um bloße Kompetenzvorschriften (Art. 73 Nr. 1,

---

18 Daß die Diskussion dieser Frage nicht nur »akademisch« ist, zeigt z.B. ein Gutachten des wissenschaftlichen Dienstes des Deutschen Bundestages, Fachbereich III, Recht und Inneres, vom 22. Februar 1973 zum Thema: »Gibt es einen Auftrag des Grundgesetzes, die äußere Sicherheit zu gewährleisten?«.
19 Vgl. BVerfGE 28, 243, 261; 48, 127, 160.
20 A.a.O. (Anm. 2).
21 Vgl. z.B. das ausgezeichnete Werk von: Eckertz, Rainer, Die Kriegsdienstverweigerung aus Gewissensgründen als Grenzproblem des Rechts, Baden-Baden 1986; ferner die abweichende Meinung der Verfassungsrichter Mahrenholz und Böckenförde zum genannten Urteil – a.a.O. (Anm. 2) sowie ausführlich auch *Lutz, Dieter S./Rittberger, Volker*, a.a.O. (Anm. 4).

87a GG), Ermächtigungen (Art. 12a GG) oder Organisationsregelungen (Art. 115 b GG) handelt, nicht aber um Verfassungsaufträge. Art. 87a Abs. 1 S. 1 GG (»Der Bund stellt Streitkräfte zur Verteidigung auf«) besagt z. B. nichts anderes, als daß ausschließlich der Bund, nicht aber die Länder Streitkräfte aufstellen. Diese Klärung der Exekutivkompetenz ist erforderlich, weil Art. 30 und 70 GG ansonsten die »Ausübung der staatlichen Befugnisse und die Erfüllung der staatlichen Aufgaben« den Ländern zuweisen. Aus solchen einfachen Kompetenzbestimmungen gleichwohl »verfassungsrechtliche Grundentscheidungen« abzuleiten, kann nur als »unzulässige interpretative Umdeutung«[22] gewertet werden.

Festgehalten werden kann also, daß das Grundgesetz zur Aufstellung der Streitkräfte ermächtigt, nicht aber eine Pflicht begründet. Nicht anders ist auch Art. 87a Abs. 1 S. 2 GG zu verstehen. Nach dieser Norm müssen sich »die zahlenmäßige Stärke der Streitkräfte und die Grundzüge ihrer Organisation aus dem Haushaltsplan ergeben«. D. h., Aufrüstungsmaßnahmen, aber auch Abrüstungsentscheidungen erfolgen auf dem Weg der einfachen Haushaltsgesetzgebung. Gleichwohl gilt abschließend zu betonen: Wer langfristig Gemeinsame Sicherheit unter Einschluß auch tiefgreifender Einschnitte in die Rüstungshaushalte will, muß rechtzeitig auch einer weiteren Umbiegung der Verfassung durch Interpretation entgegentreten.

8. Kollektive Sicherheit[23]

Gemeinsame Sicherheit zielt auf die gemeinsame Bewältigung der Bedrohung und Gefährdung des Friedens im Frieden. Muß aber, was als Überlegung für den Normalfall, sprich: Frieden gilt, nicht erst recht für den Ernstfall, d. h. für den Krisen- und Kriegsfall Gültigkeit besitzen? Nuklearer Fallout kennt – wie bereits betont – weder staatliche noch zeitliche Grenzen. Die Rationalität, die in der »gemeinsamen« Bewältigung von Gefahren liegt, endet deshalb nicht, wenn der Ernstfall eintritt. Im Gegenteil: Als Ansatz zur Bewältigung von Konflikten muß sich die Idee der Gemeinsamen Sicherheit auch im Konfliktfall bewähren. Konsequent und logisch zu Ende gedacht,

---

22 So auch *Mahrenholz* und *Böckenförde,* ebda.
23 Vgl. dazu ausführlich die Beiträge in: *Lutz, Dieter S.* (Hrsg.), Kollektive Sicherheit – Eine Alternative, Baden-Baden 1985.

führt Gemeinsame Sicherheit somit langfristig zu einem System Kollektiver Sicherheit (SKS), das nach Definition gerade auch die Friedenserhaltung und -wiederherstellung im Konflikt- und Kriegsfall (unter Einschluß kollektiver militärischer Sanktionen gegen jeden Friedensbrecher) als gemeinsames Problem begreift. M.a.W.: In der Logik von Gemeinsamer Sicherheit liegt Kollektive Sicherheit, oder umgekehrt: Kollektive Sicherheit hat Gemeinsame Sicherheit zur Voraussetzung.

Wer mit Blick auf das Zukunftsmodell SKS diese Gedankengänge nicht nachvollziehen mag, kann mit Blick auf die Realität doch nicht umhin, festzustellen, daß in der Logik Gemeinsamer Sicherheit (zumindest) die Betonung des »Miteinanders« liegt; in der Bildung von Militärpakten eingeschlossen ist dagegen die Hervorhebung des »Gegensatzes«. Beides ist auf Dauer nicht zu vereinbaren. D.h., langfristig will und muß Gemeinsame Sicherheit die Auf- und Ablösung der derzeitigen Militärpakte NATO und WVO anstreben.

Um Mißverständnisse zu vermeiden, noch eine Bemerkung zur Zeitperspektive: Die Institutionalisierung eines regionalen Systems Kollektiver Sicherheit in Europa ist *langfristiges* Ziel Gemeinsamer Sicherheit. Über den Zeithorizont kann aus heutiger Sicht keine Aussage getroffen werden. Gleichwohl darf Gemeinsame Sicherheit die Langzeitperspektive nicht aus dem Auge verlieren: Wenn die Logik Gemeinsamer Sicherheit langfristig nach einem System Kollektiver Sicherheit verlangt, so ist bereits kurz- und mittelfristig alles zu unterlassen, was die Realisierung der langfristigen Utopie stören könnte. Im Gegenteil sind – vor Alternativen gestellt – stets diejenigen kurz- und mittelfristigen Maßnahmen und Regelungen zu wählen, die mit dem letztendlichen Ziel kompatibel sind. Insofern besitzt Kollektive Sicherheit zumindest Wegweiserfunktion für Gemeinsame Sicherheit.

Daß Kollektive Sicherheit zwar eine Utopie ist, sie sich keinesfalls aber den Vorwurf der Illusion gefallen lassen muß, wird durch das Grundgesetz nachdrücklich bestätigt: Nach Art. 24 GG kann »der Bund durch Gesetz Hoheitsrechte auf zwischenstaatliche Einrichtungen übertragen« (Abs. 1), »sich zur Wahrung des Friedens einem System gegenseitiger kollektiver Sicherheit einordnen« und »hierbei in die Beschränkungen seiner Hocheitsrechts einwilligen, die eine friedliche und dauerhafte Ordnung in Europa und zwischen den Völkern der Welt herbeiführen und sichern« (Abs. 2). »Zur Regelung zwischenstaatlicher Streitigkeiten wird der Bund« schließlich gemäß Abs. 3 des Art. 24 GG »Vereinbarungen über eine allgemeine, umfassende, obligatorische internationale Schiedsgerichtsbarkeit beitreten«.

Der Bund kann sich nach Art., 24 Abs. 2 GG »zur Wahrung des Friedens« nur einem »System gegenseitiger kollektiver Sicherheit einordnen«. Der Begriff »kollektive Sicherheit« muß dabei als ein »terminus technicus« verstanden werden, d.h., er ist präzise von einer Militärallianz, einem Bündnissystem, einer Blockbildung oder einem militärischen Beistandspakt zu unterscheiden. Kollektive Sicherheit und Bündnisse jeglicher Art widersprechen einander definitorisch. Kollektive Sicherheit ist gerade die Antithese gegen das System der Bündnisverträge alten Stils, wie sie bis zum Ersten Weltkrieg üblich waren, aber auch in der Phase nach dem Zweiten Weltkrieg eine feste Organisationsstruktur im militärischen Bereich angenommen haben.

Das grundlegende Strukturprinzip eines kollektiven Sicherheitssystems kann mit dem Grundsatz »alle für einen und einer für alle« illustriert werden. Als rechtliche Aussage charakterisiert dieser Grundsatz »kollektive Sicherheit« als ein System, in dem sich die Staaten erstens zur automatischen Friedenssicherung untereinander verpflichten, zweitens die Schutzwirkung unabhängig davon eintritt, ob der Aggressor ein Mitgliedstaat ist oder nicht, und drittens sich das Sicherheitssystem niemals gegen (einen) bestimmte(n) potentielle(n) Angreifer richtet. Universalität des Sicherheitssystems ist nach Art. 24 GG nicht erforderlich. Es genügt Regionalität (». . . in Europa und zwischen den Völkern der Welt . . .«). Gerade die derzeitigen regionalen Systeme weisen aber gegenüber den genannten Prinzipien der kollektiven Sicherheit wesentliche Abweichungen auf, die es nicht zulassen, ihnen den Charakter eines kollektiven Sicherheitssystems zuzusprechen. Dies gilt nicht nur für den Warschauer Vertrag, sondern auch für den in unserem Zusammenhang besonders interessierenden NATO-Vertrag.

Ob die NATO dennoch dem Frieden gedient hat, mag dahingestellt bleiben. Für die Übertragung von Hoheitsrechten auf eine Militärallianz, wie sie die NATO darstellt, besteht jedenfalls de jure die von Art. 24 Abs. 2 GG antizipierte Zustimmung der Verfassung nicht. Für ein Regime Gemeinsamer Sicherheit kann dagegen – sollten sich auf dem Weg zu einem System Kollektiver Sicherheit Souveränitätsfragen stellen – von einer weithin vorweggenommenen Zustimmung des Grundgesetzes ausgegangen werden.

9. *Neue Europäische Friedensordnung*

Gemeinsame Sicherheit will als langfristiges Ziel jedoch nicht »nur« die Ablösung der Pakte und Blöcke sowie die Errichtung eines Systems Kollektiver Sicherheit. Daneben steht (oder besser ausgedrückt: eng verbunden damit ist) die Vorstellung einer Neuen Europäischen Friedensordnung. Was darunter konkret zu verstehen ist, muß in der Diskussion um Gemeinsame Sicherheit bislang als ungeklärt angesehen werden. Folgt man der Verfassung der Bundesrepublik, so sind allerdings Konturen vorgeschrieben. Denn auch Art. 24 GG gewährt das Recht zur Übertragung von Hoheitsrechten und die Einordnung in ein europäisches Friedensregime nicht unbegrenzt. Das Grundgesetz hat vielmehr in Art. 20 Abs. 3 die Bindung der Gesetzgebung an die verfassungsmäßige Ordnung sowie der Exekutive und der Rechtsprechung an Gesetz und Recht festgelegt und über Art. 79 Abs. 3 GG jeder Verfassungsänderung entzogen. Damit kann eine Übertragung von Hoheitsrechten nur an solche internationale Institutionen erfolgen, die mit der verfassungsrechtlichen Ordnung der Bundesrepublik noch in einer gewissen »strukturellen Kongruenz« stehen (siehe bereits Abschn. 6), bzw. deren Pflichten verfassungskonform erfüllbar sind. Keinesfalls darf eine Übertragung von Hoheitsrechten auf ein System erfolgen, das den Grundsätzen des demokratischen und sozialstaatlichen Rechtsstaates, der Menschenwürde und der Grundrechte sowie der Friedensfreundlichkeit des Grundgesetzes widerspricht.

Daß diese Beschränkungen keinesfalls als gegen die Völkergemeinschaft und die internationale Rechtsordnung gewendet verstanden werden dürfen, zeigen der genannte Art. 24 GG, aber auch Art. 25 GG, der die allgemeinen Regeln des Völkerrechts inkorporiert, d.h., zum Bestandteil des Bundesrechts erklärt. Nicht Mißtrauen, sondern Vertrauen in das Völkerrecht und nicht Pessimismus, sondern Optimismus in Bezug auf die Chancen einer Internationalen Friedensordnung prägen das Grundgesetz. Mehr noch: Nach der Präambel soll und will das »Deutsche Volk« »dem Frieden dienen«. »Dienen« heißt aber nichts anderes, als »sich zur Verfügung stellen«. Die Betonung liegt dabei auf dem Reflexivpronomen »sich«. Aus dem Wort »dienen« muß deshalb mehr entnommen werden, als daß die Bundesrepublik nur passiv auf das Engagement anderer vertrauen oder hoffen will. Gefordert ist vielmehr eine aktive Friedens- und Sicherheitspolitik aller für alle mit dem Ziel einer Neuen Friedensordnung. Gemeinsame Sicherheit will hierfür Mittel und Weg sein.

Strukturelle Angriffsunfähigkeit
····
4. Kriterien und Konsequenzen

Der bloße deklatorische Verzicht auf bestimmte Maßnahmen bzw. die bloße Propagierung einer defensiven Abhaltestrategie an Stelle der Abschreckungsstrategie kann für die Realisierung Gemeinsamer Sicherheit allerdings nicht genügen. Ein militärisches Sicherheitssystem, das frei sein will von den Irrationalitäten und Instabilitäten des heutigen Abschreckungssystems, muß Fakten und Strukturen verändern. M.a.W.: Solange auf effiziente Streitkräfte nicht verzichtet werden kann, müssen die Strukturen Gemeinsamer Sicherheit selbst so gestaltet werden, daß sie zwar Effizienz, aber nicht Angriffsfähigkeit signalisieren. Mit dieser Feststellung kehren wir zur eigentlichen – wenn auch jetzt modifizierten – Ausgangsfrage zurück: »Was heißt Strukturelle Angriffsunfähigkeit im Rahmen Defensiver Abhaltung? Wie lautet ihre Definition? Was sind ihre Konsequenzen für die militärische Organisation von Sicherheit?«

4.1. Zehn Definitionskriterien und Funktionsmerkmale Struktureller Angriffsunfähigkeit (i. e. S.)

Die Antwort auf die Frage nach der »Definition« ergibt sich aus Wortsinn, Genesis, Logik und konzeptioneller Einbettung von Struktureller Angriffsunfähigkeit und Defensiver Abhaltung; sie fügt sich aus mindestens zehn Definitionskriterien und Funktionsmerkmalen zusammen, aus denen wiederum die Antwort auf die Frage nach den »Konsequenzen« abgeleitet werden kann (vgl. auch Schaubild Nr. 3). Um Mißverständnisse zu vermeiden, sei vorab betont, daß es sich bei der Diskussion der Definitionskriterien in den nachfolgenden Abschnitten um weitgehend *theoretisch-methodologische* Überlegungen handelt.

4.1.1. Die Bedrohungsvermeidungsfunktion bzw. Angriffsunfähigkeit

Gemeinsame Sicherheit kann und will auf *militärische* Abhaltung als Mittel der Kriegsverhütung nicht verzichten. Anders als das Abschreckungsregime hat Gemeinsame Sicherheit allerdings erkannt und konzeptionell verarbeitet, daß militärische Sicherheit nicht nur äußerst kostspielig und stets mit Kriegsrisiken behaftet ist, sondern auch gerade die *Bedrohungen* und Bedro-

Dieter S. Lutz:

Schaubild Nr. 3: Strukturelle Angriffsunfähigkeit im Rahmen Defensiver Abhaltung und Gemeinsamer Sicherheit - Zehn Kriterien und ihre Konsequenzen

	Definitionskriterien/ Funktionsmerkmale	Materielle Forderungen	Militärische Konsequenzen u. a.

1.	Bedrohungsvermeidungsfunktion	Angriffsfähigkeitsverbot	Defensive Zonen
			- Atomwaffenfreier Korridor
			- Chemiewaffenfreie Zone
			- Panzerfreie Zone
			- StrUnA-Gebiet
			  - Panzerabwehr
			  - Luftabwehr

2.	Verteidigungs- und Abwehrfunktion	Verteidigerüberlegenheit/ Defensivsiegoption	
3.	Stabilitätsorientierung	Destabilisierungsverzicht/ Präemptions-/Präventionsprämienabbau (aktiv und passiv)	- »Nachrüstungs«-Verzicht - Zielbildungsvermeidung - Mobilitätsbeschr. - Reichweitenbeschr. - Massenvernichtungsmittelverz.
4.	Abhaltefunktion	Kriegsverhütung	Untragbarer Eintritts-und Aufenthaltspreis
5.	Schutzfunktion/Schadensminimierungsfunktion	Beidseitigkeit	Zielbildungsvermeidung/ (Zivilschutz/Völkerrecht)

5.	Autonomie-Option	Einseitigkeit	- Panzerbeseitigung
			- Chem. waff. beseit.
			- Nuklearwaffenbeseitig.
			  - LRINF
			  - MRINF
			  - SRINF
			- Redukt. Marine/Luftwaffe, z. B. Jagdbomber
			- Redukt. Logistik

7.	Abrüstungsorientierung	Rüstungsverzicht/Abrüsten durch Umrüsten	
8.	Garantiefunktion/Anti-Effizienz-Effekt	Folgenorientierung/prakt. Konkordanz	
9.	Strukturcharakter	Risikobereitschaft zum Frieden	(StrUnA i. w. S.) Veränderung der - Denkstruktur - Streitkräftestr. - Bündnisstruktur
10.	Wegweiserfunktion	Gemeinsame Sicherheit/ Kollektive Sicherheit	Arbeitsteilung/Multinationale Streitkräfte

hungsvorstellungen[1] erzeugen kann, die sie zu verhüten bzw. auszugleichen vorgibt. Gemeinsame Sicherheit versteht sich deshalb als ein Konzept der gemeinsamen Verhütung von Kriegen *durch* alle Betroffenen *für* alle Betroffenen,[2] das auf Dauer jene Streitkräfte, Strategien und Waffenpotentiale nicht akzeptieren kann, die eigene (im übrigen mißverstandene) Sicherheit durch *Bedrohung,* d. h. auf Kosten der Sicherheit des Gegenübers, produzieren. Im Rahmen des Systems Gemeinsamer Sicherheit wäre – logisch betrachtet – die Bedrohung und Unsicherheit eines GS-Mitgliedes nichts anderes als die Destabilisierung (eines Teils) des eigenen GS-Systems, also Bedrohung und Selbstbedrohung zugleich.

Kerngedanke der Strukturellen Unfähigkeit zum Angriff ist deshalb die *Bedrohungsvermeidung* auf beiden Seiten für beide Seiten. Gefordert wird ausdrücklich »Angriffs*un*fähigkeit« (bzw. »*Nicht*angriffsfähigkeit«). Der Wortsinn geht also extensiv über eine »bloße« Bedrohungs*minderungs*funktion hinaus. (Die sprachlich verunglückte Wortbildung »*Nicht*angriffsfähigkeit« verdeutlicht insofern das Anliegen sogar noch besser als der sprachlich korrekte Begriff »Angriffs*un*fähigkeit« – vgl. zum sprachlichen Problem bereits Abschn. 2.3. sowie noch Abschn. 4.1.2.).

Gemeint ist ferner auch nicht eine »bloße« Defensivorientierung. Das Problem der Unterscheidung zwischen defensiven und offensiven Streitkräften und Waffensystemen[3] stellt sich insofern nicht. Organisation, Struktur, Bewaffnung, Operationskonzept und Strategie der Streitkräfte müssen vielmehr so beschaffen sein, daß sie nicht nur defensi*ver* als bisher sind, sondern *ohne* Ambivalenz eine militärische Aggression erkennbar nicht zulassen (vgl. aber auch noch Abschn. 4.1.9.).

Gefordert ist andererseits aber auch nichts, was über mögliche »militärische« Komponenten der Bedrohungsvermeidung hinausgeht. Gemeinsame Sicherheit leugnet zwar weder die Existenz noch den künftigen Fortbestand politischer, ideologischer oder systembedingter Interessengegensätze und

---

1 Zur Bedrohungsanalyse vgl. z.B. die scharfsinnigen Überlegungen von Müller, Erwin, Bedrohungsanalyse, in: Lutz, Dieter S. (Hrsg.), Lexikon Rüstung, Frieden, Sicherheit, München 1987, S.55-60; ders., Zur Logik politischer Bedrohungsanalysen, in Heisenberg, Wolfgang/Lutz, Dieter S. (Hrsg.), Sicherheitspolitik kontrovers, Baden-Baden 1987, S.79-97 und dort jeweils die Literatur; ferner auch: Bruns, Wilhelm/ Ehmke, Horst/Krause, Christian (Hrsg.), Bedrohungsanalysen, Bonn 1985.
2 Vgl. bereits: Lutz, Dieter S., Gemeinsame Sicherheit – das neue Konzept, in: Bahr,Egon/ Lutz, Dieter S. (Hrsg.), Gemeinsame Sicherheit, Bd.I: Idee und Konzept, Baden-Baden 1986, S.50-52, 70, 76.
3 Ein Argument, das immer wieder von Kritikern der Defensivkonzepte vorgetragen wird.

Konflikte.[4] Zu ihren Aufgaben gehört es aber »lediglich«, die sicherheitspolitischen Rahmenbedingungen[5] so zu organisieren, daß die Auseinandersetzungen als friedlicher Wettbewerb unter Ausschluß militärischer Mittel geführt werden können.[6] Zu den Zielen eines übergeordneten Konzepts Gemeinsamen Friedens (GF) und der Schaffung einer Neuen Europäischen Friedensordnung (NEFO) (vgl. dazu bereits Abschn. 3.3.) würde dagegen zählen, den friedlichen Wettbewerb selbst zu gestalten und gegebenenfalls die Konfliktlösung zu betreiben.

Ist die Bedrohungsvermeidungsfunktion Struktureller Angriffsunfähigkeit im Rahmen Gemeinsamer Sicherheit unter konflikttheoretischen Gesichtspunkten somit als eher bescheiden (oder nicht vorhanden) anzusehen, so kann ihre militärische und sicherheitspolitische Bedeutung im Sinne eines *grenzüberschreitenden Angriffsfähigkeitsverbots* dagegen nicht hoch genug veranschlagt werden: StrUnA will Bedrohungsvermeidung durch Angriffsunfähigkeit – und zwar unbeschränkt. Der Einengung des Angriffsfähigkeitsverbots von StrUnA auf »Invasionsunfähigkeit«, wie sie z.B. Reiner K. Huber von der Bundeswehruniversität München im Rahmen der Anhörung des IFSH im Dezember 1986 vorgenommen hat, kann deshalb nicht gefolgt werden. Der in seine Bedenken eingeschlossene Hinweis auf die Notwendigkeit von Angriffsfähigkeit im Sinne von Gegenangriffsfähigkeit ist gleichwohl nicht unberechtigt:

»Die Definition des Begriffs StruNA bedarf der Präzisierung (...) Der Erfolg von Gegenangriffen (zur Rückgewinnung verlorenen Territoriums – DSL) erfordert in gewissem Umfang Verbände, die nach Organisation, Struktur und Bewaffnung angriffsfähig sind. Der Erfolg von Gegenangriffen ebenso wie von Verteidigungsgefechten kann aber von der Fähig-

---

4 Vgl. dazu jetzt auch die gemeinsame Ausarbeitung der Grundwertekommission der SPD und der Akademie für Gesellschaftswissenschaften beim ZK der SED »Der Streit der Ideologien und die gemeinsame Sicherheit«, veröffentlicht u.a. in: Politik Nr.3, Informationsdienst der SPD, Bonn, August 1987, 7 S.

5 Zu den Rahmenbedingungen (und damit auch kompatibel mit dem konflikttheoretischen Ansatz von GS) würde ich z.B. auch Feindbilder rechnen, soweit sie auf Vorurteilen, Zerrbildern und Fehlwahrnehmungen, nicht aber auf tiefgreifenden Interessenkonflikten beruhen – vgl. dazu auch z.B: Frei, Daniel, Feindbilder und Bedrohungswahrnehmungen – Die kognitiven Grundlagen von Sicherheit und Unsicherheit, in: Heisenberg, Wolfgang/Lutz, Dieter S. (Hrsg.), a.a.O. (Anm.1), S.98-109, insbes. S.99; zu den Feindbildern vgl. auch: Wasmuht, Ulrike C., Feindbild, in: Lutz, Dieter S. (Hrsg.), a.a.O. (Anm.1), S.97-101 und dort die Literatur.

6 Vgl. bereits: Lutz, Dieter S., a.a.O. (Anm.2), S.79.

keit abhängen, dem Aggressor das Heranführen von Reserven zu verwehren, was u. U. grenzüberschreitender Kampfhandlungen größeren Umfangs (z. B. in Form von Interdiktionsoperationen der Luftstreitkräfte) bedarf.
In welchem Umfang gegenangriffsfähige Verbände sowie »grenzüberschreitendes Feuer« notwendig sind, kann nur im Rahmen von mehr oder weniger detaillierten operationsanalytischen Untersuchungen geklärt werden, die mindestens auf Korps-Ebene angesiedelt sind. Da aber derartige Untersuchungen meines Wissens bisher nicht durchgeführt wurden, erscheint es gefährlich, sich durch eine u. U. unangemessene Begriffswahl und -definition bereits festzulegen bzw. festlegen zu lassen.
Diesen Bedenken würde der Begriff der «Invasionsunfähigkeit» (IUF) Rechnung tragen.«[7]

Auch die von Horst Afheldt vorgeschlagenen Definitionsmerkmale, »politisch relevanter Geländegewinn« und/oder »Sieg-Fähigkeit« decken das Spektrum des Angriffsfähigkeitsverbots von StrUnA nicht ab:

»Angriffsfähigkeit bedeutet (...) die Fähigkeit, raumgreifende Operationen mit einem politisch relevanten Geländegewinn auf dem Territorium der WVO-Staaten führen zu können. Als politisch relevant muß der Geländegewinn angesehen werden, der, wenn er dem Warschauer Pakt auf westlichem Gebiet gelänge, der NATO als inakzeptabel erscheinen würde. Konkret: Vorstoß bis an die Oder, maximal an die Weichsel. Dabei ist zu unterscheiden, ob die NATO eine solche Fähigkeit nur hat, wenn sie als erste angreift (*Erst*-Angriffsfähigkeit) oder auch noch nach Abwarten eines gegnerischen Angriffs (*Gegen*-Angriffsfähigkeit).
Von struktureller Angriffsfähigkeit in diesem Sinne ist die strukturelle *Sieg*-Fähigkeit zu unterscheiden, die eine Angriffsfähigkeit bis zur konventionellen Niederringung der Sowjetunion durch die NATO voraussetzen würde.«[8]

---

7 Huber, Reiner K., in: Vierteljahresschrift für Sicherheit und Frieden (S+F), (Heft 1) 1987, S.32.
8 Afheldt, Horst, in: ebda. S.5.

Ähnliches gilt auch für die z. B. von Oberstleutnant Wilhelm Nolte geforderte Differenzierung nach Gesichtspunkten der »Haltefähigkeit«:

> »Vor Beantwortung der (...) Frage nach – wie auch immer bedingter – Nichtangriffsfähigkeit von NATO und/oder WVO, halten wir es für geboten, mit der Erörterung der Begriffe Angriffsfähigkeit und Gegenangriffsfähigkeit einen dritten Begriff zu diskutieren, der letztendlich die Qualität von Angriffsfähigkeit bestimmt, indem er Aufschluß über die mit Angriff erwartete fortdauernde Folgewirkung vermittelt. Wer einem Gegner Angriffsfähigkeit unterstellt und hierauf ggf. seine Verteidigungsfähigkeit abstellt, muß zuvor und zugleich danach fragen, ob der Gegner die im Angriff möglicherweise erreichbaren Ziele hiernach überhaupt zu halten in der Lage sein kann. Eine Besetzung der Bundesrepublik Deutschland etwa würde dem Warschauer Pakt einen Besatzungsaufwand abverlangen, der das in der DDR heute verfügbare Personalpotential um einen Faktor 3 (bei Zugrundelegung der territorialen Flächen) oder 4 (bei Zugrundelegung der Bevölkerungszahlen) übertreffen müßte. Muß die Befähigung zum Halten der Angriffsziele in Frage gestellt werden, kann eine behauptete Angriffsfähigkeit erheblich an Bedeutung verlieren.
> Angriffsfähigkeit unterstellen, ohne zugleich *Haltefähigkeit* zu belegen, ist eine Denkweise, die – möglicherweise bewußt – über einen Kriegsanfang nicht hinaussieht.«[9]

Selbst (ursprünglich auch von mir vorgetragene) vorsichtige Relativierungen im Sinne von Definitionen wie »Verzicht auf die Fähigkeit, grenzüberschreitende Kampfhandlungen *größeren Umfangs* führen zu können«[10] sind noch zu mißverständlich. Sie versuchen zwar zu Recht, dem Postulat der Gegenangriffsfähigkeit einerseits und der defensiven/offensiven Ambivalenz der Waffenrealität andererseits Rechnung zu tragen, öffnen letztlich aber wieder Tür und Tor zu substantiellen Beschneidungen und Aufweichungen des Kerngedankens der Strukturellen Unfähigkeit zum Angriff. Statt zu relativieren ist deshalb im Gegenteil die Bedrohungsvermeidungsfunktion von StrUnA zu betonen: Sie bezieht sich keinesfalls nur auf raumbesetzende Operationen wie Invasion oder (Teil-)Okkupation. Vermieden und verhindert werden sollen vielmehr auch – und gerade – diejenigen Bedrohungen, die aus den Fähigkeiten zu (präemptiven) Schlägen gegen militärische Einrichtun-

---

9 Nolte, Wilhelm, in: ebda. S.64.
10 So meine eigene Definition im Rahmen der genannten Anhörung – vgl. ebda. S.2.

gen weit im Hinterland des Gegners resultieren, ferner aus der Fähigkeit zur Verwüstung und Zerstörung weiter Landstriche des gegnerischen Territoriums und schließlich aus der Fähigkeit zur teilweisen oder totalen Vernichtung anderer Gesellschaften und ihrer Menschen und letztlich der Menschheit selbst. Das Kriegsziel der Besetzung gegnerischen Territoriums im traditionellen Sinne von Invasion, Okkupation und Annexion ist für die Bedrohungsvermeidungsfunktion Struktureller Angriffsunfähigkeit nur eine (möglicherweise sogar untergeordnete) Alternative unter anderen. Vermieden werden soll neben dem traditionellen Annexionskrieg die Eskalation oder Präemption durch »deep strikes« ebenso wie der »Weltkrieg wider Willen« (aus Computerirrtum, menschlichem Versagen und ähnlichem mehr) oder wie herrschaftsdestabilisierende Teilentwaffnungsschläge ohne Besetzungsabsichten (»Enthauptung des sowjetischen Huhns«) oder wie aus Wahnsinn oder »Rationalität« geführte Vergeltungs- und Vernichtungskriege.

Strukturelle Angriffsunfähigkeit ernst genommen, verlangt deshalb – zumindest auf der teleologisch bestimmten Definitionsebene – das absolute Verbot grenzüberschreitender Angriffsfähigkeiten. Dieses Verbot umschließt[11] (vgl. auch Schaubild Nr. 4.):

- die *Okkupations- oder Offensivfähigkeit,* d. h. die Fähigkeit, gegnerisches Territorium angreifen, besetzen und halten zu können;
- die *Invasions- oder Erstoffensivfähigkeit,* d. h. die Fähigkeit, gegnerisches Territorium anzugreifen, zu besetzen oder durch es zu marschieren (und gegebenenfalls zu verwüsten), aber auf Dauer nicht halten zu können;
- die *Gegenoffensiv- oder Zweitokkupationsfähigkeit,* d. h. die Fähigkeit, den Aggressor abwehren zu können und aus der Verteidigung heraus (den geschwächten Gegner) anzugreifen und gegnerisches Territorium besetzen und halten zu können;
- die *Gegenangriffs- oder Zweitinvasionsfähigkeit,* d. h. die Fähigkeit, den Aggressor abwehren zu können und aus der Verteidigung heraus (den geschwächten Gegner) anzugreifen und gegnerisches Territorium zu besetzen oder durch es zu marschieren (und es gegebenenfalls zu verwüsten), aber auf Dauer nicht halten zu können;
- die *Entwaffnungsschlag- oder Teilentwaffnungsschlagfähigkeit,* d. h. die Fähigkeit mit Hilfe weitreichender Waffensysteme einen Gegner

---

11 Ähnlich, wenn auch zu eng: Nolte, Wilhelm, in: ebda. S.64 f.

Dieter S. Lutz

Schaubild Nr. 4: Die Fähigkeiten zum Angriff

Aktivität Fähigkeit	abwehren	gegenangreifen (innen)	gegenangreifen (außen)	angreifen	durchmarschieren	destabilisieren	verwüsten	besetzen	halten	vernichten
Strukturelle Angriffsunfähigkeit	x	x								
Okkupations- oder Offensivfähigkeit				x	(x)	(x)	(x)	x	x	
Invasions- oder Erstoffensivfähigkeit				x	x	x	x	x		(x)
Gegenoffensiv- oder Zweitokkupationsfähigkeit	x	x	x			(x)	(x)	x		
Gegenangriffs- oder Zweitinvasionsfähigkeit	x	x	x			(x)	(x)	x	x	(x)
Entwaffnungsschlag- o. Teilentwaffnungsschlagfähigkeit			(x)	(x)		x	(x)			
Vergeltungs- oder Vernichtungsfähigkeit			(x)	(x)		(x)	x			x

178

(präemptiv oder reaktiv) ohne Besetzung seines Territoriums durch entwaffnende oder teilentwaffnende Schläge militärisch und politisch schwächen zu können;
- die *Vergeltungs- oder Vernichtungsfähigkeit,* d. h. die Fähigkeit, die gegnerische Zivilstruktur und Bevölkerung, insbes. mit Massenvernichtungsmitteln, präemptiv oder reaktiv, in Teilen oder in ihrer Gesamtheit vernichten und ermorden zu können.

Nicht eingeschlossen in das Verbot zur grenzüberschreitenden Angriffsfähigkeit ist die Gegenangriffsfähigkeit des Verteidigers auf *eigenem* Territorium. Aus ihr resultiert – im Idealfall – keine Bedrohung, logischerweise fällt sie somit nicht unter den Bedrohungsvermeidungsimperativ Struktureller Angriffsunfähigkeit (mit Blick auf die Realität vgl. aber auch noch den Anti-Effizienz-Effekt in Abschn. 4.1.8.). Es ist deshalb lediglich eine terminologische, nicht aber inhaltliche Frage, wie zwischen »innerer« und »äußerer« Gegenangriffsfähigkeit unterschieden wird, d.h. ob ein neuer Terminus für die »Angriffsfähigkeit innerhalb der eigenen Grenzen« gefunden wird oder ob sie als selbstverständlicher Teil der eigenen Abwehrfähigkeit und ihrer Verteidigungsfunktion angesehen wird. Mit dieser Aussage ist bereits auch das zweite Definitionskriterium Struktureller Angriffsunfähigkeit benannt: die Verteidigungs- und Abwehrfunktion (dazu nachfolgend Abschn. 4.1.2.).

4.1.2. Die militärische Verteidigungs- und Abwehrfunktion

Strukturelle Nichtangriffsfähigkeit (i.e.S.) ist sprachlich in einem mehrfachen Sinne eine mißverständliche Verkürzung. Zum einen steht *»Nicht*angriffsfähigkeit« sprachlich für »Angriffs*un*fähigkeit« (vgl. bereits Abschn. 2.3. und 4.1.1.). Zum anderen geht es bei der Charakterisierung der Streitkräfte und ihrer Ausstattung keinesfalls »allein« um »Nichtangriffsfähigkeit« bzw. »Angriffsunfähigkeit«. Im Gegenteil: Strukturelle Angriffsunfähigkeit im konzeptionellen Rahmen Gemeinsamer Sicherheit kann und will auf die kriegsverhütende Wirkung effizienter militärischer Verteidigungsmittel nicht verzichten. Sprachlich korrekter ausgedrückt meint StrUnA deshalb die *»effiziente Abhaltung bei strukturell angriffsunfähiger Verteidigungsbereitschaft«* oder etwas kürzer: *»effiziente angriffsunfähige Verteidigungsstrukturen«*.

Drittens ist Strukturelle Angriffsunfähigkeit mißverständlich insofern, als der Begriff sowohl die Verteidigungsstrategie bezeichnet als auch ein Charaktermerkmal innerhalb des Funktionsspektrums der Strategie meint (siehe auch Schaubild Nr.5). Neben der Unterscheidung zwischen StrUnA im weiteren Sinne und StrUnA im engeren Sinne einerseits und der Differenzierung zwischen der Abhaltestrategie DA und der Verteidigungsstrategie StrUnA i.e.S. andererseits, müßte also eine weitere Präzisierung eingeführt werden: die Unterscheidung zwischen StrUnA als Verteidigungsstrategie und StrUnA als eines der Charaktermerkmale bzw. eine der Funktionen eben dieser Strategie (nämlich der Bedrohungsvermeidungsfunktion) neben anderen. Zur Verdeutlichung der *Funktions*bezeichnung von StrUnA in Unterscheidung zur *Strategie*bezeichnung will ich deshalb bis auf weiteres den Begriff »Strukturelle Angriffsunfähigkeit als Funktion« (StrUnA a.F.) einführen.

Dieter S. Lutz

Schaubild Nr.5: Das System militärischer Abhaltung und Verteidigung im Rahmen Gemeinsamer Sicherheit

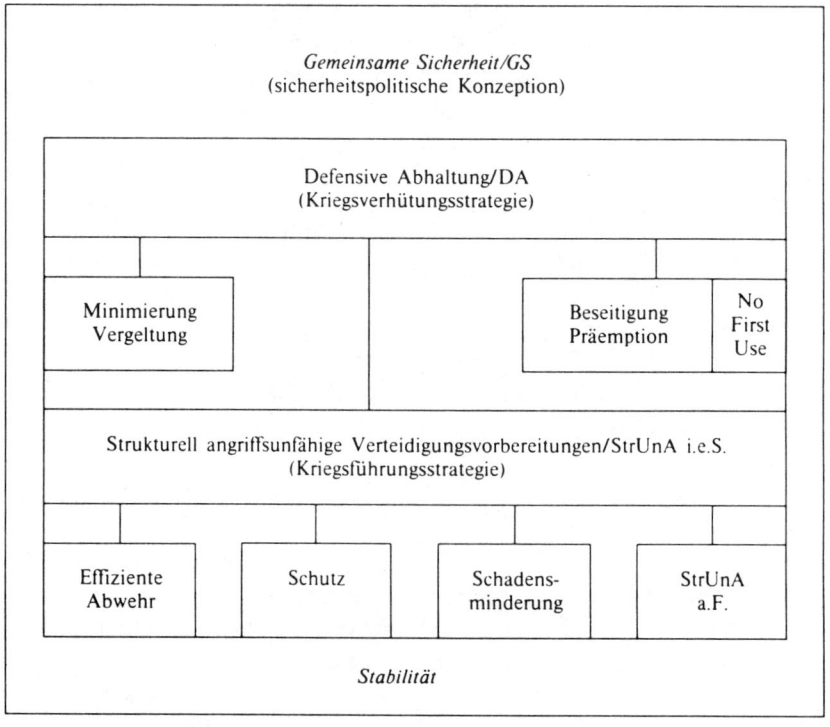

Gemeinsame Sicherheit/GS
(sicherheitspolitische Konzeption)

Defensive Abhaltung/DA
(Kriegsverhütungsstrategie)

| Minimierung Vergeltung | Beseitigung Präemption | No First Use |

Strukturell angriffsunfähige Verteidigungsvorbereitungen/StrUnA i.e.S.
(Kriegsführungsstrategie)

| Effiziente Abwehr | Schutz | Schadensminderung | StrUnA a.F. |

Stabilität

Anm.: – Die Liste der angeführten StrUnA-Funktionen (Abwehr, Schutz etc.) ist hier nicht abschließend – vgl. dazu auch Schaubild Nr.3.
– Die Zuordnung von Vergeltungsminimierung und Präemptivbeseitigung zu DA statt zu StrUnA hat zwei Gründe: Zum einen werden realistischerweise Nuklearwaffen auf absehbare Zeit nicht gänzlich abgeschafft werden, StrUnA muß aber dennoch funktionieren. Zum anderen sind m.E. auch heute beide Elemente nicht Teil der derzeitigen »flexible response«, sondern der Abschreckungsstrategie.

Diese sprachliche (besser: methodische) Klärung des StrUnA-Begriffes ist erforderlich, um zu erkennen, daß StrUnA a.F. zwar der Strategie StrUnA i.e.S. den Namen gegeben hat, StrUnA a.F. aber nicht die alleinige Funktion der Strategie ist. StrUnA i.e.S. will vielmehr im Rahmen Gemeinsamer Sicherheit effiziente Verteidigung auf der Basis militärischer Mittel, besitzt also – neben (oder trotz) der Bedrohungsvermeidungsfunktion – stets auch eine militärische Abwehrfunktion.

Entstehungsgeschichtlich betrachtet will Strukturelle Angriffsunfähigkeit sogar mehr als lediglich die Fortführung der bisherigen (als mangelhaft eingeschätzten) Verteidigungsfähigkeit. Um was es geht ist *auch* – aus der Perspektive einzelner Autoren sogar *vorrangig*[12] – die effektivere Gestaltung, d.h. Verbesserung der Verteidigungs-und Abwehrfähigkeit. Bereits z.B. bei Horst Afheldt, der den Begriff StrUnA noch nicht benutzte, aber als einer der »inhaltlichen Väter« des Gedankens angesehen werden kann (vgl. Abschn.1.2.), heißt es mit Blick auf die Sackgassen der Vergangenheit:

»Steigerung der Qualität der einzelnen Waffen war ein Irrweg. Statt mehr Verteidigung je DM war das Ergebnis mehr DM je Verteidigung. Doch das bedeutet nicht, daß *Steigerung der Effizienz* der konventionellen Verteidigung keinen Weg anbietet. Denn anders als die falsche Qualitätssteigerung bei einzelnen Waffensystemen, die wir eben beschrieben, leitet die *Beachtung des Defensivgebots* automatisch auf einen anderen Weg der *Effizienzsteigerung:* Die *Effizienzsteigerung,* die sich durch *Spezialisierung* der gesamten Verteidigungsstruktur auf reine Verteidigung und Verzicht auf Angriffsfähigkeit ergibt.

Effizienzsteigerung durch Spezialisierung auf Verteidigung war zunächst auch für uns nur eine Vermutung. Diese Vermutung stützte sich einmal auf die allgemeine Erfahrung des technischen und sozialen Lebens, daß Spezialisierung stets einen höheren Ertrag je Aufwand, höhere Effizienz also, erbringt als allround-Verwendbarkeit. Kein Langläufer wird heute noch mit einem Universalski zum WASA-Lauf antreten, mit dem er auch zum Slalom im Val d'Isère oder zur Abfahrt auf der Streif in Kitzbühel antreten will – oder gar auf der Schanze in Oberstdorf den Skiflugrekord anzugreifen beabsichtigt. Nicht nur die Geräte werden spezialisiert, um im

---

12 So würde ich z.B. Müller, Albrecht von, Das Konzept der Strukturellen Nichtangriffsfähigkeit, in: Zwischenbericht zum Forschungsprojekt »Stabilitätsorientierte Sicherheitspolitik«, Starnberg, Oktober 1986, hektogr., S.425 und dessen dort nachfolgende Ausführungen interpretieren; vgl. auch: Kozak, Heinz, in: Vierteljahresschrift für Sicherheit und Frieden (S+F), (Heft 1) 1986, S.46.

Wettkampf bestehen zu können – auch die Menschen spezialisieren sich auf alpinen Skilauf, Langlauf oder Skispringen, weil sie nur so gewinnen können.

Aber der deutsche Soldat, der sein Vaterland ja nur verteidigen soll, wird weiterhin ausgebildet, als gälte es, auch nach Leningrad und Moskau zu marschieren.

Wie ist diese Struktur der Verteidigung entstanden?

Die Struktur der Armeen der NATO entwickelte sich aus der Struktur der Armeen des Zweiten Weltkriegs, insbesondere den amerikanischen Expeditionsstreitkräften für Europa und der Wehrmacht. Die Frage liegt doch nahe: Wieso soll eigentlich zufällig diese aus traditionellen Angriffsarmeen des Zweiten Weltkriegs entstandene Struktur der NATO-Armeen in Strategie, Taktik, Waffensystemen und Ausbildung für die Verteidigung optimal effizient sein? Vor allem: Wieso soll heute die Verwendung von Panzertruppen für eine quasi lineare Vorneverteidigung optimal sein, wenn sie dies schon 1944 nicht war? Denn schon damals beklagte der Schöpfer der Panzertruppe, Guderian, die falsche, ineffiziente Verwendung von Panzerarmeen in der Verteidigung von Fronten. ›Zur Zeit sind die Panzerdivisionen fast alle in der entarteten Verteidigung versunken und zugrunde gegangen.‹ So liegt der Verdacht doch nahe: Sind nicht in dieser traditionellen Struktur vielleicht die 50 Prozent Effizienz verlorengegangen, die der NATO zur wirksamen Verteidigung fehlen?«[13] (Hervorheb.-DSL)

Und auch die politische Ziehmutter von StrUnA (bzw. StruNA), die SPD, betont in ihren verschiedenen Entwürfen und Beschlüssen:

»Eine solche Umrüstung bedeutet *keine Schwächung* der Verteidigungsfähigkeit. Im Gegenteil...«[14]

»Die Struktur und Bewaffnung der Streitkräfte müssen zur Vorneverteidigung *glaubhaft befähigen;* d.h. die Streitkräfte müssen jeden potentiellen Angreifer mit einem untragbaren militärischen Risiko belasten... Eine Reform der Streitkräftestruktur muß den *Ausbau* der stabilitätsfördernden Fähigkeit zur Vorneverteidigung *dienen und* insbesondere die Funktionen

---

13 Afheldt, Horst, Defensive Verteidigung, Reinbek bei Hamburg 1983, S.47-49.
14 Siehe bereits oben Kap.1, Anm.21.

der Panzerabwehr, der Sperren und der Luftverteidigung *stärken...*«[15] (Hervorheb.-DSL)

Wo aber verlaufen die Grenzen des Ausbaus, der Stärkung, der Effizienzsteigerung? Im System der Abschreckung und Drohung werden sie durch ein imaginäres und stets labiles Gleichgewicht gegnerischer Streitkräfte und offensiver Drohpotentiale gezogen, dessen Unter- aber auch Überschreiten den Umschlag von Sicherheit in Unsicherheit bedeutet (vgl. dazu noch Abschn. 4.1.3.1.). Im Rahmen Defensiver Abhaltung und Struktureller Angriffsunfähigkeit dagegen entfallen alle Bedrohungs- und Offensivkomponenten (vgl. zur Bedrohungsvermeidungsfunktion bereits Abschn. 4.1.1.). Die Grenze des militärischen Ausbaus gibt also nicht das Gleichgewicht der Bedrohung und des Schreckens vor, sondern bestimmen allenfalls die sozialen und finanziellen Rahmenbedingungen. Insofern eröffnet erst die Bedrohungsvermeidungsfunktion Struktureller Angriffsunfähigkeit die Chance zur tatsächlich effektiven Verteidigung, oder besser ausgedrückt: zur Abhaltung über effektive Verteidigungsvorbereitungen (ohne Reproduktion von Unsicherheiten und Gefahren).

Wenn es aber richtig ist, daß Strukturelle Angriffsunfähigkeit aufgrund ihrer Bedrohungsvermeidungsfunktion eine Gleichgewichtsgrenze nicht berücksichtigen muß, so liegt es in der Logik der Verteidigungsfunktion von StrUnA und ihrer Forderung nach Ausbau und Effizienzsteigerung a priori nicht nach Gleichgewicht, sondern nach (Stabilität durch) *Überlegenheit*[16] zu streben.

Überlegenheit im Rahmen Defensiver Abhaltung und Struktureller Angriffsunfähigkeit ist *Verteidiger*überlegenheit (Defensive Superiority). Sie ist gegeben, wenn die Verteidigungsfähigkeit eines Kontrahenten größer ist als die Angriffsfähigkeit des Gegenübers.[17] Sie ist im Sinne der »Stabilitätsorientierung« Defensiver Abhaltung und Struktureller Angriffsunfähigkeit optimiert,

---

15 Hier zit. nach: »Unser Weg zu Abrüstung und Frieden«. Beschluß zur Friedens- und Sicherheitspolitik der SPD, Parteitag in Nürnberg 25.-29.8.1986, in: Politik. Informationsdienst der SPD Nr.8, September 1986, S.4, 7.
16 Die Grundgedanken, die nach Überlegenheit im Rahmen von DA und StrUnA verlangen, sind ähnlich denen, die auch von Kollektiver Sicherheit Überlegenheit fordern – vgl. dazu: Lutz, Dieter S., Auf dem Weg zu einem System Kollektiver Sicherheit in Europa, in: Lutz, Dieter S. (Hrsg.), Kollektive Sicherheit in Europa – Eine Alternative?, Baden-Baden 1985, S.25 f. Dies ist angesichts der Wegweiserfunktion von StrUnA kein Zufall – dazu noch im folgenden Abschn. 4.1.10.
17 Zur »Verteidigerüberlegenheit« vgl. auch im folgenden Abschn. 4.1.6. und dort insbes. Anm. 54 entsprechend.

wenn die wechselseitige Verteidigungsfähigkeit beider Kontrahenten (Mutual Defensive Superiority) größer ist als ihre jeweiligen Angriffsfähigkeiten (zur Stabilitätsorientierung vgl. noch den folgenden Abschn. 4.1.3.).

4.1.3. Die Stabilitätsorientierung

Ziel Struktureller Angriffsunfähigkeit ist Kriegsverhütung, d.h. Defensive Abhaltung. Ziel Defensiver Abhaltung ist militärische Stabilität als Basis der Verwirklichung Gemeinsamer Sicherheit. M.a.W.: Strukturelle Angriffsunfähigkeit unterliegt der Zielsetzung Stabilität, ist in ihrer Ausrichtung stabilitätsorientiert.

Was Stabilität heißt, ist außerordentlich vielschichtig und komplex. Im Kontext Struktureller Angriffsunfähigkeit und den daraus resultierenden militärischen Organisationsfragen mag es jedoch genügen, lediglich drei Ebenen definitorisch zu beleuchten:

1. die Abgrenzung von Stabilität zu Gleichgewicht,
2. die Differenzierung von Gesamtstabilität, Strategischer Stabilität und Konventioneller Stabilität sowie
3. die Unterscheidung der Stabilitätsprobleme im Frieden, in der Krise und im Ernstfall, d.h. im Krieg.

4.1.3.1. Gleichgewicht oder Stabilität?

Alternative Modelle und Umrüstungsvorhaben, aber auch Kräftevergleiche oder Rüstungssteuerungs- bzw. Abrüstungsverhandlungen, die sich am Ziel »Gleichgewicht« (parity) orientieren und auf ausschließlich numerische Größenordnungen verengt sind, müssen als ebenso unzureichend wie irreführend angesehen werden.[18] Denn im Zeichen qualitativer Rüstungsdynamiken mit ihrer hochdifferenzierten Vielfalt gehen simple numerische Berechnungen zwangsläufig an der komplexen Wirklichkeit vorbei: Die üblichen Bestandsvergleiche von Panzern oder Divisionen z.B. lassen Unterschiede in den Qualitätsmerkmalen der Waffen (Alter, Beweglichkeit, Feuerkraft, Treffgenauigkeit etc.), die Verschiedenartigkeit der Potentiale (z.B. Panzer gegen Panzerabwehrraketen), die Widersprüchlichkeit der Strategien

---

[18] Zu folgendem bereits: Lutz, Dieter S., Militärische Kräftevergleiche, in: Lutz, Dieter S. (Hrsg.), a.a.O. (Anm.1), S.206 f.

und Doktrinen (Vorne-Verteidigung bei der NATO, Vorwärts-Verteidigung bei der WVO), die Diskrepanz in den geo-strategischen, politischen und ökonomischen Ausgangsbedingungen (Einkreisungsmöglichkeiten, Zuverlässigkeit der Verbündeten, wirtschaftliche Ressourcen, industrielle und technologische Kapazitäten) und ähnliches mehr ebenso unbeachtet wie die hohe Mobilität, mit der mittlerweile Verbände und Systeme über weite Entfernungen verlegt und versorgt werden können.

Aber nicht nur die einfache numerische Berechnungsmethode der jeweiligen Vergleiche ist irreführend; vielmehr entspricht bereits die Zielsetzung »Gleichgewicht« bzw. »Parität« nicht der Realität noch kann sie ihr entsprechen: Rüstungstechnologische Entwicklungen verlaufen weder in Ost noch in West geradlinig und schon gar nicht in zeitlich paralleler Gleichförmigkeit. Wie die Abfolge der wichtigsten rüstungstechnologischen Neuerungen der USA und der UdSSR seit 1945 zeigt, hat es z.B. im nuklear-strategischen Bereich nie ein wirkliches Gleichgewicht im Sinne eines Gleichstandes der Potentiale gegeben, sondern war im Gegenteil immer eine Seite in der Entwicklung und Einführung neuer Technologien der anderen voraus. Die treffgenauen Marschflugkörper der neuen Generation sind aktuelle Beispiele für diese Dynamik (vgl. Schaubild Nr.6).

Relativ komplizierte Berechnungen, etwa die der Letalität von Waffensystemen oder der Vernichtungswahrscheinlichkeit in der Relation von Zielen und Mitteln,[19] lassen erkennen, daß auch zukünftig eher noch größere Sprünge in der Abfolge und Qualität technologischer Neuerungen und Fähigkeiten zu erwarten sein werden als spiegelbildliche gleichförmige Prozesse in Ost und West. Die Beschwörungsformel »Gleichgewicht« wird im Zug dieser Dynamik nicht nur vollends ihre Berechtigung verlieren, sondern sogar in gefährlicher Weise zur Parität der Disparität von Zielen, Mitteln und Fähigkeiten pervertieren. Zur Illustration ein einfaches Beispiel, das um viele weitere ergänzt werden könnte: U-Boote, bestückt etwa mit TRIDENT-Raketen, können ca. 200 Gefechtsköpfe tragen. Besitzt der Gegner jedoch die technologische Fähigkeit, U-Boote zu orten, so können 200 Gefechtsköpfe mit lediglich einem einzigen Schuß zerstört werden. Wann also ist ein Gleichgewicht erreicht? Bei einem Gleichstand von 200 Gefechtsköpfen auf beiden Seiten? Oder bei einer gleichen Anzahl von U-Booten? Oder bei einer im Beispiel noch gar nicht genannten bestimmten Größenordnung in der Gesamttonnage an Sprengkraft? Oder muß nicht bereits jene Seite als überlegen an-

---

19 Vgl. ausführlich: Lutz, Dieter S., Weltkrieg wider Willen?, Reinbek bei Hamburg 1981.

Dieter S. Lutz

Schaubild Nr.6: Die wichtigsten rüstungstechnologischen Neuerungen der USA und der UdSSR seit 1945

Waffensysteme	Jahr USA	UdSSR
Atombombe (erste Zündung)	1945	1949
Wasserstoffbombe (erste Reaktion)	1951	1953
Langstreckenbomber	1948/53/55	1956
Interkontinentalraketen (ICBM)(Testflug)	1958	1957
Atom-U-Boote	1955/56	1962
U-Boot-Raketen,unterwasserabgeschossen(SLBM)	1959/60	1964/68
Anti-Raketen-Raketen (erster Abschuß)	1960	1961
ICBM mit Feststoffantrieb	1962	1969
Raketen mit Mehrfachsprengköpfen (MRV)	1964	1968/72
Raketen mit mehrfachen, einzeln programmierbaren Sprengköpfen (MIRV)	1970	1973/75
Marschflugkörper,neue Generation (Cruise Missile)	1983/84	1986
Raketen mit mehrfachen, nachträglich noch einzeln steuerbaren Sprengköpfen (MARV)	198-	–
Raketenabwehrsystem(weltraumgestützt)	199-	–

Quelle: Überarbeitete Fassung aus: Lutz, Dieter S., Weltkrieg wider Willen?, Reinbek 1983, S.31.

Anmerkung: Die Tabelle kann nur einen ersten Überblick geben. Die Quellenlage ist nicht zuletzt wegen des Problems der Geheimhaltung, aber auch wegen der unterschiedlichen Definitionen der Einführung eines Waffensystems (z.B. offizieller Entwicklungsauftrag, erster – geglückter – Start, geglückter Zielflug, Auftrag zur Serienproduktion, Auftrag zur Einführung in die Streitkräfte, Ersteinsatz u.a. mehr) nicht einheitlich.

gesehen werden, die nur einen oder zwei Gefechtsköpfe besitzt, aber eben zugleich auch die qualitative Fähigkeit zur Ortung von U-Booten hat? Vor allem aber: was ist ein Gleichgewicht wert, wenn beide Seiten zukünftig zwar möglicherweise einen absoluten Gleichstand an Erstschlagmitteln und Entwaffnungsfähigkeiten erreicht haben, aber gerade deshalb in Krisenzeiten ständig und auch ohne eigene aggressive Absichten unter dem immensen Präemptionszwang der Frage stehen: Wem fällt bei gegebenem Gleichstand die Prämie des schadensmindernden Erstschlages zu?

Wie das Beispiel[20] und die Fragen zeigen, kann Gleichgewicht bzw. Parität grundsätzlich nicht als Zielsetzung von Rüstung oder Rüstungssteuerungspolitik angesehen oder akzeptiert werden.[21] Um was es gehen muß, ist vielmehr der Verzicht auf destabilisierende Maßnahmen und Fähigkeiten oder positiv gewendet: der Versuch Stabilität zu erreichen, zu erhalten bzw. zu optimieren.

4.1.3.2. Gesamtstabilität, Strategische Stabilität und Konventionelle Stabilität

Was aber heißt Stabilität? Mit der zweifelsohne wichtigen Erkenntnis, daß Stabilität nicht mit Gleichgewicht verwechselt oder gleichgesetzt werden darf, ist eine ausreichende Antwort noch nicht gegeben. Versuchen wir uns also der eigentlichen Frage zu nähern.

Bezugsgröße zur Beantwortung der Frage ist wiederum ihre konzeptionelle Einbettung. Ein übergreifendes Konzept »Gemeinsamen Friedens« (vgl. Abschn.3.3.) verlangt eine hochkomplexe *Gesamtstabilität* auf der Basis einer Vielzahl politischer, militärischer, wirtschaftlicher, rechtlicher, psychologischer und sozialer Komponenten. Die militärischen Strategien Defensiver Abhaltung und Struktureller Angriffsunfähigkeit zielen dagegen »lediglich« auf *militärische Stabilität*. Diese Beschränkung heißt zwar nicht, daß außermilitärische Fakten, z.B. die soziale oder wirtschaftliche Realität, völlig ausgeblendet werden dürfen. Für die definitorisch-abstrakte Beschreibung der Stabilitätsorientierung Struktureller Angriffsunfähigkeit spielen sie jedoch keine oder eine hintan zu stellende Rolle.

Beschränken wir uns also auf die militärische Komponente der Gesamtstabilität und betrachten zunächst den Status quo: Im System gegenseitiger Abschreckung definiert sich militärische Stabilität – vorausgesetzt sie existiert –

---

20 Vgl. auch das Beispiel bei Müller, Albrecht von, a.a.O. (Anm.12), S.442: »Zwischen den beiden Westernhelden, die durch die staubige Hauptstraße von Dodge City zum letzten Duell aufeinander zuschreiten, herrscht ein exaktes Gleichgewicht. Sie befinden sich in einer exakt symmetrischen Situation, sie verfügen über die gleiche Bewaffnung etc. Dennoch herrscht eine absolute Instabilität. Ursache dafür ist, daß es einen hohen Präemptionsbonus gibt. Wer zuerst zieht und trifft, hat gewonnen.«
21 Was wäre auch gewonnen, wenn tatsächlich ein konventionelles Gleichgewicht vorläge bzw. durch Kräftevergleiche festgestellt werden könnte? Eine Garantie auf Frieden wäre damit ebensowenig verbunden wie aus einer konventionellen Überlegenheit eine bevorstehende Kriegsgefahr geschlußfolgert werden könnte. Im Gegenteil: Die Geschichte ist voll von Kriegen, die trotz unterlegener Kräfte begonnen wurden (z.B. Hitlers Westfeldzug 1940 sowie sein Ostfeldzug 1941) und die oftmals auch mit der Vernichtung oder Niederlage des stärker Gerüsteten bzw. mit dem Sieg des Schwächeren endeten (z.B. im siebenjährigen Krieg Preußen 1756 ff oder zuletzt in den Nahostkriegen Israel).

aus dem unkalkulierbaren Risiko[22] eines Angriffskrieges für beide Seiten. Das unkalkulierbare Risiko, oder besser ausgedrückt: das kalkuliert untragbare Risiko wiederum resultiert aus der Fähigkeit des Angegriffenen zur Abwehr, zur Offensive und zur Vergeltung. Das Ergebnis, die sog. *Strategische Stabilität*[23] baut also auf Verteidigungsfähigkeit, aber auch auf Angriffsfähigkeit auf.

Zwar wollen auch die Theoretiker der Strategischen Stabilität keinesfalls nur einfache Parität als zahlenmäßigen Gleichstand von Soldaten und bestimmten Waffen. Entscheidend für das Ziel Stabilität wird vielmehr die generelle Ausgewogenheit der tatsächlichen Kräfte bzw. der Einsatzoptionen angesehen. Wichtig ist die »Äquivalenz der Fähigkeiten und Optionen«[24] als Komplementärprinzip zur Strategischen Stabilität, weniger wichtig sind dagegen Umfang und Art einzelner Teilstreitkräfte, Waffengattungen oder Systeme – generell oder in bestimmten Regionen. In der Realität des Abschreckungssystems ist das (auf der Ebene der Kriegsführungs- bzw. Verteidigungsstrategie angesiedelte) Komplementärelement zur Zielsetzung »Strategische Stabilität« (der Kriegsverhütungsstrategie) allerdings kein defensives Äquivalent. Wenn in der Realität der Abschreckung überhaupt von einem Komplementärprinzip[25] gesprochen werden kann, dann mit offensivem Charakter: Die Äquivalenz der Fähigkeiten und Optionen baut auf Komponenten wie »deep strike«, »first use«, nukleare Eskalation und «massive Vergeltung«.

Es ist offensichtlich, daß ein solches Verständnis von militärischer Stabilität (besser ausgedrückt: der Voraussetzungen für Stabilität) mit Defensiver Abhaltung und Struktureller Angriffsunfähigkeit unvereinbar ist: Defensive Abhaltung will *defensive* Strategische Stabilität gerade unter Verzicht auf offensive Komponenten. Strukturelle Angriffsunfähigkeit meint die Äquivalenz defensiver *konventioneller* Fähigkeiten und Optionen gerade ohne Rückgriff auf offensive konventionelle oder nukleare Mittel. Und Strategische Stabilität schließlich definiert sich im Rahmen Gemeinsamer Sicherheit zwar immer noch als »kalkuliert untragbares Risiko«, resultiert aber aus dem untrag-

---

22 Der Begriff des »unkalkulierbaren Risikos« wird noch immer offiziell gebraucht – vgl. z.B.: Weißbuch 1985, Zur Lage und Entwicklung der Bundeswehr. Im Auftrage der Bundesregierung herausgegeben vom Bundesminister der Verteidigung, o.O., o.J. (Bonn 1985), S.73.
23 Vgl. zum Begriff der »Strategischen Stabilität« auch den gleichnamigen Beitrag von Andreas Pott in: Lutz, Dieter S. (Hrsg.), a.a.O. (Anm.1), S.294-297.
24 Zu diesem Begriff vgl.: Lutz, Dieter S., a.a.O.(Anm.19), S.59 ff.
25 Das Komplementärprinzip würde verlangen, daß unter Berücksichtigung gegebener Disparitäten die »Äquivalenz« vorhandener oder zukünftiger Fähigkeiten und alternativer Optionen gegeben sein muß, um im Einzelfall (Szenario) eine benötigte Anzahl an Militär und spezifischen Waffensystemen mit der geeigneten Intensität an einen bestimmten Ort rechtzeitig einsetzen zu können.

bar hohen »Eintritts- und Aufenthaltspreis«, den ein Aggressor auf dem Boden des Verteidigers zu zahlen hätte (vgl. auch Abschn. 3.4.). M.a.W.: Strategische Stabilität im Rahmen Defensiver Abhaltung und Struktureller Angriffsunfähigkeit ist *Defensive Strategische Stabilität*, oder waffenspezifisch konkret ausgedrückt: *Konventionelle Stabilität*. Als Äquivalenz an Fähigkeiten und Optionen verlangt sie *Verteidigerüberlegenheit* (siehe bereits auch Abschn. 4.1.2.).

4.1.3.3. Rüstungswettlaufstabilität, Krisenstabilität, Defensivsiegstabilität

Was Konventionelle Stabilität und Verteidigerüberlegenheit beinhalten, wird deutlich, wenn wir eine weitere Systematisierung vornehmen: die Einteilung bzw. Unterscheidung nach Stabilitätsproblemen im *Frieden,* in der *Krise* und im *Ernstfall.*

Zu den Kennzeichen des *derzeitigen* Abschreckungs-*»Friedens«* gehört der Rüstungswettlauf zwischen Ost und West. In der Konsequenz der Eigenschaften und Merkmale des nuklearen Abschreckungssystems liegt es ferner, daß schon bisher die Versuchung, in irgendeiner Phase der ständigen Auf- und Umrüstung sowie der wechselnden Kräfteverhältnisse und -vorteile zum präemptiven bzw. präventiven Krieg zu schreiten, sowohl für den stärkeren (und in Zukunft vielleicht wieder schwächeren) als auch für den schwächer (und in absehbarer Zeit womöglich noch schwächeren) der Kontrahenten ein ernstes Problem war und ist.

Beide Gegner sehen die zielstrebigen Aufrüstungsbemühungen des anderen, beide wissen nicht, ob die Bemühungen nicht bereits als konkrete Kriegsvorbereitungsmaßnahmen gedacht sind bzw. zu einem Kräfteverhältnis führen, das die andere Seite zum indirekten Einsatz ihrer Streitkräfte anreizt. Auch ohne eigene Absichten werden beide Parteien also permanent glauben, vom »worst case«, d.h. vom »schlimmsten Fall« ausgehen zu müssen und ständig mit dem Gedanken des vorbeugenden Krieges spielen. Zumindest aber werden sie eine neue Runde des Rüstungswettlaufes einläuten.

Daß diese Erkenntnis nicht völlig neu ist und auch nicht nur auf Streitkräfte und Rüstung des Nuklearzeitalters zutrifft, können zwei Zitate illustrieren. Bereits 1748 bemerkte der große Denker der Aufklärung Montesquieu:

> »Sobald ein Staat seine Streitkräfte vergrößert, vermehren die anderen sofort auch die ihren, sodaß man dadurch nichts gewinnt, als den allgemeinen wirtschaftlichen Ruin.«[26]

---

26 Montesquieu, Charles de Secondat, Baron de la Brède et de, L'esprit des lois, 1748.

Und auch die berühmte Abrüstungsempfehlung Immanuel Kants enthielt bereits 1795 ähnliche, ja sogar noch grundlegendere Aussagen:

»Stehende Heere (miles perpetuus) sollen mit der Zeit ganz aufhören. Denn sie bedrohen andere Staaten unaufhörlich mit Krieg, durch die Bereitschaft, immer dazu gerüstet zu erscheinen; reizen diese an, sich einander in Menge der Gerüsteten, die keine Grenzen kennt, zu übertreffen, und, indem durch die darauf verwandten Kosten der Friede endlich noch drückender wird als ein kurzer Krieg, so sind sie selbst Ursache von Angriffsfkriegen, um diese Last loszuwerden.«[27]

Soll dieser Teufelskreis der Rüstung, Gegen-Rüstung und Gegen-Gegen-Rüstung nicht erst als Krieg, sondern bereits im Frieden durchbrochen werden, so muß militärische Stabilität als *Rüstungswettlaufstabilität* im Frieden verstanden werden.[28] Dies ist mit Blick auf Defensive Abhaltung und Strukturelle Angriffsunfähigkeit nicht nur wegen der Abrüstungsorientierung Gemeinsamer Sicherheit zu betonen, sondern auch deshalb, weil nach der Logik des Abschreckungssystems selbst reine Defensivsysteme bei Fortbestand der bisherigen Offensivkapazitäten automatisch destabilisierend wirken; aus der Sicht des Gegners sind sie letztlich nichts anderes als die qualitative Perfektionierung des feindlichen Drohpotentials.

Die Stabilitätsorientierung Defensiver Abhaltung verlangt deshalb von der Einführungsphase Struktureller Angriffsunfähigkeit im besonderen Maße die Beachtung der Rüstungswettlaufstabilität. Letztere ist erreicht, wenn (im Idealfall) beidseitige Vereinbarungen zum Abbruch des offensiven Rüstungswettlaufs sowie zur nuklearen Abrüstung und defensiven Umrüstung führen. Ist Beidseitigkeit nicht zu erreichen, so sind Umrüstungsmaßnahmen hin zur Strukturellen Angriffsunfähigkeit auch unilateral und autonom möglich (zur Autonomie-Option vgl. auch Abschn. 4.1.6.), wenn die mißverständliche, destabilisierende und zu Präemptionsmaßnahmen reizende »Vermischung« von Offensiv- und Defensivkapazitäten vermieden wird. D. h. jede einseitige Verbesserung der Verteidigungsfähigkeit muß mit einer erkennbaren Verringerung der Angriffsfähigkeit einhergehen. Das Ziel Konventionelle Stabilität auf der Basis von Verteidigerüberlegenheit ist nur denkbar *ohne* Offensivfähigkeit.

---

27 Kant, Immanuel, Zum ewigen Frieden, hier zit. nach Reclam-Ausgabe, Stuttgart 1971, S. 17-18.
28 Zur Rüstungswettlaufstabilität vgl. auch: Ganser, Helmut W., Tagungsprotokoll der 2. Anhörung am IFSH vom 2./3. Juli 1987 (hektogr.).

Was im Frieden zutrifft, besitzt erst recht Gültigkeit im *Krisenfall:* Die Versuchung, in Krisenzeiten zu Mobilisierungen sowie zu Präventiv- oder Präemptivmaßnahmen zu greifen, wächst mit der Größe des eventuellen Angreifer-Bonus und des »erwarteten« gegnerischen Verhaltens bzw. läßt nach mit der Optimierung der »Erwartungsstabilität«. Signalisiert der »worst case« eine hohe Offensivkapazität des Gegners (sei es konventionelle Invasionsfähigkeit, sei es nukleare Zerstörungs- oder gar Erstschlagsfähigkeit) bei einer geringen Vorwarnzeit (»Blitzkrieg«, Raketenflugzeit) und beinhaltet der Angreifer-Bonus eine hohe Prämie für den militärischen Ersteinsatz gegen große Ziele des Gegners, so kann von Krisenstabilität[29] auf Dauer nicht gesprochen werden. Konventionelle Stabilität verlangt deshalb den Verzicht auf alle zur Prävention oder Präemption[30] in der Krise reizenden Offensivkräfte sowie eine Verteidigungsstruktur, die weder zu einem Mobilisierungswettlauf[31] führt noch dem Gegner selbst große (und damit einen Präemptivschlag lohnend scheinende) Ziele bietet.

Bleibt als drittes schließlich die Betrachtung der Stabilitätsprobleme im Ernstfall, d.h. der *Stabilitätswiederherstellung* im Krieg: Anliegen bereits der »flexible response« im Rahmen der Abschreckung war und ist es – zumindest in der Theorie –, den Kriegsverlauf nicht unbedacht und unangemessen eskalieren zu lassen und das Kriegsgeschehen auf einer möglichst niedrigen Eskalationsstufe wieder »einfangen« zu können. In der Realität des Ernstfalles, d.h. aus der Perspektive des Kriegsgegners können, ja müssen Bewaffnung, Streitkräftestruktur sowie strategische und operative Fähigkeiten, wenn sie sowohl defensiv als auch offensiv auslegbar sind, allerdings eskalierende und destabilisierende Wirkung zeigen:

- Sind Nuklearwaffen zur Kompensation konventioneller Schwäche vorgesehen und ist auch der Ersteinsatz (first use) ausdrücklich nicht ausgeschlossen, so ist mit dem konventionellen Angriff – von welcher Seite auch immer – der Nuklearkrieg automatisch in Kauf genommen.

---

29 Zur Krisenstabilität vgl. z.B.: Müller, Albrecht von, in: Vierteljahresschrift für Sicherheit und Frieden (S+F), (Heft 1) 1987, S.60; ders., a.a.O. (Anm.12), S.441 ff; Huber, Reiner K., über strukturelle Voraussetzungen für Krisenstabilität in Europa ohne Kernwaffen: Eine systemanalytische Betrachtung, in: OR Spektrum 9/1987, S.1-12.
30 Faktoren der Bewertung sind z.B. hohe Treffgenauigkeit, kurze Vorwarnzeit, große Reichweite.
31 Z.B. sollen derzeit die schnell verlegbaren Reserve- und Verstärkungskräfte aus den USA bei gleichzeitiger Halbierung der Überführungszeit im Gegensatz zu früher nicht erst im Kriegsfall, sondern schon in der Krise nach Westeuropa eingeflogen werden. Das Risiko eines Mobilisierungswettlaufes ist damit auf die Krise vorverlagert.

- Sind Waffensysteme dual-fähig (dual-capable), d.h. sowohl für den konventionellen als auch für den nuklearen Einsatz verwendbar, wird ihre Mobilisierung stets als Vorbereitung/ Beginn nuklearer Kriegführung gewertet werden – mit der Folge entsprechender »Reaktionen«.

- Sind Kapazitäten und Fähigkeiten zum »deep strike« gegen rückwärtige Ziele in der Tiefe des gegnerischen Raumes vorhanden (2. und 3. Staffeln, Kommandozentralen, Verkehrsknotenpunkte, Flugplätze, Raketenstellungen etc.), so verlangt die »Un-Logik« des Kriegsgeschehens nicht die vorbedachte Eskalation Stufe um Stufe, sondern gerade das präemptive Überspringen von Zwischenstufen auf beiden Seiten.

- Sind Gegeninvasion und Okkupation – und sei es nur teilweise – bei Scheitern des Angriffs zu befürchten, so ist ein Rückzug des Aggressors, d.h. das »Einfangen« des Krieges auf möglichst niedrigem Niveau, kaum zu erwarten. Der Aggressor wird sich vielmehr gezwungen sehen, den einmal begonnenen Angriff bis zum Sieg oder bis zur totalen Niederlage »auszufechten«.

- Sind Vergeltungsaktionen, d.h. Rachemaßnahmen gegen die Zivilbevölkerung mit Massenvernichtungsmitteln, die Reaktion auf Kriegsschäden durch das sog. Schlachtfeld, so ist die gegenseitige totale Vernichtung kaum weniger wahrscheinlich als der Abbruch des Krieges.

In der Konsequenz dieser und ähnlicher Überlegungen liegt es, eine Verteidigungsstruktur zu fordern, die auch im Kriegsfall Abwehrfähigkeit mit Stabilitätsorientierung verbindet. Sie ist *erreicht,* wenn eine konventionelle Verteidigerüberlegenheit mit Defensivsiegoption den Rückgriff auf Nuklearwaffen erübrigt und Offensivschwächen nicht nur zuläßt, sondern als Strukturelle Angriffsunfähigkeit stabilitätsfördernd nutzt. Sie ist im Sinne Defensiver Abhaltung *optimiert,* wenn die Defensivsiegoption gegenüber der Offensivsiegoption die Oberhand gewinnt – nicht weil die defensive Abwehrstärke des Verteidigers »gewinnt«, sondern weil die beidseitige Offensivschwäche beidseitige (Strukturelle) Angriffsunfähigkeit garantiert[32] (vgl. auch bereits Abschn. 4.1.2.).

---

32 Vgl. ähnliche Gedankengänge auch bei Müller, Erwin, Überlegungen zum Problemfeld »Konventionelle Stabilität«, (hektogr. Manuskript), S.8.

4.1.4. Die Abhaltefunktion

Wie in den vorangegangenen Abschn. 4.1.1 und 4.1.3 bereits ausgeführt, soll StrUnA über ihre Bedrohungsvermeidungsfunktion und ihre Stabilitätsorientierung der Kriegsverhütung dienen. Auch die in Abschn. 4.1.2 beschriebene Verteidigungs- und Abwehrfunktion bzw. die im Rahmen der Analyse dieses Definitionskriteriums geforderte Verteidigerüberlegenheit und Defensivsiegoption haben lediglich *sekundär* Kriegsführungsfunktion; final betrachtet, soll die (potentielle) Kriegsführungsfähigkeit – wenn auch vermittelt, so doch *vorrangig* – der Abhaltung, d.h. der Kriegsverhütung, nicht aber der Kriegsführung dienen. Kurz: Strukturelle Angriffsunfähigkeit will die militärische Abhaltung, besitzt Abhaltefunktion.

In Kapitel 3 ist bereits ausführlich beschrieben worden, was Abhaltung heißt; ferner ist hervorgehoben worden, daß Gemeinsame Sicherheit mit der Strategie Defensiver Abhaltung (vgl. Abschn. 3.4.) auf der Basis Struktureller Angriffsunfähigkeit die Ablösung[33] der Abschreckung (vgl. Abschn. 3.2.) anstrebt. Im vorliegenden Zusammenhang genügt es deshalb, nur noch einmal den Hauptgedankengang zusammenzufassen:

- Abschreckung meint Kriegsverhütung durch das *unkalkulierbare Risiko* auf der Basis eines *Gleichgewichts* von (letztlich) Mord und Selbstmord.

- Abhaltung über Strukturelle Angriffsunfähigkeit im Rahmen Gemeinsamer Sicherheit dagegen meint Kriegsverhütung durch den *kalkuliert untragbaren Eintritts- und Aufenthaltspreis* auf der Basis der *Verteidigerüberlegenheit* des Angegriffenen auf eigenem Territorium.

Der untragbare »Preis«, den ein Aggressor auf dem Territorium des Verteidigers im Rahmen einer Strategie der Abhaltung und der Strukturellen Angriffsunfähigkeit zahlen müßte, geht über den »bloßen« Verlust von Streit-

---

33 Festgehalten werden muß nochmals, daß es sich bei der »Ablösung« bzw. bei der Unterscheidung von Abschreckung und Abhaltung nicht nur um ein semantisches oder terminologisches Problem handelt – insofern irrig oder zumindest mißverständlich: Müller, Albrecht von, in: Vierteljahresschrift für Sicherheit und Frieden (S+F), (Heft 1) 1987, S.62: »Der Streit um den Begriff der »Abschreckung« scheint mir in hohem Maße irrelevant« – vgl. aber auch von Müllers, ebda. nachfolgende Erläuterungen; zutreffend dagegen: Kozak, Heinz, in: ebda. S.46: »Abhaltung setzt ein grundsätzlich anderes Denkschema als Abschreckung voraus. Die Botschaft der Abschreckung lautet: Wenn Du angreifst, wirst Du vernichtet! Die Botschaft der Abhaltung ist: Wenn Du angreifst, kannst Du Dein Ziel nicht erreichen.«

kräften und Waffen weit hinaus[34] (auch deshalb sind »Strafaktionen« auf dem Boden des Aggressors nicht erforderlich). In den Worten des Berichts des Bundesrates an die Bundesversammlung vom 27. Juni 1973 über die Sicherheitspolitik der Schweiz besteht der Eintritts- und Aufenthaltspreis für den Angreifer bzw. das Risiko, das ihm durch Abhaltung vor Augen geführt werden muß,

> »im *Verlust* von Prestige, Streitkräften, Kriegspotential und Zeit sowie in der *Beinträchtigung* seiner ideologischen, machtpolitischen und wirtschaftlichen Interessen.«[35]

Was aber, wenn die Abhaltefunktion von StrUnA trotz untragbaren Risikos nicht greift?[36] Um diese Frage zu beantworten, will ich eine in den bisherigen Ausführungen (ebenfalls) längst überfällige Unterscheidung treffen: Abhaltung ist sowohl Strategie als auch Funktion. Im ersten Fall »Kriegsverhütungsstrategie«; im zweiten Fall Kriegsführungs*fähigkeits*funktion.
In Abschn. 3.4 hatte ich der Abhaltestrategie die Bezeichnung »Defensive Abhaltung« (DA) gegeben. Analog zu der mit ähnlichen methodischen Problemen belasteten StrUnA-Definition will ich nunmehr die Kriegsführungsfähigkeitsfunktion mit »Abhaltung als Funktion« (Abhaltung a.F.) kennzeichnen.[37]
Die Unterscheidung zwischen Abhaltung im Sinne von DA einerseits und Abhaltung als Funktion (a.F.) andererseits ist deshalb zu betonen – und damit kehre ich zur Frage nach dem Scheitern der Abhaltung zurück –, weil sich aus der Differenzierung die weiteren Funktionen und Definitionskriterien von StrUnA ergeben:

---

34 Die »Weite«, wie sie auch im nachfolgenden Zitat durch »Prestige«, »Interessen«, »Ideologie« usw. gekennzeichnet wird, müßte im Rahmen einer Untersuchung »Gemeinsamen Friedens« (GF) nochmals diskutiert werden. Gleiches gilt auch für Fragen und Aussagen, die im Zusammenhang mit Abhaltung aufgeworfen bzw. gemacht werden können, wie z.B. »Verzicht auf Einflußzone außerhalb des eigenen Territoriums« – vgl.: Nolte, Wilhelm, in: Vierteljahresschrift für Sicherheit und Frieden (S+F), (Heft 1) 1987, S.68; oder wie: »Teilbarkeit des Friedens« und »Regionalisierung von Sicherheit und Abhaltung« – vgl.: Buro, Andreas, in: ebda. S.20.
35 Hier zitiert nach: Stahel, Albert A., Simulationen sicherheitspolitischer Prozesse anhand von Beispielen und Problemen der schweizerischen Sicherheitspolitik, Zürcher Beiträge zur Politischen Wissenschaft, Bd.2, Frauenfeld 1980, S.310.
36 In der Realität ist – solange Streitkräfte und Waffen existieren – das Scheitern der Abhaltung nie gänzlich auszuschließen. Umgekehrt spricht es für die Glaubwürdigkeit des theoretischen Gedankengebäudes, wenn das Scheitern in das Kalkül miteinbezogen und entsprechende Vorsorge getragen wird.
37 Vgl. bereits das ähnliche Problem mit StrUnA als Strategie und StrUnA als Funktion (a.F.) in Abschn.4.1.2.

- Neben (oder besser: unterhalb) der DA-Strategie-Ebene steht StrUnA als Strategie (vgl. auch Schaubilder Nr. 2 und 4). M.a.W.: Scheitert Defensive Abhaltung als Strategie der Kriegsverhütung, so tritt an ihre Stelle StrUnA als Kriegsführungsstrategie.
- Neben der Abhaltung a.F. im Rahmen der StrUnA-Strategie steht dagegen *nicht nur* die bereits in Abschn. 4.1.2 angeführte Verteidigungs- und Abwehrfunktion. M.a.W.: Greift die Abhaltefunktion von StrUnA trotz untragbaren Schadens nicht (s.o.), so wird sie nicht nur durch eine einzige andere Funktion ersetzt.[38] Vielmehr treten an ihre Stelle mehrere unterschiedliche Funktionen (vgl. Schaubild Nr. 3), die es zu berücksichtigen, zu koordinieren und zu optimieren gilt (insbes. Abwehr/Verteidigung, Bedrohungsvermeidung/Eskalationsvermeidung, Schutz/Schadensminderung).

An prominenter Stelle innerhalb der Bandbreite der StrUnA-Funktionen steht neben der Abhaltung a.F. die Schadensminimierungs- und Schutzfunktion. Sie soll im folgenden Abschn. 4.1.5 behandelt werden. Die Frage der Optimierung der Funktionen wird dann in Abschn. 4.1.8 als eines der Kriterien des Anti-Effizienz-Effektes von StrUnA diskutiert.

4.1.5. Die Schadensminimierungs- bzw. Schutzfunktion

Wie im vorangegangenen Abschn. 4.1.4 nochmals hervorgehoben, muß auch im Rahmen Defensiver Abhaltung das Angreifer-Risiko kalkuliert untragbar groß sein, sollen Abhaltung und Verteidigung effizient funktionieren. Was abhalten soll, darf im Frieden jedoch nicht zu einem Rüstungswettlauf führen, soll in Krisenzeiten keinesfalls zum Angriff reizen und muß im Ernstfall die Möglichkeit zur Deeskalation bzw. zum »Einfangen« des Krieges lassen und fördern (vgl. dazu bereits Abschn. 4.1.3.3). Was *verteidigt* werden soll, darf ferner im Ernstfall gerade nicht durch die Verteidigung zerstört werden. Verteidigungsvorbereitungen und Verteidigungsmaßnahmen im Rahmen Defensiver Abhaltung und Struktureller Angriffsunfähigkeit sind kein Selbstzweck. Berücksichtigt werden muß vielmehr stets ihre Schadensminimierungs- und Schutzfunktion. (Im System Gemeinsamer Sicherheit gilt diese Aussage übrigens für alle Betroffenen, also auch für das gegnerische Territo-

---

38 Diese methodisch bestimmte Aussage verkennt nicht, daß natürlich die verschiedenen Funktionen innerhalb von StrUnA i.e.S. auch die Beziehung und die Wechselwirkung zwischen den Strategien beeinflussen.

rium und die gegnerische Zivilbevölkerung – auch aus diesem Grund sind Abschreckung und Massenvernichtung mit StrUnA nicht vereinbar.) Ob allerdings Schutz und Schadensminimierung im Kriegsfall für hochindustrialisierte Staaten wie die Bundesrepublik noch »funktionieren«, ist mehr als fraglich. Bereits 1970 ist die sog. Weizsäckerstudie »Kriegsfolgen und Kriegsverhütung«[39] dem Problem der Lebensfähigkeit von Industriegesellschaften unter Kriegseinwirkung in all seinen Verästelungen nachgegangen. Für die Bundesrepublik kam die umfangreiche Untersuchung mit Blick auf die vorherrschende Strategie und die gegebenen Streitkräfte und Waffen insbes. zu zwei wichtigen Ergebnissen:

Erstens: Die Bundesrepublik ist mit konventionellen Waffen nicht zu verteidigen.

Zweitens: Der Einsatz nuklearer Waffen in der Absicht der Verteidigung der Bundesrepublik würde zur nuklearen Selbstvernichtung führen.[40]

Mittlerweile liegt eine ganze Reihe von weiteren Untersuchungen und Berichten vor – u.a. auch von den Vereinten Nationen[41] und vom Office of Technology Assessment des US-Kongresses[42] –, welche die angeführten Ergebnisse der Weizsäckerstudie bestätigen.[43] Sind diese Untersuchungen auch vorrangig auf Nuklearwaffeneinsätze und deren Folgen ausgerichtet, so darf daraus doch nicht der Trugschluß einer minderen oder gar akzeptablen Verletzbarkeit der Industriegesellschaften mit Blick auf konventionelle Kriege gezogen werden. Äußerungen,[44] u.a. auch von Soldaten wie dem derzeitigen Leiter des Amtes für Studien und Übungen der Bundeswehr, Flottillenadmiral Schmähling,[45] sind deshalb uneingeschränkt zu folgen, wenn sie hervorheben:

---

39 Weizsäcker, Carl Friedrich von, (Hrsg.), Kriegsfolgen und Kriegsverhütung, München 1970.
40 Vgl. die Kurzfassung der Weizsäcker-Studie: Afheldt, Horst, u.a., Durch Kriegsverhütung zum Krieg, München 1972, S.9.
41 United Nations, Comprehensive Study on Nuclear Weapons, New York 1981; deutsch: Die UNO-Studie: Kernwaffen, München 1982.
42 OTA, Kongreß der Vereinigten Staaten, Atomkriegsfolgen, Baden-Baden 1983.
43 Vgl. auch: Sonntag, Phillipp, Verhinderung und Linderung atomarer Katastrophen, Bonn 1981; Die Überlebenden werden die Toten beneiden, Ärzte warnen vor dem Atomkrieg, Köln 1982; Lutz, Dieter S. (Hrsg.), Kein Überleben ohne Frieden, Frankfurt a.M. 1982.
44 Vgl. z.B. die jüngste Studie von: Sastry, M. Anjali/Romm, Joseph J./Tsipis, Kosta, Nuclear Crash. The U.S. Economy after small Nuclear Attacks, Cambridge, MA, June 1987.
45 Vgl. Schmähling, Elmar, a.a.O. (Anm. 34), S. 75 f.

»Die aus der Erfahrung früherer Kriege übernommenen Vorstellungen über Waffenwirkung und Zerstörung sind für einen künftigen Krieg zwischen hochtechnisierten Staaten, selbst ohne den Einsatz von Massenvernichtungswaffen, unangemessen. Moderne, von verwundbarer Technik und empfindlicher Infrastruktur abhängige Industriegesellschaften können unter Kriegseinwirkung nicht weiter funktionieren...

Bei Angriff auf militärisch wichtige Ziele im Hinterland ist wegen ihrer räumlichen Verflechtung eine Mitleidenschaft der Bevölkerung und der zivilen Infrastruktur überhaupt nicht zu vermeiden. Dazu kommt: Unsere zivilen Bauwerke, Anlagen und Einrichtungen sind gegen Kriegseinwirkung oder Sabotage nicht geschützt.

Die Abhängigkeit der Industrie und Privathaushalte von elektrischer Energie als Beispiel macht unser System extrem verwundbar. Ein Zusammenbruch der Energieversorgung wäre allein schon eine Katastrophe.«[46]

Als Schlußfolgerung aus dieser tiefgreifenden Verletzbarkeit moderner Industriegesellschaften auf die Schadensminimierungs- und Schutzfunktion militärischer Verteidigung zu verzichten und zukünftig gar Verteidigungsvorbereitungen und gegebenenfalls -maßnahmen im Sinne von Durchschlagseffizienz ohne Rücksicht auf Verluste und Folgen zu betreiben (vgl. dazu auch noch den Anti-Effizienz-Effekt in Abschn. 4.1.8.), wäre allerdings irrational und widersinnig. Schon eher rational wäre dagegen die umgekehrte Konsequenz: der Verzicht auf Verteidigung mit militärischen Mitteln, sei es insgesamt, sei es in Teilen. Zu Recht[47] betonte deshalb auch Generalmajor a.D.

---

46 Schmähling, Elmar, Die Neue Dimension, hektogr. Manuskript, Bensberg, 12.2.1987, S.15 f; Schmähling fährt mit Blick insbes. auf den Zivilschutz fort: »Hiermit berühre ich das traurige Kapitel ›Zivilverteidigung und Zivilschutz‹, ein Musterbeispiel für Untätigkeit aus falscher politischer Rücksichtnahme. Versäumnisse bis heute bewirken, daß Staat und Volk im Falle eines Krieges unvorbereitet und ungeschützt sind. In stiller Eintracht haben Politiker und Bevölkerung diese Fragen bisher verdrängt. Dabei sind Maßnahmen des Zivilschutzes nach Dr. Schmidt, Präsident der Akademie für zivile Verteidigung, diejenigen der zivilen Verteidigung, die sich gegenüber dem einzelnen Menschen im Kriege am unmittelbarsten, vielseitigsten und schicksalhaftesten auswirken würden. ›Sie sind das Herzstück der Verteidigung schlechthin; denn welchen Sinn hätte selbst eine erfolgreiche militärische Verteidigung, wenn sie nicht das Überleben der Zivilbevölkerung, insgesamt gesehen, sichern könnte?‹ Zahlen sprechen für sich: ›Der Etat der zivilen Verteidigung verhält sich zu dem der militärischen gegenwärtig 1:59 (die NATO hielt einmal eine Relation von 1:20 für angemessen)‹.«
47 Zu Recht auch im Sinne des Grundgesetzes – vgl. zur Verteidigungs-und Schutzfunktion unter verfassungsrechtlichen Aspekten: Lutz, Dieter S., Grundgesetz und Gemeinsame Sicherheit, in: Hamburger Beiträge zur Friedensforschung und Sicherheitspolitik (Heft 13) 1987, insbes. S.18-22.

Löser im Rahmen der bereits erwähnten Anhörung des IFSH im Dezember 1986 mit Blick auf die Optimierungsproblematik aus der Konkurrenz der Kriterien Effizienz, Schutz und Defensivorientierung:

»Dem Schutz der Menschen ist *Vorrang* vor allen anderen Kriterien, *sogar auf Kosten strategischer Bedenken* einzuräumen.«[48] (Hervorheb.-DSL)

Die Frage, die sich stellt, ist also nicht, ob die Schutzfunktion militärischer Verteidigung zugunsten ihrer (falsch verstandenen) Effizienz beschränkt oder sogar aufgegeben werden kann und soll. Gelöst werden muß vielmehr – solange Sicherheitspolitik auf der Basis militärischer Mittel für erforderlich gehalten wird – das Problem, wie bei Aufrechterhaltung (und gegebenenfalls sogar Optimierung) der Schutzfunktion von Verteidigung einerseits und trotz der unbezweifelbaren Verletzbarkeit moderner Industriegesellschaften andererseits militärische Abhaltung und Verteidigung effizient organisiert werden können.

Strukturelle Angriffsunfähigkeit versteht sich als (Versuch der) Lösung eben dieses Problems, sei es durch den Verzicht auf den Einsatz von Nuklearwaffen, sei es durch den Aufbau einer Verteidigungsstruktur, die keine lohnenden Ziele für flächendeckende oder hochexplosive Waffen bietet, sei es durch begleitende Maßnahmen wie die Inanspruchnahme des Völkerrechts, die Organisation von Zivilschutz, die Härtung der industriellen Strukturen und vieles mehr.

Die durchgreifende Optimierung der Schutzfunktion im Rahmen von StrUnA ergibt sich jedoch nicht aus Waffen-Umrüstung, Zivilschutz und ähnlichem allein. Sie resultiert vielmehr – trotz der Autonomie-Option von StrUnA (dazu noch Abschn. 4.1.8.) – aus der *Beidseitigkeit* von StrUnA. Diese ist die wirkliche materielle Forderung, die es neben den entsprechenden militärischen Konsequenzen zu erfüllen gilt: Anders als beim Gleichgewicht der beidseitigen Abschreckung läßt die beidseitige Verteidigerüberlegenheit im Rahmen von Defensiver Abhaltung und Struktureller Angriffsunfähigkeit einen Angriff rein faktisch auf keiner der beiden Seiten mehr zu. Es fehlen die im Abschreckungssystem trotz vorgeblichen Gleichgewichts auf beiden Seiten noch vorhandenen Angriffs- und Zerstörungspotentiale. M.a.W.: In dem Maße, in dem es StrUnA gelingt, auf beiden Seiten die Angriffsfähigkeit zu reduzieren, verwirklicht sich – trotz (zunehmender) militärischer Effizienz,

---

48 Löser, Jochen, in: Vierteljahresschrift für Sicherheit und Frieden (S+F), (Heft 1) 1987, S.59.

sprich: Verteidigerüberlegenheit beider Seiten – auf eben beiden Seiten auch die Schadensminimierungs-und Schutzfunktion (vgl. auch Schaubild Nr. 7).

Dieter S. Lutz

Schaubild Nr. 7: Zur Korrespondenz von Angriffs(un)fähigkeit, militärischer Effizienz und Schutz bzw. Schadensminimierung

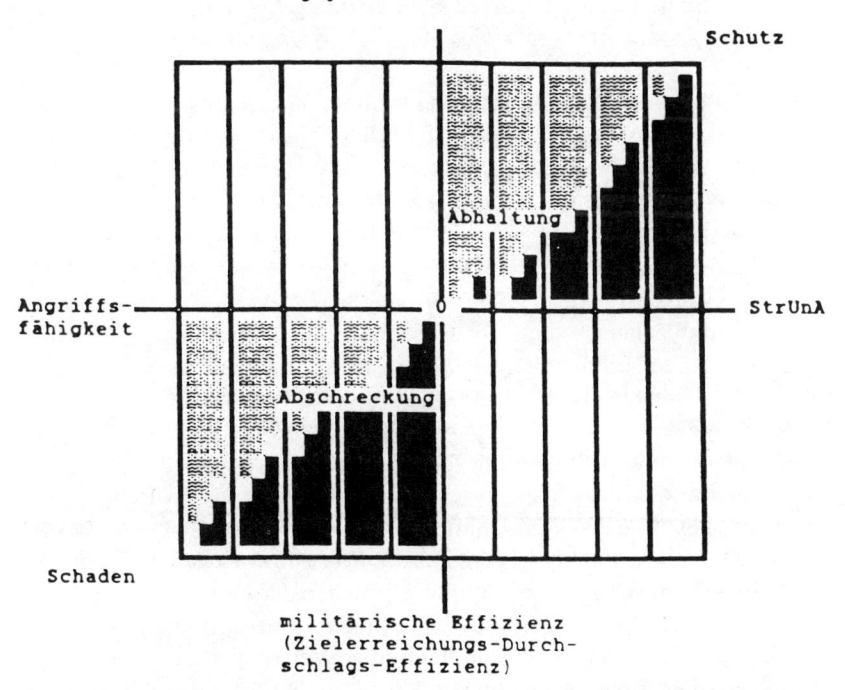

Anmerkung: Das Schaubild dient lediglich der Illustration. Es erhebt keinen Anspruch auf mathematische Beweiskraft.

4.1.6. Die Autonomie-Option

Wie im vorangegangenen Abschn. 4.1.5 gesehen, wird die Schadensminimierungs-und Schutzfunktion Struktureller Angriffsunfähigkeit optimal über die *Beidseitigkeit* von StrUnA erfüllt. Sind mit diesem Ergebnis *einseitige* Maßnahmen und Schritte ausgeschlossen? Strukturelle Angriffsunfähigkeit im Rahmen Gemeinsamer Sicherheit will Bedrohungsvermeidung und Stabilität auf beiden Seiten für beide Seiten, d.h. die *gemeinsame* Bewältigung der Gefahren für Frieden und Sicherheit durch die Betroffenen. *Einseitige* Maßnahmen müssen deshalb – zumindest auf den ersten Blick – als mit Gemeinsamer Sicherheit (und damit auch mit StrUnA) unvereinbar, als eine contradictio in adjecto erscheinen.

Gleichwohl wird die Forderung nach »einseitigen«, »unilateralen«, »selbständigen« oder »autonomen« Schritten immer wieder erhoben. So heißt es z.B. bereits im Bericht der Arbeitsgruppe »Neue Strategien« beim SPD-Parteivorstand von 1983 mit Blick auf »einseitige Abrüstungsschritte«:

> »Innerhalb einer insgesamt als stabil wahrgenommenen strategischen Situation kann man partielle Über- und Unterlegenheiten hinnehmen, solange sich daraus einseitig keine neuen militärischen Handlungsmöglichkeiten ergeben. *Einseitige Abrüstungsschritte,* zeitig und regional (sektoral) begrenzt, können, soweit sie die Verteidigungsfähigkeit nicht gefährden, die dazu notwendigen Verhandlungen und Vereinbarungen fördern.«[49] (Hervorheb.-DSL)

Daß diese Aussage in ähnlicher Form auch und gerade für Strukturelle Angriffsunfähigkeit gilt, betonen die Anhänger und Vertreter der StrUnA-Idee immer wieder. Z.B. Albrecht von Müller:

> »Der Vorteil des Konzepts der Strukturellen Nichtangriffsfähigkeit ist, daß eine Seite mit der Spezialisierung auf die Verteidigung beginnen kann, ohne daß dies unmittelbar Reziprozität fordert.«[50]

---

49 Bericht der Arbeitsgruppe »Neue Strategien« beim SPD-Parteivorstand, hier zit. nach: Vorwärts Nr.27 vom 30.Juni 1983, Dokumentation Extra, S.III; fast wortgleiche Formulierungen (jetzt »selbständige Schritte« genannt) finden sich auch im Leitantrag des Essener Parteitages 1984 – Antrag 259, Parteivorstand, Für eine neue Strategie des Bündnisses, in: Dokumente, SPD-Parteitag, 17.-21.Mai 1984, o.O.,o.J., 2.Seite sowie im Beschluß des Nürnberger Parteitages – vgl. (Anm.15), S.4.
50 von Müller, Albrecht A.C., in: Vierteljahresschrift für Sicherheit und Frieden (S+F), (Heft 1) 1987, S. 61.

Oder Horst Afheldt:

«Es ist der Vorteil der strukturellen Nichtangriffsfähigkeit, daß sie keine Beiderseitigkeit verlangt, da schon die einseitige Schaffung einer solchen »nichtangriffsfähigen effizienten Verteidigungsstruktur« die eigene Position ganz außerordentlich verbessert. Denn der Übergang zu einer Verteidigungsstruktur, die dem Gegner ersichtlich die Option eines politisch erfolgversprechenden konventionellen Angriffs nimmt, nimmt dem Gegner die einzige militärische Option, von der er sich vorstellen kann, daß sie den Status quo zu seinen Gunsten ändern könnte, ohne in den alles zerstörenden Kernwaffenkrieg zu führen.«[51]

Oder Norbert Hannig:

»Eine überlegene Verteidigung (für StruNA) bedarf keiner Beidseitigkeit. Wenn die Verteidigung dem Angriff berechenbar überlegen ist, die Verteidigungsstreitkräfte aus Mangel an offensiven Waffensystemen aber keine Angriffe fahren können, bedarf es keiner gegenseitigen Zustimmung zur Veränderung. Falls die WVO sich der Umrüstung nicht anschließen sollte, vergeudet sie weiterhin ihr Sozialprodukt für Rüstung und kommt politisch in Schwierigkeiten im Inneren wie in ihrer Weltpolitik.«[52]

Wie bereits die Zitate zeigen, resultiert die Möglichkeit, einseitige, autonome Schritte bei der Abrüstung und Umrüstung zu gehen (Autonomie-Option), aus der bereits in Abschn. 4.1.2. angeführten Verteidigungs- und Abwehrfunktion Struktureller Angriffsunfähigkeit. Nicht zufällig bringen deshalb die genannten und eine Reihe weiterer Autoren[53] die Frage der einseitigen Maßnahmen in eine logische Verknüpfung mit der »Effizienz« Struktureller Angriffsunfähigkeit. Gefordert bzw. vorausgesetzt werden »Unangreifbarkeit«, »Behauptungsfähigkeit«, »Verteidigungsfähigkeit«, »Verteidigerüberlegenheit« etc.[54]

---

51 Afheldt, Horst, in: ebda., S.6.
52 Hannig, Norbert, in: ebda., S.31.
53 Boeker, Egbert, in: ebda., S.10; Buro, Andreas, in: ebda., S.16; Dürr, Hans-Peter, in: ebda., S.22; Kozak, Heinz, in: ebda., S.44; Löser, Jochen, in: ebda., S.55; Nolte, Wilhelm, in: ebda., S.66; Schmähling, Elmar, in: ebda., S.74; Unterseher, Lutz, in: ebda., S.80; vgl. aber auch: Bülow, Andreas von/Funk, Helmut, in: ebda., S.14 f, die »einseitige Maßnahmen« als »Zwischenschritte« eines »beidseitigen« Ansatzes ansehen; vgl. ferner Huber, Reiner K., in: ebda., S.34, der von »Beidseitigkeit« ausgeht.
54 Vgl. ebda.

Die Vorteile bzw. die Notwendigkeit von Information und Transparenz, Absprachen und Dialog werden mit Blick auf die bereits auch in Abschn. 4.1.2.3 angeführte Krisenwettlaufstabilität gleichwohl gesehen:[55]

»Eine mögliche Umrüstung der NATO-Streitkräfte in Richtung auf eine raumgebundene Verteidigungsstruktur muß von einem Dialog in der NATO und mit dem Warschauer Pakt begleitet werden. Es muß nämlich vermieden werden, daß eine Umstrukturierung mit der Einführung neuer Systeme zur Verbesserung der Verteidigungsfähigkeit von der Warschauer Vertragsorganisation als Aufrüstung empfunden wird. Die Gefahr eines Anstoßes zu neuer Gegenrüstung darf nicht verkannt werden. Dabei muß es sich nicht um Vereinbarungen im Sinne von Rüstungskontrollabsprachen handeln. Es reicht wechselseitige Information und Vertrauensbildung durch Offenlegung der Absicht und Maßnahmen, die man durchführen will.«[56]

Was aber, wenn situationsbedingt weder ein Dialog möglich ist noch die vorgesehenen einseitigen Maßnahmen Effizienz im Sinne von »Verteidigerüberlegenheit« signalisieren? Was gar, wenn die jeweiligen Maßnahmen nicht effizienz-fördernd, auch nicht effizienz-neutral, sondern effizienz-mindernd scheinen? In Abschn. 4.1.8. werde ich diese Frage nochmals unter dem Vorzeichen eines möglichen Anti-Effizienz-Effektes Struktureller Angriffsunfähigkeit *inhaltlich* aufgreifen. Im vorliegenden Diskussionszusammenhang interessiert dagegen das eher *methodische* Problem, ob dieser Effekt – unterstellt er existiert – nur beidseitig bzw. mehrseitig und nur ausgehandelt bzw. vereinbart akzeptabel sein kann? Ist Einseitigkeit im konzeptionellen Rahmen Gemeinsamer Sicherheit also doch eine contradictio in adjecto? Diese Fragen zu bejahen hieße, gleich mehreren Denkfehlern zu unterliegen:[57] Zum einen ist es zwar plausibel, aus dem Ziel Struktureller Angriffsunfähigkeit im Rahmen Gemeinsamer Sicherheit auch die Methode zur Erlangung des Ziels abzuleiten. In der Mehrzahl der Fälle werden die Mittel und Wege zur Gemeinsamen Sicherheit deshalb auch gemeinsam eingesetzt bzw. beschritten werden müssen. Doch besitzt diese Ableitung – logisch gesehen – ebensowenig Ausschließlichkeitscharakter, wie umgekehrt nicht zwingend aus dem Charakter der Maßnahmen und Aktivitäten allein Rück-

---

55 Vgl. ebda. z.B. Buro, Dürr, Hannig, Schmähling, Nolte.
56 Schmähling, Elmar, ebda., S.74.
57 Zum folgenden bereits: Lutz, Dieter S., a.a.O. (Anm.2), S.61-63.

schlüsse auf das Ziel gezogen werden können: Einseitige Umrüstungsmaßnahmen z.B. haben nicht notwendigerweise auch die »einseitige Sicherheit« zum Ziel. Im Gegenteil ist im Rahmen des Unilateralismus und Gradualismus das Ziel die Erhöhung der Gemeinsamen Sicherheit – wenn auch evtl. unter Inkaufnahme kurzfristig höherer eigener Risiken. Nebenbei bemerkt: Die eigenen Aktivitäten werden, insbes. im Rahmen des Gradualismus, als »Vor-Leistungen« angesehen, die zu »Gegen-Leistungen« der anderen Seite anreizen sollen; es handelt sich also letztlich doch wieder um gemeinsame Leistungen, die beidseitig, wenngleich auch zeitlich versetzt, erbracht werden.
Zum anderen kann das Adjektiv »gemeinsam« mindestens drei Bedeutungen besitzen: die Gemeinsamkeit des Ziels, die Gemeinsamkeit der Aktivitäten, aber auch die Gemeinsamkeit der *Betroffenheit* von möglichen Gefährdungen und Destabilisierungen, d.h. von Unsicherheit. Eine Minderung der Sicherheit der anderen Seite gefährdet über ihre Rückwirkungen auf die Stabilität des Gesamtsystems auch die eigene Sicherheit. Die gemeinsame Betroffenheit verlangt deshalb »Bedrohungsvermeidung durch Selbstbeschränkung« im eigenen Interesse. Warum also sollte diese ohnehin erforderliche Selbstbeschränkung nicht gezielt als politische Strategie, d.h. als vertrauensbildende Vorleistung im Sinne von Initialzündungen für weitere gemeinsame Aktivitäten genutzt werden?
Ein dritter Punkt schließlich ist eng mit dem vorangegangenen verwandt, geht jedoch weit über das bisherige Gedankengebäude einseitiger Maßnahmen hinaus. Er betrifft den Denkfehler, daß im Rahmen Gemeinsamer Sicherheit (oder deutlicher ausgedrückt: unter Bedingungen, die Gemeinsame Sicherheit erforderlich machen) noch über Destabilisierungen, wie sie Angriffsfähigkeiten heute darstellen, Verhandlungen geführt werden könnten. Zur Verdeutlichung nochmals: Gemeinsame Sicherheit verlangt die Unterlassung all dessen, was die Sicherheit des anderen, und damit in seinen Rückwirkungen auf das Gesamtsystem wiederum die eigene Sicherheit beeinträchtigen würde. Gemeinsame Sicherheit verlangt deshalb vorrangig den Verzicht auf alles, was grundlegend destabilisierend wirkt. Diese Forderung nach Verzicht auf Destabilisierung bringt Gemeinsame Sicherheit aber in ein zweifaches Dilemma:

1. Der Verzicht auf destabilisierende Angriffsfähigkeiten kann zwar (wechselseitig) zugesagt, nicht aber (im Rahmen von Rüstungssteuerungsgesprächen) verhandelt werden. Denn Rüstungskontrollverhandlungen unterliegen der Gefahr des Scheiterns. In der Logik des Scheiterns der Verhandlungen liegt aber die Durchführung der Destabilisie-

rung, also eine Selbstgefährdung. D.h. auf destabilisierende Angriffsfähigkeiten muß einseitig verzichtet werden.
2. Destabilisierungen einer Seite können (logisch betrachtet) nicht durch destabilisierende Reaktionen der anderen Seite aufgehoben werden. Zur Illustration: Gemeinsame Sicherheit entspricht – bildhaft gesehen – einem Boot, in dem sich die Sicherheitspartner gemeinsam befinden. Schlägt eine Seite – aus welchen Gründen auch immer – ein Leck in dieses Boot, so kann es nicht durch ein zweites Leck kompensiert werden. Vielmehr ist es logisch und rational, wenn die andere Seite zumindest auf ein »eigenes Leck« *einseitig* verzichtet. (Das Boot sinkt zwar immer noch, aber langsamer. Die Chance, den letztendlichen Untergang zu verhindern, ist vergleichsweise größer).

Zu Recht betont deshalb selbst auch die politische Ziehmutter von StruNA, die SPD, in ihrem Nürnberger Beschluß:

»Strukturen und Bewaffnungen, die sich auf eine wirksame Verteidigung beschränken, bedeuten *kein Entgegenkommen* an die Warschauer Vertrags-Organisation, sondern Selbstschutz unseres Landes. Dieser Weg ist deshalb zunächst *nicht davon abhängig, daß die östliche Seite ihn sofort und zeitgleich mitgeht.*»[58](Hervorheb.-DSL)

Zusammenfassend kann somit zweierlei festgehalten werden: Zum einen *läßt* die *Logik* eine Umsetzung Struktureller Angriffsunfähigkeit im Rahmen Gemeinsamer Sicherheit auch einseitig zu; zum anderen kann die *Vernunft* - situationsbedingt – gerade nach einseitigen Schritten *verlangen*. Strukturelle Angriffsunfähigkeit ist also mit einseitiger Abrüstung und Umrüstung nicht nur vereinbar, sondern besitzt selbst sogar eine »Autonomie-Option«. Um Mißverständnisse zu vermeiden, sei abschließend zugleich betont, daß sich Autonomie-Option und Beidseitigkeit nicht ausschließen. Im Gegenteil: Die Optimierung von Angriffsunfähigkeit, Bedrohungsvermeidung und Stabilität liegt selbstverständlich in der Beid- bzw. Mehrseitigkeit.[59]

---

58 A.a.O. (Anm.15), S.4.
59 Nur in diesem Sinn kann Erwin Müller, a.a.O. (Anm.32) S.11 f, zugestimmt werden, wenn er sich für das Stabilitätsprinzip und gegen Einseitigkeit entscheidet. Gerade die Stärkung der Abwehrkraft in einem offensiven Sinne kann wieder zu Instabilität führen. Stabilität und StrUnA sind insofern keine Gegensätze.

4.1.7. Die Abrüstungsorientierung

In den vorangegangenen Abschn. 4.1.5 und 4.1.6 ist - unter methodischen Gesichtspunkten - der Komplex Abrüstung bereits mehrfach angesprochen worden. Inhaltlich besitzen - ähnlich der Abhaltung (vgl. Abschn. 4.1.4) und der Angriffsunfähigkeit (vgl. Abschn. 4.1.2) - auch die Fragen der Abrüstung (inkl. der Rüstungsbegrenzung und der Kostenminderung[60]) eine *mehrfache* konzeptionelle Einbindung in das Gesamtideengebäude Gemeinsame Sicherheit: Zum einen verfolgt GS Abrüstung als eines ihrer unmittelbaren politischen Hauptziele. Hierauf werde ich noch zurückkommen. Zum anderen kann und soll auch Strukturelle Angriffsunfähigkeit als militärische GS-Strategie selbst dazu beitragen, den Rüstungswettlauf zu stoppen und umzukehren.

Wenn - wie in Abschn. 4.1.3.3 festgestellt - ein Angriff nicht mehr möglich ist, weil die beidseitige Offensivschwäche beidseitige (Strukturelle) Unfähigkeit zum Angriff garantiert, so wird Rüstung überflüssig. Der offensive Einsatz von Streitkräften und Waffen ist faktisch nicht mehr realisierbar; der defensive Einsatz auch theoretisch nicht mehr wahrscheinlich. Ist Rüstung aber militärisch funktionslos, so wird Abrüstung - zumindest bezogen auf das Regime Gemeinsamer Sicherheit - möglich

- als Abschaffung von Streitkräften und Rüstung im Sinne des terminus technicus »allgemeine und umfassende Abrüstung«,
- als Maßnahmenkatalog, der gegebenenfalls auch einseitig und ohne untragbares Risiko verwirklicht werden kann.

M.a.W.: In der Logik (der Stabilitätsorientierung) Struktureller Angriffsunfähigkeit liegt die Chance zur Abrüstung. Das Mittel ist die Umrüstung. Das Motto lautet: Abrüsten durch Umrüsten!
Es wäre allerdings eine Fehlinterpretation, das genannte Motto »nur« auf den terminus technicus »allgemeine und umfassende Abrüstung« zu »beschränken«, d.h. die Abrüstungsorientierung Struktureller Angriffsunfähigkeit auf ein utopisches Fernziel ohne aktuelle Auswirkungen zu verlagern. Zugleich wäre es mehr als ein Mißverständnis, die aktuellen Möglichkeiten

---

60 Zum Problem der Kosten siehe Hannig, Norbert, in: Vierteljahresschrift für Sicherheit und Frieden (S+F), (Heft 1) 1987, S.31, der sein Konzept für »kosteneffektiver« ansieht, oder Gerber, Johannes, Tagungsprotokoll, a.a.O. (Anm.28), der eine Umstrukturierung aus Kostengründen für »unumgänglich« hält.

und Forderungen Struktureller Angriffsunfähigkeit in ihr Gegenteil zu pervertieren, d.h. StrUnA als Vehikel zur – wenn auch defensiven – Aufrüstung über Umrüstung zu interpretieren oder gar einzusetzen. Recht verstanden verlangt die Stabilitätsorientierung Struktureller Angriffsunfähigkeit vielmehr permanent Maßnahmen der Selbstbeschränkung bis hin zum – auch einseitigen – Destabilisierungsverzicht im Sinne von Vorleistungen. Darüber hinaus bietet sich mit Struktureller Angriffsunfähigkeit erstmals eine inhaltliche Konzeption an, welche die Chance zur Neugestaltung der aktuellen Rüstungskontrollpraxis eröffnet. Letzteres ist auch deshalb zu betonen, weil die bisherigen – weitgehend konzeptionslosen, allenfalls an einem unhaltbaren Gleichgewichtsverständnis statt an Stabilität orientierten – Rüstungskontrollverhandlungen ganz offensichtlich nicht geeignet sind, frühzeitig und dauerhaft quantitative und qualitative Rüstungsprozesse einzufangen bzw. den Rüstungswettlauf zu stoppen und umzukehren. Zu Recht plädiert deshalb z.B. Elmar Schmähling für eine *bewußte* Einbettung von StrUnA in den Abrüstungs- und Rüstungskontrollprozeß:

»Die Umstrukturierung der Streitkräfte der Bundesrepublik Deutschland, soweit möglich auch anderer NATO-Partner, sollte komplett in den Rüstungskontroll- und Abrüstungsrahmen eingebettet werden. Dies hat zwei entscheidende Vorteile:
Zum einen können gleichzeitig alle Chancen des Abbaus bzw. der Reduzierung von »überflüssigen« Systemen betrieben werden. Zum anderen ist es wichtig, daß eine Umstrukturierung vom Warschauer Pakt nicht als eine Phase einer neuen Rüstungsrunde empfunden wird.«[61]

Albrecht von Müller geht über die bloße »Einbettung« noch hinaus. Er sieht in der Abrüstungs-/Rüstungskontrollfrage sogar eine von (nur) drei Aufgabenstellungen des StrUnA-Gedankens. Nach seiner Ansicht geht es

»– erstens um eine Verbesserung unserer Fähigkeit zur konventionellen Vorneverteidigung,
– zweitens um eine Erhöhung der Krisenstabilität durch den systematischen Abbau von Angreifer- und Präemptionsvorteil sowie
– drittens um die Eröffnung neuer Chancen für den Rüstungskontrollprozeß durch die Ersetzung des Gleichgewichtsparadigmas durch das

---

61 Schmähling, Elmar, in: ebda., S.75.

neue Leitmotiv einer beiderseitigen strukturellen Nichtangriffsfähigkeit.«[62]

Daß Strukturelle Angriffsunfähigkeit aber nicht nur als Vehikel *beidseitiger* Verhandlungen genutzt werden kann, sondern durchaus auch *einseitig* Abrüstungsprozesse initiieren kann und soll, wird von Vertretern des StrUnA-Gedankens immer wieder betont (dazu bereits ausführlich Abschn. 4.1.6.):

»Defensivkonzepte können als Form des gradualistischen Unilateralismus eingestuft werden, insofern sie den Einstieg in dieses Sicherheitskonzept mit einseitigen Abrüstungsschritten beginnen. Diese Schritte werden mit hoher Wahrscheinlichkeit eine *Abrüstungsspirale* auslösen, weil der unbezweifelbare Wegfall von militärischer Bedrohung den Supermächten gegenüber ihren Paktstaaten die Rechtfertigung für immer weitere Hochrüstungen, Stationierungen etc. nimmt.
So trägt das Defensivkonzept in der Tat durch den völligen Verzicht auf sämtliche zum Angriff geeignete Waffenpotentiale zur Abrüstung und Entspannung bei...«.[63]

Gleichviel aber, ob einseitig oder beidseitig, in jedem Fall kann StrUnA die Abrüstungsorientierung als Charakter- und Definitionsmerkmal nicht abgesprochen werden. Das Motto in beiden Fällen ist bereits benannt: Abrüsten durch Umrüsten!
Die GS-Strategie StrUnA soll also – um auf die mehrfache konzeptionelle Einbindung zurückzukommen – dazu beitragen, den Rüstungswettlauf zu stoppen und umzukehren. Darüber hinaus ist Abrüstung aber auch eines der *unmittelbaren* Hauptziele des GS-Konzeptes selbst.[64] Der eigenständige und übergreifende GS-Abrüstungsimperativ besteht also unabhängig von dem genannten Motto. In Bereichen, in denen die Verteidigerüberlegenheit ein Umrüsten nicht erforderlich macht, ist deshalb Rüstungsverzicht und Abrüstung, nicht aber Aufrüstung über Umrüstung die Konsequenz.[65] Dies betont

---

62 Müller, Albrecht von, in: ebda., S.62; vgl. ders. auch: a.a.O. (Anm.12), S.425,454.
63 Rücker, Brigitte/Vilmar, Fritz, Grundzüge und Hauptprobleme der »Defensiv-Verteidigung«, in: Mediatus (Heft 4) 1986, S.3-7, hier S.6 f.
64 Vgl. Bahr, Egon/Lutz, Dieter S., a.a.O. (Anm.2) und dort die verschiedenen Beiträge; zur Abrüstungsfrage vgl. auch: Lutz, Dieter S., Abrüstung/Rüstungskontrolle, in: Lutz, Dieter S. (Hrsg.), a.a.O. (Anm.1), S.13-23.
65 Dies übersehen einzelne kritische Stimmen z.B. aus den Reihen der GRÜNEN – vgl. u.a.: Böge, Volker/Schülert, Irene, Abrüstung und Umrüstung bei Andreas von Bülow, in: Vierteljahresschrift für Sicherheit und Frieden (S+F), Vol.4 (Heft 3) 1986, S.162-164; Mechtersheimer, Alfred, Zeitbombe NATO: Auswirkungen der neuen Strategien, Köln 1984, S.148 ff.

auch die SPD, wenn sie in ihrem Nürnberger Beschluß von 1986 ausführt:

»Die Verminderung von Kernwaffen darf nicht konventionelle Aufrüstung, und konventionelle Abrüstung darf nicht durch neue Kernwaffen ersetzt werden. Deshalb müssen Verhandlungen zum Rüstungsabbau auch die Struktur der Militärpotentiale und die militärischen Handlungsmöglichkeiten zum Gegenstand haben.«[66]

Was im angeführten Zitat mitschwingt, ist vielmehr auch eine tiefsitzende Skepsis gegenüber der bisherigen Abrüstungs- und Rüstungskontrollpraxis: Rüstungskontrollverhandlungen bisheriger Prägung waren und sind ganz offensichtlich nicht geeignet, frühzeitig quantitative und qualitative Rüstungsprozesse einzufangen. Zum einen führen Abkommen (wie z.B. im strategischen Bereich SALT I) durch ihre hohen Obergrenzen eher zu einer Anheizung des Rüstungswettlaufs, sowohl auf numerischer als auch auf qualitativer Ebene, statt zu seiner Beschränkung. Zum anderen lassen die schnell fortschreitenden technologischen Entwicklungen entweder die jeweiligen Vereinbarungen weit hinter sich oder höhlen sie dermaßen aus, daß sie ihre (eventuelle) ursprüngliche Bedeutung verlieren. Vertragswerke und Verhandlungen sprechen bislang sogar gerade die Gebiete und Bereiche, in denen intensiv Forschung und Entwicklung betrieben wird, nur halbherzig, nur am Rande oder gar nicht an. Kritische Vertreter der Rüstungssteuerungsschule haben hieraus Konsequenzen gezogen bzw. Forderungen erhoben: Sind drastische Kürzungen und tiefe Einschnitte[67] (noch) nicht möglich und soll *arms control* ihre kurzfristige Funktion – die Wahrung strategischer Stabilität – gleichwohl erfüllen und ihrem langfristigen Ziel – der Umkehrung der Rüstungsspirale – näherkommen, so müssen Rüstungssteuerungsverhandlungen zum einen *präventiv* geführt werden. Das bedeutet: der Zeitrahmen für Verhandlungen muß möglichst optimal gehalten werden, damit in der Abfolge der Phasen Forschung, Planung, Entwicklung, Produktion und Dislozierung bereits bei der Planung (oder noch früher) eingegriffen werden kann.

Zum anderen muß arms control verstärkt *qualitative* Elemente mitumschließen. Solange keine Schranken gegen qualitative Modernisierungsmaßnahmen gezogen werden, könnte selbst eine numerische Parität auf niedrigem

---

66 A.a.O. (Anm.15), S.6.
67 Wie sie z.B. auf dem Gipfeltreffen von US-Präsident Reagan und KPdSU-Generalsekretär Gorbatschow am 11./12.Oktober 1986 in Reykjavik gefordert und vorgesehen waren – vgl. Europa-Archiv (Heft 24) 1986, S.D667 ff.

Niveau keine stabilisierende Wirkung besitzen. Jeder qualitative Schritt, wie z.B. die Verbesserung von Faktoren wie Ortbarkeit, Treffgenauigkeit oder Zuverlässigkeit, wird die Lage weitaus stärker destabilisieren als bisherige numerische Zuwachsraten. Folgerichtig müssen deshalb auch – solange StrUnA noch nicht erreicht ist bzw. an eine grundsätzliche Abschaffung insbesondere des nuklearen Potentials, gegebenenfalls an nuklearwaffenfreie Zonen, nicht gedacht ist – im Rahmen von arms control in erster Linie Themen behandelt werden, die sich vorrangig mit der Bildung von Barrieren *gegen* die Erlangung von *(Angriffs-)Kriegsführungsfähigkeiten* befassen.

4.1.8. Die Garantiefunktion/Der Anti-Effizienz-Effekt

Kerngedanke Struktureller Angriffsunfähigkeit ist – wie bereits betont – die Bedrohungsvermeidung (vgl. Abschn. 4.1.1.). Konsequenz von Abhaltung statt Abschreckung ist ferner der Verzicht auf bestimmte Strategiekomponenten und Waffensysteme (vgl. Abschn. 3.4. und 4.1.4.). Aus beiden Forderungen den Schluß zu ziehen, Strukturelle Angriffsunfähigkeit im Rahmen Defensiver Abhaltung und Gemeinsamer Sicherheit besitze keine militärische Verteidigungs- und Schutzfunktion, wäre gleichwohl ein grundlegender Irrtum (vgl. Abschn. 4.1.2. und 4.1.5.). Strukturelle Angriffsunfähigkeit ist (nur) sprachlich eine mißverständliche Verkürzung; bei der Organisation der Streitkräfte und ihrer Ausstattung geht es ihr keinesfalls allein um »Angriffsunfähigkeit«. Im Gegenteil: Strukturelle Angriffsunfähigkeit baut nicht nur auf die kriegsverhütende Wirkung militärischer Verteidigungsmittel, sie will vielmehr auch auf ihr *Höchstmaß* an *Effizienz* nicht verzichten (vgl. Abschn. 4.1.2.). Im Rahmen Defensiver Abhaltung und Gemeinsamer Sicherheit ist es erreicht, wenn die *Beidseitigkeit* von StrUnA (vgl. Abschn. 4.1.5.), d.h. die wechselseitige Verteidigerüberlegenheit (vgl. Abschn. 4.1.2.) einen Angriff rein faktisch auf keiner der beiden Seiten mehr zuläßt.

Zumindest im Rahmen ihres theoretisch-methodologischen Gedankengebäudes kann StrUnA also (das Streben nach) Effizienz nicht abgesprochen werden.[68] Aber auch in der sog. militärischen Realität lassen sich Anhaltspunkte und Signale dafür finden, daß StrUnA durch die modernen hochqualifizierten Verteidigungstechnologien begünstigt wird, daß sie in ihrer »Abwehrfähigkeit« also mindestens ebenso effektiv, wenn nicht sogar effektiver

---

68 Vgl. bereits auch in Abschn.4.1.2 die Zitate entsprechend Anm.13 und 15.

ist als die derzeitige Verteidigungsstrategie. Für Albrecht von Müller z.B. ergibt sich mit Blick insbes. auf Mikroelektronik und Datenverarbeitung folgendes Bild:

»Grundsätzlich läßt sich der Bereich militärischen Handelns durch vier Grundfaktoren charakterisieren, nämlich durch den Faktor »Feuer«, den Faktor »Bewegung«, den Faktor »Schutz« sowie den Faktor »Aufklärung«. Bei entsprechend generalisierten Definitionen läßt sich alles militärische Handeln diesen vier Grundkategorien zuordnen...
Während die für den Angreifer in besonderem Maße wichtigen Faktoren, nämlich »Bewegung« und »Schutz bzw. Panzerung«, nur relativ unerhebliche Fortschritte verzeichnen, ist es bei den für den Verteidiger besonders wichtigen Grundfaktoren, nämlich »Feuer« und »Aufklärung«, zu technologischen Durchbrüchen größten Ausmaßes gekommen.
Dieser Sachverhalt begründet die These, daß der *technologische Fortschritt* im Bereich Mikroelektronik und Datenverarbeitung im Prinzip für eine deutliche Stärkung *des Verteidigers* genutzt werden kann.«[69] (Hervorheb.-DSL)

Die Ergebnisse einer Reihe von Computersimulationen an der Bundeswehruniversität München scheinen diese und ähnliche Aussagen zu bestätigen. Zwar stehen Tests auf der operativen Ebene noch aus; doch kann nach Reiner K. Huber schon derzeit von der »Effizienzhypothese der Verteidigung« gesprochen werden:

»Diese Hypothese besagt, daß Landstreitkräfte, die auf Verteidigung spezialisiert sind, den inhärenten Verteidigervorteil effizienter nutzen können als solche, die für alle Gefechtsarten (einschließlich Angriff) ausgelegt sind. Sie hat auf der taktischen Ebene einer großen Zahl von Falsifizierungsversuchen mit Hilfe von formalen Gefechtssimulationen standgehalten unter der Voraussetzung, daß der Verteidiger nicht überrascht wird.«[70]

Auch unter dem Blickwinkel der Realität scheint StrUnA also dem Maßstab der Effizienz gerecht zu werden. Diese Feststellung der Effizienz kann

---

69 Müller, Albrecht von, a.a.O. (Anm.12), S.434,436; vgl. ebda. S.437 ff auch die wegweisenden Ausführungen zu Intelligenten Minen, Aufklärungs- und Kampfdrohnen, Sensornetzen und Artillerieraketen mit Submunition.
70 Huber, Reiner K., a.a.O. (Anm.29), S.12; vgl. auch S.6 f und ders., in: Vierteljahresschrift für Sicherheit und Frieden (S+F) (Heft 1) 1987, S.34.

gleichwohl nicht ohne Relativierung bleiben: Auch auf die Gefahr hin, (böswillig) mißverstanden zu werden (nämlich StrUnA diskreditieren zu wollen), verlangt doch die wissenschaftliche Redlichkeit die Offenlegung des – abstrakt-theoretischen – Anti-Effizienz-Effektes (Anti-Efficiency-Effect) Struktureller Angriffsunfähigkeit.
Was heißt das? Bevor ich eine Antwort versuche, ist vorbeugend zweierlei zu betonen: Zum einen verwende ich im folgenden den Begriff »Anti-Effizienz« im Gegensatz zu einem Effizienz-Verständnis wie es derzeit noch immer in strategischen Elementen wie »Vergeltung«, »Präemption«, »Prävention«, »Angriff in die Tiefe des gegnerischen Raumes« und ähnlichem mehr zum Ausdruck kommt (zur Unterscheidung zwischen »innerer« und »äußerer« Gegenangriffsfähigkeit vgl. bereits Abschn. 4.1.1). Zum anderen gehe ich davon aus, daß nicht nur StrUnA allein, sondern jede Kriegsverhütungs- und Verteidigungsstrategie, will sie diesen Namen verdienen, zwingend einen Anti-Effizienz-Effekt besitzt[71] bzw. berücksichtigen müßte. Ist diese Annahme aber richtig, so darf der Anti-Effizienz-Effekt keineswegs als ein Minus und erst recht nicht als ein Minus allein von StrUnA gewertet werden. Was beinhaltet der Begriff dann aber noch? Was soll er aussagen?
Wie in den vorangegangenen Abschnitten beschrieben, besitzt StrUnA vielfältige Funktionen. Strukturelle Angriffsunfähigkeit will

- Abhaltung ohne Bedrohung,
- Abwehr ohne Schaden,
- Schutz ohne Vergeltung,
- Bedrohungsvermeidung ohne Effizienz-Verlust,
- Verteidigerüberlegenheit ohne Angriffsfähigkeit,
- Stabilität ohne Rüstungswettlauf,
- Rüstung ohne Destabilisierung,
- Umrüstung ohne Aufrüstung,
- Abrüstung ohne Sicherheitsverlust

und dies alles beidseitig, gegebenenfalls aber auch unilateral-autonom.

Es ist zu offensichtlich, daß die angeführten Definitionskriterien und Funktionen von StrUnA zumindest teilweise untereinander in Konkurenz stehen,

---

[71] Selbst wenn es Zweifel an der grundsätzlichen Richtigkeit dieser Aussage gäbe, so wäre sie im konkreten Fall der Bundesrepublik unter verfassungsrechtlichen Gesichtspunkten doch zwingend: vgl. Lutz, Dieter S., a.a.O. (Anm.47), S. 22-27; ferner: Lutz, Dieter S./Rittberger, Volker, Abrüstungspolitik und Grundgesetz, Baden-Baden 1976.

als daß (insbes. im Entstehungsprozeß) die Notwendigkeit von Abstrichen bei der jeweiligen Einzelrealisierung geleugnet werden könnte. Das kann und darf aber im Rahmen der konzeptionellen und militärisch-strategischen Vorstellungen von GS und StrUnA gerade nicht wieder heißen, daß (wie bisher schon) bestimmte Funktionen auf Kosten anderer maximiert werden: Der Begriff StrUnA betont das Element der »Angriffsunfähigkeit«. Die Strategie verlangt somit *Anti-Effizienz* in dem Sinne, daß um der Bedrohungsvermeidung und damit Stabilität willen auf »Angriff als die (angeblich) beste Verteidigung« verzichtet werden muß. Im Vordergrund des terminologisch verkürzten StrUnA-Konzeptes stehen ferner Schutz und Schadensminderung. Strukturelle Angriffsunfähigkeit ist somit *anti-effizient* in dem Ausmaß, wie Rücksicht auf die Folgen genommen werden muß, der Zweck eben nicht jeden Mitteleinsatz im Sinne einer Zielerreichungs-Durchschlagseffizienz ohne Rücksicht auf Risiken und Verluste »heiligt«.

Ähnliches gilt auch für die übrigen der angeführten Funktionen und Kriterien von StrUnA. Sie sind in ihrer Realisierbarkeit anti-effizient in dem Sinne und in dem Ausmaß, wie sie stets nur *folgenorientiert,* d.h. unter Berücksichtigung ihrer Auswirkungen auf die übrigen Funktionen und Merkmale, verwirklicht werden dürfen. Gerade in der Folgenorientierung oder positiv ausgedrückt: in der aktiven Zuordnung der verschiedenen Funktionen zueinander derart, daß möglichst alle zu optimaler Wirksamkeit gelangen (praktische Konkordanz), liegt die Zielsetzung von StrUnA im Rahmen Defensiver Abhaltung und Gemeinsamer Sicherheit. Der Anti-Effizienz-Effekt stellt somit – recht verstanden – nichts anderes dar als die Kehrseite der eigentlichen *Garantiefunktion* von StrUnA. Diese Garantiefunktion zielt aber auf die erfolgreiche Realisierung der Funktionen und Kriterien von StrUnA *insgesamt,* also auf die Optimierung der Strategie, nicht jedoch auf die Erfüllung lediglich einzelner ihrer Ziele und Elemente.[72] Nicht anders kann auch »Strukturelle Angriffsunfähigkeit« als Bezeichnung für eine militärische Strategie interpretiert werden – soll der Name nicht bloßes inhaltsleeres Wortungetüm sein (oder bleiben). Die Bezeichnung kann und soll militärische Notwendigkeiten mit zivilen Einsichten verbinden und Effizienz mit Anti-Effizienz versöhnen. Insofern ist der Anti-Effizienz-Effekt Struktureller Angriffsunfähigkeit selbst auch Teil des Strukturcharakters und der Wegweiserfunktion von StrUnA (dazu noch die beiden folgenden Abschn. 4.1.9. und 4.1.10.).

---

72 Schon gar nicht auf den rücksichtslosen Einsatz (in Übergangsphasen evtl. noch vorhandener und ambivalent einsetzbarer) militärischer Mittel.

4.1.9. Der Strukturcharakter

Der Begriff StrUnA apostrophiert Angriffsunfähigkeit als »strukturell«. StrUnA geht es also weder allein noch in jedem Fall um die »bloße« Umrüstung einzelner Waffensysteme oder Teilstreitkräfte hin zu einem effektiven, aber defensivorientierten Wehr- und Waffenpotential. Verändert werden sollen vielmehr auch - wenn nicht sogar vorrangig - Strukturen. Was ist damit gemeint?

In der friedens- und sicherheitspolitischen Diskussion ist die analytische oder ordnende Verwendung des Begriffes »strukturell« weder völlig neu noch auf die »bloßen« militärorganisatorischen Problemfelder beschränkt. Die Begriffsbreite reicht vielmehr von der »Wehrstruktur« der Militärsoziologie[73] über die »Strukturellen Asymetrien«[74] im Rahmen der Nord-Süd-Analysen bis hin zur »Strukturellen Gewalt«[75] im Kontext des positiven Friedensbegriffes der kritischen Friedensforschung. Selbst enge Verwandte bzw. Abwandlungen des Begriffs der Strukturellen Angriffsunfähigkeit lassen sich mittlerweile in der (amtlichen) sicherheitspolitischen Debatte finden. So spricht z.B. der vormalige Verteidigungsminister Österreichs Friedhelm Frischenschlager von der »strukturell defensiven Verteidigung« seines Landes. Was er darunter versteht, geht ebenfalls über »bloße« Militärfragen hinaus, umschließt sogar »zivilen Widerstand«:

»Die militärische Landesverteidigung Österreichs ist durch die Raumverteidigung eine *strukturell defensive Verteidigung,* der dementsprechende Prinzipien zugrunde liegen:
- sie will durch die Bereitschaft und Fähigkeit zur Kampfführung beitragen, einen möglichen Aggressor abzuhalten, womit sie zur Friedenssicherung beiträgt, bei einem Angriff durch einen Aggressor verteidigt sie nachhaltig die wichtigsten Räume, sichert die übrigen und beabsichtigt möglichst große Teile des eigenen Staatsgebietes zu behaupten;
- sie richtet ihre Verteidigungsvorbereitungen auf einen Kampf im eigenen Land aus. Durch genaue Einsatzvorbereitung, durch Ausnützen und Verstärken des Geländes, durch Fördern der Zusammenarbeit der

---

73 Zur Militärsoziologie vgl. z.B. den gleichnamigen Artikel von Lippert, Ekkehard, in: Lutz, Dieter S. (Hrsg.), a.a.O. (Anm.2), S. 215-221.
74 Vgl. z.B.: Senghaas, Dieter (Hrsg.), Imperialismus und Strukturelle Gewalt, Frankfurt a.M. 1972 und dort insbes. den Beitrag von Galtung, Johan, Eine Strukturelle Theorie des Imperialismus, S.29-104.
75 Galtung, Johan, Strukturelle Gewalt, Reinbek 1975.

Soldaten mit der Bevölkerung kann der Heimvorteil genützt werden;
- sie baut auf der allgemeinen Wehrpflicht und einem Heer mit starker Milizkomponente auf;
- sie stützt sich auf eine rechtzeitige und rasche Mobilmachung des Bundesheeres ab, wobei Teile ständig einsatzbereit zu sein haben;
- sie will die Gefährdung der Zivilbevölkerung von zu erwartenden Kampfhandlungen auf ein mögliches Mindestmaß reduzieren;
- sie sieht den *zivilen Widerstand* nicht als Alternative, sondern als notwendige Ergänzung im Rahmen der umfassenden Landesverteidigung...

Daß es sich dabei um ein *strukturell defensives Konzept* handelt, ist klar ersichtlich. Mit raumgebundenen Kräften kann man weder nach außen noch nach innen aggressive Akte setzen.«[76] (Hervorheb.-DSL)

Geht es also StrUnA um mehr als um die bloße organisationssoziologische Frage nach der Struktur der Institution Streitkräfte? Zielt das qualifizierende Attribut »strukturell« (auch) auf die Bündnisstruktur? Oder sogar auf die Gesellschaftsstruktur? Ist somit auch StrUnA im weiteren Sinne (i.w.S.) gemeint? (Vgl. bereits auch Abschn. 2.1.) Oder ist zumindest das Verhältnis von Militär zur Gesellschaft als Teil der Gesellschaft bzw. die Rolle und Funktion organisierter Gewalt im gesellschaftlichen Rahmen angesprochen? Diese und ähnliche Fragen sind bislang nur unbefriedigend und/oder dezisionistisch im Sinne der in Kap. 2 wiedergegebenen Ausführungen geklärt worden. M.a.W: Auch mit Blick auf das ausdrücklich artikulierte Attribut »strukturell« ist StrUnA weitgehend ein weißer Fleck. Anders als etwa die ordnenden Überlegungen im Rahmen der Militärsoziologie oder als der analytische Diskurs der Strukturellen Gewalt im Rahmen eines positiven Friedensverständnisses ruhen – soweit ersichtlich – der Begriff der Strukturellen Nichtangriffsfähigkeit bzw. der Strukturellen Unfähigkeit zum Angriff (StrUnA) und die ihnen verwandten Termini nicht auf einer theoretisch (ausreichend) abgesicherten Diskussion[77] des Strukturattributes. Im Gegenteil: Die angestrebte Angriffsunfähigkeit soll zwar Strukturen verändern und aus Struktu-

---

76 Frischenschlager, Friedhelm, Kollektive Sicherheit und Neutralität?, in: Lutz, Dieter S. (Hrsg.), a.a.O. (Anm.16), S.215 f, 217.
77 Es wäre wohl auch eine gesonderte Untersuchung wert, ob und inwieweit auch weitergehende Strukturansätze aus den Sozialwissenschaften für die Diskussion von StrUnA fruchtbar gemacht werden können – zur strukturfunktionalistischen Sicht (strukturelle funktionale Theorie) vgl. z.B. Parsons, Talcott, Soziologische Theorie, Darmstadt/Neuwied a.Rh., 1983; ders., Zur Theorie sozialer Systeme, hrsgg. von Stefan Jensen, Opladen 1976.

ren resultieren, also Strukturcharakter besitzen. Der Begriff des »Strukturellen« wird bislang aber vielfach nur als Modewort benutzt – ohne definitorisches Bewußtsein und ohne Klärung der Bezüge.
Doch es sind nicht nur die Bezugsgrößen, die fehlen. Der Begriff der Struktur selbst ist im Zuge seines allzu sorglosen Gebrauches in einem diffus-metaphorischen Sinne zum bloßen Synonym für »Aufbau« oder »Gefüge« degeneriert. Eine Struktur verdient ihren Namen aber durch zwei Kennzeichen:

1. durch die Elemente, aus denen sie sich zusammensetzt und
2. durch die Art und Weise, in der sie zusammenhängen.

Wesentlich für den Strukturbegriff ist darüberhinaus nicht die bloße Existenz der Strukturelemente oder die bloße Anordnung, sondern gerade die bestimmte und spezifische Ordnung der Elemente, durch welche Strukturen und Systeme als identisch charakterisiert werden können.[78]
Nach dem bisher gesagten sind also mindestens drei Fragen zu klären: Was bezweckt das Attribut »strukturell« im StrUnA-Begriff? Was sind die Bezugsgrößen der gewünschten strukturellen Veränderung? Was ist das Spezifische der angestrebten Struktur, der Strukturcharakter? In den Mittelpunkt meines Versuchs einer Antwort will ich zwei Thesen stellen:

1. Der Strukturcharakter von StrUnA ist ein Zugeständnis an die Realität.
2. Im Strukturcharakter von StrUnA liegt die Garantie für Dauerhaftigkeit.

Die erste der beiden Thesen (»Zugeständnis an die Realität«) resultiert aus zwei Wurzeln: Die eine ist der ambivalente Charakter selbst verteidigungsorientierter Streitkräfte und defensiver Waffen. Zwar leugnet die Bedrohungsvermeidungsfunktion von StrUnA diese Ambivalenz, wenn sie Streitkräfte fordert, die »nicht nur defensiver als bisher sind, sondern ohne Ambivalenz eine militärische Aggression erkennbar nicht zulassen« (vgl. Abschn. 4.1.1.). Doch ist umgekehrt mit Blick auf die Realität nicht zu bestreiten, daß selbst ausgeprägt defensive Waffen offensiv eingesetzt werden können. Der Einsatz von Minen vor den Häfen Nicaraguas und im Persischen Golf sind Beispiele aus der jüngsten Zeit.[79] Der Einsatz von langen Messern, genannt

---

78 Vgl. Fuchs, Werner, u.a. (Hrsg.) Lexikon zur Soziologie, Opladen 1973, S.662.
79 Zur Verminung nicaraguanischer Häfen und Gewässer vgl. z.B. das »Urteil des Internationalen Gerichtshofes über militärische und paramilitärische Aktivitäten in und gegen Nicaragua« vom 27.Juni 1986, abgedruckt u.a. in: Heisenberg, Wolfgang/Lutz, Dieter S. (Hrsg.), a.a.O. (Anm.1), S.231-248, hier insbes. S.237 f.

Schwerter, ist eines von vielen historischen Beispielen.[80] Die methodologisch zutreffenden Überlegungen zur Bedrohungsvermeidungsfunktion von Angriffsunfähigkeit benötigen deshalb ihr Korrektiv, oder besser ausgedrückt: finden deshalb ihre Ergänzung im Strukturcharakter von StrUnA. Ist im Einzelfall (Waffensystem) auch eine Restambivalenz nicht auszuschließen, so muß doch das Gesamtsystem – die Struktur – Angriffsunfähigkeit signalisieren und garantieren.

Die zweite Wurzel liegt in der Heterogenität der militärischen »Wirklichkeiten« in Ost und West. Bereits in Abschn. 4.1.3.1 hatte ich darauf hingewiesen, warum bei Kräftevergleichen bloße numerische Aufrechnungen und selbst die Zielsetzung »Gleichgewicht« an der komplexen Realität vorbeigehen. Dieselbe Schlußfolgerung gilt auch für »Angriffsunfähigkeit«: Die Unterschiede nicht nur bei den Waffensystemen, Doktrinen und Strategien, sondern auch bei den geo-strategischen und bündnisbezogenen sowie den politischen und ökonomischen Ausgangsbedingungen sind zu groß, als daß heute Bestandsvergleiche einerseits oder morgen (StrUnA-) Angleichungen andererseits unmittelbar möglich wären. Eine Seemacht z.B. wird im Detail einen anderen Ab- und Umrüstungsprozeß auf den Weg zur Angriffsunfähigkeit zurücklegen als eine traditionelle Landmacht. Selbst das Ergebnis, die Unfähigkeit zum Angriff, wird angesichts der verschiedenartigen Ausgangsbedingungen und Gegebenheiten im Detail unterschiedlich aussehen (müssen). Entscheidend ist aber nicht das Detail als solches alleine, bestimmend ist vielmehr die Struktur, in die es eingebettet ruht. Diese Struktur (und damit auch wieder das Detail) müssen Angriffsunfähigkeit signalisieren und garantieren. Um beim einfachen Beispiel der Minen zu bleiben: Fehlen (weitreichende) Transportmittel im StrUnA-System, so kann der Defensivcharakter von Minen kaum bestritten werden.

Die zweite der beiden angeführten Thesen (»Dauerhaftigkeit«) ist in ihrer Begründung weniger kompliziert. Es leuchtet unmittelbar ein, daß einzelne Details schnell veränderbar sind. Konkret: Einzelne Waffensysteme können – bildlich gesprochen – von heute auf morgen verändert oder gar abgeschafft, aber eben auch wiederbeschafft werden. Angriffsunfähigkeit auf der Basis (des Verzichts) von bestimmten Waffen allein ist deshalb zwar ein »Plus« im Vergleich zum Status quo. Eine Garantie auf Dauer kann sie jedoch nicht geben. Angriffsunfähigkeit bleibt labil – ein Gewinn auf Zeit. Erst die grundsätzliche und konsequente Veränderung der Struktur verschafft Angriffsun-

---

80 Vgl. auch Müller, Erwin, Dilemma Sicherheitspolitik, in: ders. (Hrsg.), Dilemma Sicherheit, Baden-Baden 1984, S.53-170, hier S.105,145.

fähigkeit die erforderliche Stabilität (vgl. Abschn.4.1.3.), die Dauerhaftigkeit garantiert.
Mit dieser Feststellung komme ich zurück zur zweiten Frage nach den Bezugsgrößen: Welche Struktur soll verändert werden? Die Streitkräftestruktur? Die Bündnisstruktur? Die Gesellschaftsstruktur? Die Denkstruktur? Ist es richtig, daß nicht so sehr das Detail (alleine), sondern die grundsätzliche und konsequente Veränderung der Struktur der Unfähigkeit zum Angriff die erforderliche Stabilität auf Dauer verleiht, so besitzt diese Aussage Allgemeingültigkeit: Was auf der nationalen Ebene gilt, trifft auch im multinationalen Rahmen zu. Der »Gewinn auf Zeit« durch den Alleingang eines einzelnen Bündnispartners z.B. wird erst durch das Nachziehen der übrigen Allianzpartner (und im Optimierungsfall durch das Nachziehen der Sicherheitspartner der gegnerischen Allianz) zur »Garantie auf Dauer«. Umgekehrt kann das beispielgebende Verhalten eines einzelnen Bündnismitgliedes durch konterkarierende Maßnahmen anderer Allianzpartner sogar zu Fall gebracht werden. StrUnA will deshalb die Veränderung auch der Bündnisstrukturen, zielt langfristig sogar im konzeptionellen Rahmen Gemeinsamer Sicherheit auf die Abschaffung der derzeitigen Militärpakte und Blöcke (vgl. Abschn. 3.2.).
Dauer und Stabilität von StrUnA wachsen also, je umfassender das Verständnis des Strukturcharakters angelegt ist bzw. je breiter StrUnA in der Realität verankert ist. Diese generalisierende Aussage schließt auch die Gesellschaftsstruktur als eine der Bezugsgrößen neben Streitkräften und Bündnissen mit ein. Zumindest aber schließt sie die Gesellschaftsstruktur nicht aus – eine Relativierung, die erforderlich ist: Es wäre ein grundlegendes Mißverständnis, eine demokratisch-friedliche Gesellschaftsstruktur, d.h. StrUnA i.w.S. (vgl. Abschn. 2.1.) als Voraussetzung und notwendige Bedingung von StrUnA i.e.S. zu definieren. Wäre die Umgestaltung etwa der Gesellschaftssysteme der WVO-Mitglieder Voraussetzung (und nicht gegebenenfalls Folge) von StrUnA i.e.S., so wäre nicht nur Strukturelle Angriffsunfähigkeit, sondern auch Gemeinsame Sicherheit zum Scheitern verurteilt. Der Stellenwert des breiten Verständnisses von StrUnA und ihrer vielfältigen Bezugsgrößen ergibt sich deshalb kurz- und mittelfristig weniger aus der Realisierung von StrUnA i.w.S. als solche, sondern vielmehr aus der zugrundeliegenden umfassenden »Denkstruktur«. Hierauf werde ich noch zurückkommen.
Wenn wir uns also im Kontext Gemeinsamer Sicherheit und Defensiver Abhaltung auf StrUnA i.e.S. verständigen, d.h. auf das Problem der Angriffsunfähigkeit der Streitkräfte- (und Bündnis-)Strukturen als Bezugsgröße beschränken, bleibt doch noch die Klärung der Frage nach den Spezifika der Strukturen, d.h. nach ihren Elementen einerseits und ihrer Anordnung ande-

rerseits. Angesichts der in der Realität unterschiedlich konkretisierten Bezugsgrößen und der Verschiedenartigkeit ihrer Ausgangsbedingungen kann die Klärung nur abstrakt-theoretisch erfolgen.
Die Antwort auf den ersten Teil der Frage, d.h. nach den Elementen, ist relativ einfach: Die Elemente, aus denen sich Strukturelle Angriffsunfähigkeit zusammensetzt, sind die im vorliegenden Abschn. 4.1 angesprochenen Definitionskriterien und Funktionsmerkmale – von der Bedrohungsvermeidung über die Abrüstungsorientierung bis hin wieder zum Strukturcharakter selbst. Die Antwort auf den zweiten Teil der Frage, d.h. nach der spezifischen Anordnung, ist dagegen diffiziler: Im Rahmen der Diskussion des Anti-Effizienz-Effektes von StrUnA (vgl. Abschn. 4.1.8.) hatte ich bereits darauf hingewiesen, daß die Garantiefunktion Struktureller Angriffsunfähigkeit die Zuordnung der verschiedenen StrUnA-Elemente im Sinne praktischer Konkordanz will, d.h. in einer Weise, die möglichst alle Elemente zur optimalen Wirksamkeit gelangen läßt. Das Ordnungsprinzip der »Struktur« von StrUnA ist also nicht das einer Rangfolge der Elemente – sei es als Prioritätenliste in der Abfolge der Verwirklichung, sei es als Präferenzliste bei Konkurrenz- und Konfliktentscheidungen. Das Ordnungsprinzip formt sich vielmehr aus ideell-materiellen Leitgedanken, wie sie aus der Garantiefunktion von StrUnA und ihrer Kehrseite, dem Anti-Effizienz-Effekt resultieren, wie sie sich aber auch aus dem konzeptionellen Rahmen Struktureller Angriffsunfähigkeit, d.h. aus GS und DA ergeben. In ihren Mittelpunkt würde ich die Erkenntnis stellen, daß es zwar einen risikofreien Königsweg nicht gibt, die bisherige Risikobereitschaft zum Krieg aber in Zukunft durch die Risikobereitschaft zum Frieden ersetzt werden muß.[81] Besser können meines Erachtens Begriff und Garantiefunktion der »Angriffsunfähigkeit« nicht umschrieben werden. Besser kann auch nicht zum Ausdruck gebracht werden, was die eigentliche, wenn auch abstrakt-theoretische Bezugsgröße von StrUnA (sowohl im engeren als auch im weiteren Sinne) ist: die Veränderung tradierter Denkkriterien und überholter Denkstrukturen.[82]

---

[81] Daneben könnte z.B. die Erkenntnis stehen, daß Sicherheit im Nuklearzeitalter nicht mehr gegeneinander, sondern nur noch miteinander und gemeinsam zu haben ist; ferner das Eingeständnis, daß die einzige zivilisierte Form zwischenstaatlicher Friedens-und Sicherheitspolitik die der zivilen Interaktion und Kooperation gleichberechtigter Partner ist.

[82] Eine im übrigen nicht ganz neue Erkenntnis – vgl. z.B. Albert Einstein und Bertrand Russell: »Die entfesselte Macht des Atoms hat alles verändert, nur nicht unsere Denkweise. Auf diese Weise gleiten wir einer Katastrophe ohnegleichen entgegen. Wir brauchen eine wesentlich neue Denkungsart, wenn die Menschheit am Leben bleiben soll« – Manifest von 1946, hier zit. nach: Moltmann, Bernhard, Perspektiven der Friedensforschung, Heidelberg 1987, S.7.

4.1.10. Die Wegweiserfunktion

Bleibt als letztes der zu behandelnden Merkmale die Wegweiserfunktion von StrUnA. Strukturelle Angriffsunfähigkeit besitzt diese Funktion in zweifacher Hinsicht: Die erste ergibt sich aus der Wortwahl »Unfähigkeit zum Angriff« und ist eher kurzfristiger Natur. Sie beinhaltet in Fragen der praktischen Konkordanz und gegebenenfalls der Optimierung der verschiedenen Funktionen von StrUnA die Vorabentscheidung der Strategie für Angriffsunfähigkeit im Sinne der Leitidee der »Risikobereitschaft zum Frieden« (vgl. Abschn. 4.1.9.). Vor scheinbar nicht auflösbare Alternativen gestellt weist bereits der Strategie-Name im Sinne der Leitidee den Weg. Insofern ist die erste Wegweiserfunktion auch Teil des »recht verstandenen« Anti-Effizienz-Effektes Struktureller Angriffsunfähigkeit (siehe auch bereits Abschn. 4.1.8.).

Die zweite Wegweiserfunktion ist nicht weniger brisant, allerdings eher langfristiger Natur. Sie ergibt sich aus der konzeptionellen Einbettung Struktureller Angriffsunfähigkeit in Gemeinsame und Kollektive Sicherheit, beinhaltet die Frage nach der Zeitperspektive und bedarf der Klärung des Prozeßcharakters Struktureller Angriffsunfähigkeit: Jede Maßnahme, die auf eine grundlegende Änderung des militär- und rüstungspolitischen Status quo zielt, ist mit nicht zu unterschätzenden Risiken in Form von Destabilisierungen durch den Transformationsprozeß verbunden (vgl. oben Abschn. 4.1.3.). Eine realistische Risikoabwägung zwischen den Gefährdungen aus der Beibehaltung des Status quo einerseits und den möglichen Risiken eines Transformationsprozesses mit Richtung auf eine neue Verteidigungsstruktur und letztlich eine Neue Friedensordnung andererseits läßt jedoch ein Votum für rasche Veränderungen nicht nur zulässig, sondern auch zwingend geboten erscheinen. Gleichwohl ist – ungeachtet aller »Zeitzwänge« – eine evolutionäre Konzeption in dem Sinne vonnöten, daß der Veränderungsprozeß in Etappen und Stufen eingeleitet, sowie über Zonen durchgeführt wird. Nur über ein schrittweises und abgestuftes Vorgehen können die Risiken der Transformation möglichst gering gehalten werden. Strukturelle Angriffsunfähigkeit – und mehr noch die Realisierung Gemeinsamer Sicherheit und gegebenenfalls die Institutionalisierung eines regionalen Systems Kollektiver Sicherheit in Europa – besitzen deshalb eine über den Tag hinausreichende Zeitperspektive.

Die Erkenntnis des langfristigen Zeithorizonts und das Plädoyer für eine evolutionäre Vorgehensweise können und dürfen aber nicht bedeuten, daß Politik nur zögerlich betrieben oder Initiativen auf die lange Bank geschoben werden. Im Gegenteil: Frieden 2000 beginnt in den 80er Jahren. Mehr noch: Frieden – richtig verstanden – hat seine Wurzeln stets im hier und heute.[83] Was heute an Frieden, im vorliegenden Fall: an Struktureller Angriffsunfähigkeit erreicht werden kann, das muß auch sofort verwirklicht werden. Gleichwohl – oder besser: gerade deshalb – darf Strukturelle Angriffsunfähigkeit ihre konzeptionelle Einbettung und ihre Langzeitperspektive nicht aus dem Auge verlieren: Wenn die Logik Gemeinsamer Sicherheit langfristig nach einem System Kollektiver Sicherheit verlangt, so ist bereits kurz- und mittelfristig alles zu unterlassen, was die Realisierung der langfristigen Utopie stören könnte. Nichts anderes gilt aufgrund ihrer konzeptionellen Einbettung auch für StrUnA. In der Entscheidung für eine Alternative aus der Vielzahl von Vorschlägen, Modellen und ihren Varianten, sind stets diejenigen kurz- und mittelfristigen Maßnahmen und Regelungen zu wählen, die mit dem letztendlichen konzeptionellen Ziel kompatibel sind. Insofern ist sowohl Kollektive Sicherheit programmatische Entscheidungshilfe für Gemeinsame Sicherheit als auch Strukturelle Angriffsunfähigkeit Wegweiser zur Beurteilung und Veränderung der militärischen Realität[84].

4.2. Zusammenfassende Thesen

In Abschnitt 2.3. hatte ich als Versuch einer ersten vorläufigen Definition von StrUnA vorgeschlagen:

> Strukturelle Angriffsunfähigkeit im engeren Sinne liegt vor, wenn Streitkräfte der militärischen Abhaltung und ggf. der effizienten Verteidigung dienen, nach Organisation, Struktur, Bewaffnung, Operationskonzept und Strategie aber eine militärische Aggression erkennbar nicht zulassen.

Abschnitt 4.1. bestätigt diesen Vorschlag. Aus Wortsinn, Genesis, Logik und konzeptioneller Einbettung von Struktureller Angriffsunfähigkeit in Defensive Abhaltung und Gemeinsame Sicherheit lassen sich allerdings eine Reihe von Definitionskriterien und Funktionsmerkmalen ableiten, die in ergänzende Thesen gekleidet werden können. Sie lauten:

---

[83] So bereits: Lutz, Dieter S., Frieden 2000, oder: Das Jahr 2000 beginnt 1987. Ein Diskussionspapier des August-Bebel-Kreises, in: Frankfurter Rundschau vom 17.8.1985, S.8.
[84] Vgl. bereits Abschn.4.1.2. und dort Anm.16.

1. Zur Bedrohungsvermeidung:
Kerngedanke der Strukturellen Unfähigkeit zum Angriff ist die Bedrohungsvermeidung. Organisation, Struktur, Bewaffnung, Operationskonzept und Strategie der Streitkräfte müssen so beschaffen sein, daß sie nicht nur defensiver als bisher sind, sondern ohne Ambivalenz eine militärische Aggression erkennbar nicht zulassen. Zumindest auf der teleologisch bestimmten Definitionsebene verlangt StrUnA das absolute Verbot grenzüberschreitender Angriffsfähigkeiten.

2. Zur Effizienz der Verteidigung:
StrUnA zielt auf effiziente Abhaltung bei strukturell angriffsunfähiger Verteidigungsbereitschaft. Effizienz im Rahmen Defensiver Abhaltung und Struktureller Angriffsunfähigkeit heißt Verteidigerüberlegenheit. Sie ist gegeben, wenn die Verteidigungsfähigkeit eines Kontrahenten größer ist als die Angriffsfähigkeit des Gegenübers. Sie ist optimiert, wenn die wechselseitige Verteidigungsfähigkeit beider Kontrahenten größer ist als ihre jeweiligen Angriffsfähigkeiten.

3. Zur Stabilitätsorientierung:
Konventionelle Stabilität als Ziel Struktureller Angriffsunfähigkeit ist erreicht, wenn eine konventionelle Verteidigerüberlegenheit mit Defensivsiegoption den Rückgriff auf Nuklearwaffen erübrigt und Offensivschwächen zuläßt. Sie ist im Sinne Defensiver Abhaltung optimiert, wenn die Defensivsiegoption gegenüber der Offensivsiegoption die Oberhand gewinnt – nicht weil die defensive Abwehrstärke des Verteidigers »gewinnt«, sondern weil die beidseitige Offensivschwäche beidseitige Strukturelle Angriffsunfähigkeit garantiert.

4. Zur Abhaltung und Kriegsverhütung:
Verteidigerüberlegenheit und Defensivsiegoption haben im Rahmen Struktureller Angriffsunfähigkeit lediglich sekundär Kriegführungsfunktion; final betrachtet soll die (potentielle) Kriegführungsfähigkeit – wenn auch vermittelt, so doch vorrangig – der Abhaltung, d. h. der Kriegsverhütung, nicht aber der Kriegführung dienen.

5. Zur Schutzfunktion:
StrUnA strebt nach Schutz- und Schadensminimierung im Ernstfall. Ihre durchgreifende Optimierung resultiert angesichts der Kriegführungsunfähigkeit hochindustrialisierter Staaten bzw. der Zivilisationsunverträglichkeit von Kriegen aus der Beidseitigkeit von StrUnA. In dem Maß, in

dem es gelingt, auf beiden Seiten die Angriffsfähigkeit zu reduzieren, verwirklicht sich – trotz zunehmender militärischer Effizienz – auf eben beiden Seiten auch die Schadensminimierungs- und Schutzfunktion von Streitkräften und Rüstung.

6. Zur Autonomie-Option:
Die Optimierung Struktureller Angriffsunfähigkeit liegt in der Beid- bzw. Mehrseitigkeit. Gleichwohl besitzt StrUnA eine Autonomie-Option auf Vorleistungen, Selbstbeschränkung und Destabilisierungsverzicht.

7. Zur Abrüstungsorientierung:
Ist ein Angriff nicht mehr möglich, weil die beidseitige Offensivschwäche beidseitige Strukturelle Unfähigkeit zum Angriff garantiert, so wird Rüstung überflüssig. In der Logik von StrUnA liegt somit die Chance zur Abrüstung.

8. Zum Anti-Effizienz-Effekt:
StrUnA will ein Höchstmaß an Effizienz (durch wechselseitige Verteidigerüberlegenheit). Gleichwohl ist StrUnA anti-effizient in dem Sinne und in dem Ausmaß, wie ihre einzelnen Elemente stets nur folgenorientiert, d. h. unter Berücksichtigung ihrer Auswirkungen auf die übrigen Funktionen und Merkmale, verwirklicht werden dürfen. Recht verstanden, stellt der Anti-Effizienz-Effekt somit nichts anderes dar als die Kehrseite der eigentlichen Garantiefunktion von StrUnA.

9. Zum Strukturcharakter:
Erst die grundsätzliche und konsequente Veränderung der Struktur verschafft Angriffsunfähigkeit die erforderliche Stabilität, die Dauerhaftigkeit garantiert. Dauer und Stabilität von StrUnA wachsen darüber hinaus, je umfassender das Verständnis des Strukturcharakters angelegt bzw. je breiter sie in der Realität verankert ist. Dies schließt auch die Gesellschaftsstruktur als eine Bezugsgröße neben Streitkräften und Bündnissen mit ein. Das Ordnungsprinzip eben dieser Struktur von StrUnA formt sich aus seiner Garantiefunktion. Es kann mit der Einsicht umschrieben werden, daß die bisherige Risikobereitschaft zum Krieg in Zukunft durch die Risikobereitschaft zum Frieden ersetzt werden muß.

10. Zur Wegweiserfunktion:
Wenn die Logik Gemeinsamer Sicherheit langfristig nach einem System Kollektiver Sicherheit verlangt, so ist bereits kurz- und mittelfristig alles

zu unterlassen, was die Realisierung der langfristigen Utopie stören könnte. Dies gilt aufgrund ihrer konzeptionellen Einbettung auch für StrUnA. In der Entscheidung für eine Alternative aus der Vielzahl von Vorschlägen, Modellen und ihren Varianten, sind stets diejenigen kurz- und mittelfristigen Maßnahmen und Regelungen zu wählen, die mit dem letztendlichen (konzeptionellen) Ziel kompatibel sind. Insofern ist Strukturelle Angriffsunfähigkeit Wegweiser zur Beurteilung und Veränderung der militärischen Realität.